A MAGIA DO TARÔ

SASHA GRAHAM

A MAGIA DO TARÔ

GUIA PARA LEITURAS INTUITIVAS PODEROSAS E
RITUAIS E FEITIÇOS DE AMOR, PROSPERIDADE E SAÚDE

Tradução
Denise de Carvalho Rocha

Editora
Pensamento
SÃO PAULO

Título do original: *The Magic of Tarot – Your Guide to Intuitive Readings, Rituals, and Spells.*

Publicado originalmente por Llewellyn Publications, Woodbury, MN 55125 – USA – www.llewellyn.com

1ª edição 2025.

Editor: Adilson Silva Ramachandra

Gerente editorial: Roseli de S. Ferraz

Gerente de produção editorial: Indiara Faria Kayo

Editoração eletrônica: Cauê Veroneze Rosa

Revisão: Bárbara Parente

Dados Internacionais de Catalogação na Publicação (CIP)
(Câmara Brasileira do Livro, SP, Brasil)

Graham, Sasha

A magia do tarô : guia para Leituras Intuitivas poderosas e rituais e feitiços de amor, prosperidade e saúde / Sasha Graham ; tradução Denise de Carvalho Rocha. -- 1. ed. -- São Paulo : Editora Pensamento, 2025.

Título original: The magic of tarot : uour guide to intuitive readings, rituals, and spells.

ISBN 978-85-315-2413-4

1. Magia 2. Tarô I. Título.

25-247375 CDD-133.32424

Índices para catálogo sistemático:

1. Tarô : Artes divinatórias 133.32424
Cibele Maria Dias - Bibliotecária - CRB-8/9427

Direitos de tradução para o Brasil adquiridos com exclusividade pela
EDITORA PENSAMENTO-CULTRIX LTDA., que se reserva a
propriedade literária desta tradução.
Rua Dr. Mário Vicente, 368 – 04270-000 – São Paulo – SP – Fone: (11) 2066-9000
http://www.editorapensamento.com.br
E-mail: atendimento@editorapensamento.com.br
Foi feito o depósito legal.

Sobre a Autora

PALAVRAS-CHAVE: AUTORA, AVENTUREIRA, NOVA-IORQUINA.

NA POSIÇÃO NORMAL: Sasha Graham ministra aulas e palestras em todo o mundo. Suas obras já foram traduzidas para o chinês, o italiano, o russo, o francês, o espanhol, o polonês e o português. É autora de *Tarot Diva, 365 Tarot Spreads, 365 Tarot Spells* e *O Tarô Original Waite-Smith 1909*, publicado pela Editora Pensamento. Sasha também é editora e autora de *Lo Scarabeo's Tarot Fundamentals, Tarot Experience,* e *Tarot Compendium*. Foi colaboradora do *Llewellyn's Magical Almanac*, do *Witches' Datebook* e do *Llewellyn's Witches' Calendar*. Entre os baralhos de Tarô de Sasha Graham estão o *Tarot of Haunted House*, o *Dark Wood Tarot e o Tarô do Jardim das Bruxas,* publicado pela Editora Pensamento.

INVERTIDA: Em dias menos produtivos, Sasha pode ser encontrada no sofá da sua casa, assistindo a reprises da série *Vampire Diaries*, olhando para o céu durante horas a fio e sonhando com lugares longínquos e aventuras que ainda não aconteceram.

Para a minha filha, que todos os dias me ensina
que o amor é a maior de todas as magias.

Sumário

O LOUCO

Agradecimentos

Minha irmã e eu compartilhamos uma prática de gratidão. Todos os dias, trocamos *e-mails* que incluem uma lista de coisas pelas quais somos gratas. A gratidão é uma magia profunda.

Obrigada a Barbara Moore, que acredita.

Obrigada a Rebecca Zins, que colabora.

Obrigada a Susan Wands, que empodera.

Obrigada a Marie e Ajay Kumar, da Autumn Walking Butterfly, que ensinam.

Obrigada a Bill, que ama.

Obrigada a Jack, que brilha.

Obrigada à minha equipe do Tarot Space Tuesday: Lisa O'Neil, Tracey Culuko, Holly Buczek, Claudia Ferrari, Virlana Kardash, Kris Lopez, Marianela Mendoza, Lauri Panopoulos, Magdalena Olvera, Dené Linn, Jo Masters, Larry Gregg, Bonnie Grisandra, Maria Cotter, Teresa Shaffer e Lucien St. Germain, que inspiram.

II
B
J
A SACERDOTISA

Introdução

Às vezes, as pessoas se aproximam de mim quando acham que ninguém está olhando e sussurram no meu ouvido:

— Como uma garota simpática como você se tornou taróloga?

Eu olho bem nos olhos delas e abro um sorrisinho, como se soubesse algo que elas não sabem — porque eu sei. Se elas soubessem o que eu sei, não perguntariam. Respondo com outra pergunta:

— Nasci no Dia das Bruxas. O que mais eu poderia ser?

Agora, no entanto, somos apenas você e eu. Não há mais ninguém por perto para nos ouvir, então vou lhe dar a resposta verdadeira. Aposto que você entenderá o que vou dizer. O motivo real de eu ser taróloga é que sou uma contadora de histórias. O que a maioria das pessoas não percebe é que elas também são; todos nós somos. O Tarô é uma contação de histórias. Isso é o que fazemos quando lemos as cartas. Contar histórias nos dá um poder sobrenatural — o poder de mudar a nossa própria história.

Chegue mais perto.

Deixe-me lhe contar uma história...

O Tarô e eu nunca chegamos a ser "apresentados". Ele sempre esteve dentro de mim. Era uma semente esperando para brotar, um viciado em doces ávido por um pirulito. O Tarô era o mais suave dos lábios ansiando por um beijo.

Os bebês do Dia das Bruxas chegam a este mundo com um suave sussurro e um segredo. Raramente choramos, gritamos ou nos agitamos, mas gostamos de contemplar os fantasminhas dançando em círculo sobre o nosso berço de veludo.

As crianças de Escorpião carregam a bênção e a maldição de enxergar através do véu que separa os mundos visível e invisível. Lembramo-nos com nitidez do doce abraço daquilo que nos criou. Nós o carregamos conosco mesmo quando nos dizem para temê-lo.

Viver com um pé em cada mundo é uma dádiva que se torna traiçoeira quando o corpo passa a ser como uma prisão. O mundo material tem dentes ferozes; é uma criatura voraz. As almas sensíveis muitas vezes são tentadas a pôr fim à sua vida efêmera e voltar para o vazio cedo demais. Sedentos, buscamos vislumbres desse doce abraço em outras pessoas: nos pais, nos amigos, nos professores, nos amantes. Achamos que, se nos entregarmos, se penetrarmos no âmago de outra pessoa, poderemos voltar a sentir paz.

Mas se uma criança do Dia das Bruxas consegue se manter firme, ela percebe que o doce alento, o abraço suave pelo qual anseia, está a seu alcance a todo instante. Porém, não é nos deixando absorver pelo corpo de outra pessoa ou entregando nosso corpo e o nosso eu a ela que experimentamos mais uma vez o doce néctar e ternas lágrimas do amor, e sim por intermédio de uma colaboração extática.

Essa criança aprende a equilibrar seus dons como na carta da Temperança, mesmo quando eles a apavoram ou a abandonam. Ela colhe seus frutos, avança rumo ao desconhecido e, como em um mergulho livre em águas profundas, atravessa a incerteza para descobrir algo novo. Nua e banhada pelas águas, ela nunca volta à superfície de mãos vazias. O mergulho profundo no mistério é o motivo pelo qual os místicos vagam pela Terra. É por isso que suportamos o peso da saudade e do desejo. Nunca recebemos dons que não somos capazes de carregar.

Cresci numa casa de fazenda com correntes de ar e papel crepom preto e laranja. Eu devorava balas jujubas no café da manhã, *donuts* de canela no almoço e *cupcakes* de chocolate no jantar. Quando minha irmã e eu não estávamos correndo pela casa com teias de aranha nos cabelos, estávamos fazendo bolinhos de terra recheados de pedras, minhocas e agulhas de pinheiro. Falávamos com as árvores e nos enlameávamos na horta. Ouvíamos as cenouras crescerem enquanto sonhávamos com o nosso futuro.

O Tarô povoou o meu mundo. O Valete de Espadas me vencia nos jogos de tabuleiro, porque essa é a carta mais inteligente do baralho. O Valete de Ouros e eu devorávamos livros às dezenas. O Cavaleiro de Espadas me desafiava a pedalar mais rápido nas estradas de cascalho. Ele sempre me deixava para trás, numa nuvem de poeira, tirando pedrinhas ensanguentadas dos joelhos esfolados.

O Diabo parecia o homem da casa. Ele acendia cigarros Marlboro e soltava baforadas de fumaça no meu rosto todas as noites depois do jantar. Minha mãe não conseguiu suportar o peso da sua coroa de Imperatriz, então entregou as joias da família para ele. Ela se debruçava sobre a pia, ensaboando a louça suja, enquanto ele franzia o cenho para mim. Eu via o coração dele com a mesma clareza e facilidade com que via os anéis de fumaça que ele soprava no ar. As crianças reconhecem a verdade quando estão diante dela.

Um dia, em meio ao tumulto hormonal do ensino médio, a escola pediu voluntários para uma feira de arrecadação de fundos. Eu sabia qual era o meu papel. Como uma criança orgulhosa do Dia das Bruxas, eu leria Tarô numa tenda, como uma cartomante cigana. Fui correndo ao *shopping* da minha cidade comprar um baralho de Tarô. Rasguei o celofane enrugado, abri a caixa e 78 cartas escorregadias e reluzentes caíram das minhas mãos. Fiquei olhando para elas com horror. Eu não tinha a menor ideia de como usá-las.

Fui salva naquela mesma noite por uma cristã renascida. Loira, com um brinco de penas e *gloss* nos lábios, Debbie era a melhor amiga da minha meia-irmã. Ela achava que pregar em nome do Senhor compensava as drogas, o sexo e os cigarros que consumia enquanto Jesus fazia vistas grossas.

Debbie gritou quando viu minhas cartas:

— Isso é coisa do demônio!

Eu ri e expliquei calmamente que já tinha intimidade com o Diabo. E nem uma vez, nunca, jamais, seu hálito quente tinha sussurrado qualquer coisa sobre as cartas de Tarô.

Debbie renascida reagiu arrancando as cartas das minhas mãos; depois saiu rebolando de casa com suas botas e seus *jeans* justíssimos. Atirou-as na lata de lixo, encharcou-as com fluido de isqueiro e depois ateou fogo. As cartas incendiaram como fogos de artifício num *show* do Van Halen.

Foi um momento dramático. Mas me livrou de ler as cartas na feira da escola, além de me dar minha primeira lição sobre como o Tarô é poderoso. A História tem o hábito de queimar coisas poderosas como provas, livros e bruxas.

Não demorou muito para que eu aprendesse a ler as cartas. O Tarô continua a se mostrar, se revelar e reluzir com um brilho que eu não teria ousado esperar. Ele me ensinou sobre magia — a verdadeira magia —, que é sempre mais alucinante e surpreendente do que poderíamos imaginar. Sonhos e desejos, demônios e anjos — eles vêm e vão, mas a verdadeira magia fica dentro de você para sempre.

É por isso que eu escrevi este livro. Quero que você saiba o que eu sei.

Chegue mais perto. Vou lhe contar um segredo que nunca contei a ninguém. Antes, porém, vou resumir em poucas palavras o conteúdo deste livro. O Tarô traz encantamento à sua vida. Ele a deixa repleta de poder. Vou ser mais clara: não estou falando de truques de mágica ou prestidigitação. Estou falando da alta magia, que transforma a vida, que muda as regras do jogo. Estou falando do poder da Bruxaria, da magia da ascensão da Deusa, como na definição de magia dos manuais da Arte: o poder de influenciar os acontecimentos por meio de forças misteriosas e/ou sobrenaturais.

Como isso é possível? É possível porque a vida *É* misteriosa e você *É* uma criatura sobrenatural. Você é feita de pura magia e energia luminosa. O Tarô a convida a brincar com o mistério que a cerca. A prática do Tarô abre portas repletas de possibilidades ilimitadas. Este livro é um portal para a sua bruxa interior, seu eu autêntico, e uma linha direta para a manifestação ilimitada.

Você começará aprendendo a ler o Tarô agora mesmo. Você costuma ler nas entrelinhas? Tem o hábito de procurar padrões e códigos ocultos? É obcecada por mistérios e pelo que as pessoas podem estar escondendo? Eu também! Nós, que lemos o Tarô, vamos a fundo nas coisas! É isso que fazemos.

Este livro vai lhe mostrar como combinar as cartas com uma prática mágica simples para obter resultados extraordinários. Eu viajei com meu Tarô como num tapete mágico ao redor do mundo. Já li as cartas no Mar Morto, nas sombras da antiga fortaleza de Masada, enquanto os espíritos dos mortos sussurravam no meu ouvido. O Tarô e eu visitamos casas de chá na China e tomamos café juntos nos Alpes italianos. Sentamo-nos na escuridão fecunda do Tibete antes do amanhecer, para ver o nascer do sol de um acampamento no Monte Everest. As cartas e eu nos aquecemos com velas de manteiga de iaque na caverna de meditação mais alta do mundo, oculta nas entranhas do Himalaia. Para onde você levará o seu Tarô?

Nestas páginas, vamos examinar a teoria esotérica que aprendi por meio da Bruxaria, da Cabala e da Ashtanga Yoga, e você descobrirá como tudo isso pode ser usado na leitura das cartas. A prática do Tarô ensina três verdades preciosas: primeiro, tudo no mundo se repete, assim como as cartas do baralho. Segundo, independentemente de quem sejam, as pessoas são todas iguais; elas querem amor, segurança e proteção. Eu mencionei amor? Você verá isso em breve quando ler as cartas para outras pessoas. E, por fim, a mudança é sempre possível. A evolução é nosso estado natural e a magia em ação.

Parece simples, não é? Mas só porque algo é simples não significa que seja fácil.

O paradoxo da simplicidade desafia nossa compreensão. Por que lutamos contra as emoções complexas causadas pelas questões mais simples? Por que o curso de ação mais fácil e mais óbvio costuma ser o mais difícil? Por que nos deparamos sempre com os mesmos problemas? Por que mudar é tão difícil para nós? Por que o medo nos mantém em segurança e, ao mesmo tempo, nos destrói? Por que o passado nos prende na prisão da pior versão de nós mesmas? Por que tememos o que desejamos e desejamos o que tememos?

A Magia do Tarô contém sugestões para você responder a essas perguntas na forma de um diário. Suas respostas a essas sugestões proporcionarão informações essenciais sobre você mesma. Leve-as a sério e responda-as sempre que puder.

Você aprenderá a sofisticada arte de formular as melhores perguntas. O Tarô é um sistema simples que contém uma vasta complexidade e uma profundidade infinita, assim como o mundo em que você vive. Este livro foi escrito com o intuito de ser um processo experimental e pessoal para que descubra a magia que já existe dentro de você. Ele é perfeito tanto para iniciantes quanto para quem já lê as cartas há mais de duas décadas.

Vou lhe ensinar sobre o Tarô somático, que transporta as cartas para dentro do seu corpo físico. Você vai explorá-las por meio da sua imaginação sagrada. A incorporação do aspecto somático às cartas é um divisor de águas. Ela tira você da sua cabeça e a leva para a inteligência dos seus músculos, dos seus ossos e do seu sangue.

Este livro foi criado para que você possa começar a ler as cartas de imediato. Não espere, mergulhe de cabeça. Os significados das cartas são apresentados na parte final. Tudo o que é necessário para cultivar a prática da magia e do Tarô pode ser encontrado nestas páginas.

Antigamente, a leitura de Tarô se resumia a descobrir qual seria o futuro do consulente. Hoje em dia, o Tarô nos ajuda a criar exatamente o futuro que almejamos. O que você quer? Com o que sonha? Vou levá-la até onde quer chegar, e quanto mais rápido, melhor.

Você está pronta para conhecer o segredo que nunca contei a ninguém? Cá entre nós, a verdade é que (e, por favor, não compartilhe isso com muitas pessoas ou meus editores vão me matar) você não precisa nem mesmo das cartas de Tarô para colocar em prática o que ensino nestas páginas. Você mesma é tudo de que precisa. Todas as respostas que está procurando já estão dentro de você. O universo está sempre lhe enviando sinais, mensagens e auxílio. O Tarô a ajudará a aprender como reconhecê-los.

O Tarô é um dispositivo metafísico incrível. É sua porta de entrada para o sobrenatural e o mistério que nos cerca. Ele lhe oferece uma estrutura mística por meio da qual você pode desvendar o mistério e brincar com ele. Permite-nos contar histórias, envolvermo-nos com a arte, mergulhar na História, fortalecer a nossa capacidade mediúnica e estudar símbolos. Ele gera intimidade. O Tarô a ajuda a resolver o relacionamento mais importante da sua vida: o relacionamento que tem consigo mesma. E quando você se cura, você cura o mundo.

Os segredos, as respostas para tudo o que você já julgou e questionou, estão dentro de você. Você já é a mística, a sábia, a vidente. Você é a Sacerdotisa, a bruxa e a curandeira, que sabe a que lugar pertence, o que é certo, e como chegar lá. Seu caminho é obscurecido por galhos e arbustos porque você está aqui para se descobrir e para aproveitar a jornada. Se não fosse desafiador e assustador às vezes, ele não seria um mistério.

O Tarô nos ensina a contar a história da nossa vida. E não é suficiente que nos apropriemos da nossa história. Cabe a nós reimaginá-la. Para que assim possamos reimaginar a nós mesmas.

A história de amor do Tarô se desenrola como todos os romances épicos e operísticos. A vida real determina que, às vezes, você fique mais perto das cartas e, outras vezes, se afaste delas. No final do dia, você vai olhar para o seu Tarô e sorrir, feliz por tê-lo reencontrado.

Portanto, pegue a minha mão e caminhemos juntas pela escuridão. Vamos tirar algumas cartas, acender velas e desvendar quem você é. Vamos fortalecer sua intuição, mergulhar nos seus sonhos e chegar ao x da questão. Vamos nos aventurar como a carta do Louco. Vamos levar o Tarô para dentro do seu corpo e criar um destino divino e cintilante. Você está vendo aquela luz cintilante e esplêndida ali adiante? Esse tesouro brilhante é você. Ele está esperando que você o reivindique.

Vamos lá!

Sasha Graham
Montanhas Catskill, NY (EUA)

CAVALEIRO DE PAUS

CAPÍTULO 1

O Tarô, a Magia e Você

Comece a Ler as Cartas Agora Mesmo

Ler o Tarô é como entrar em uma piscina gelada numa noite fresca de verão. Mergulhar é mais fácil do que entrar na água aos poucos. Você pode começar a ler o Tarô agora mesmo. Não precisa ser versada em segredos ocultos. Não precisa ser filha de uma bruxa experiente. Não é necessário que memorize os significados das cartas.

A parte mais importante da leitura de Tarô é o espaço intuitivo que você cria enquanto contempla as cartas. O poder do Tarô vem de dentro de você. Você detém a magia. Você detém o poder. Você desvenda a mensagem. As cartas são apenas um instrumento por meio do qual você pode usar a sua intuição.

Você é um dicionário de símbolos ambulante. Sua vida está repleta de símbolos, que contêm associações e significados profundos para você. É extraordinário que sua experiência dos símbolos, das cores, dos sons e das formas seja única e exclusivamente sua. Ninguém jamais lerá as cartas ou chegará às respostas exatamente como você.

Você já sabe o que as cartas significam, porque o Tarô é um reflexo da psique humana. Tudo o que você vivenciou ou vivenciará está refletido nos arcanos. As cartas são um reflexo da vida. A cada dia você se torna mais sábia graças às suas experiências. Aplique esse conhecimento às cartas.

Chave para a Leitura do Tarô

Confiança

Mente Aberta

Conte a História

Não deixe que noções preconcebidas sobre o Tarô atrapalhem suas leituras. Você pode ter passado pela desagradável experiência de entrar em uma loja esotérica, fazer uma pergunta e ser praticamente ignorada pela funcionária ou fazer papel de trouxa porque não sabia para que servia algo à venda ali. Talvez você tenha conhecido uma vidente ou "especialista em Tarô" que exibia seu conhecimento esotérico como quem mostra um braço tatuado. A coisa mais triste que alguém pode fazer é deixar você se sentindo uma idiota quando faz uma pergunta ou mata você de tédio com a longa exposição do seu suposto conhecimento. Fique tranquila, se você já passou por uma situação como essa, saiba que ela revela mais sobre a pessoa do que sobre você. Não deixe que uma experiência negativa do passado afete sua capacidade de ler as cartas.

Isso não quer dizer que não deva ter respeito pelas escolas de conhecimento esotérico ou por alguém com anos de experiência em Tarô. Você deve, sim. O conhecimento do Tarô é enriquecedor e empolgante. Mas, acredite, já vi crianças de 10 anos lerem as cartas de maneira brilhante e sem nenhuma experiência. As interpretações que elas fazem do Tarô são incríveis. Por quê? Muito simples: elas respondem à carta, não ao medo. As crianças não têm medo de errar.

Não tenha medo de errar. O medo de estar "errado" é o maior impedimento de todos os leitores. Nada cria tantas barreiras intransponíveis quanto o medo. O Tarô está imerso em centenas de anos de teoria esotérica e significados profundos e bem estruturados. O fato de saber disso acrescentará profundidade e riqueza às suas leituras? Com certeza. Você precisa saber tudo isso agora? Não, de maneira nenhuma.

Tudo o que você aprender daqui para a frente é uma peça para a sua caixa de ferramentas do Tarô. Mas tudo desaparece no momento em que você começa a ler as cartas. Concentre-se no que vê. Como a carta faz você se sentir? Que mensagens você está recebendo? O Tarô é uma forma de arte em constante evolução, e você a faz avançar toda vez que lê uma carta. Comece do zero. Jogue um maço de cigarros para o seu medo e diga a ele para sair e ir fumar um cigarro. Tranque a porta enquanto ele estiver lá fora. Concentre-se nas cartas que tem nas mãos.

Tire uma carta.

O que você vê?

O Tarô é uma contação de histórias. Você é uma contadora de histórias nata. As histórias são universais. É por isso que um bom horóscopo de jornal parece ter sido escrito para você, mesmo que os 14 milhões de pessoas do seu signo tenham a impressão de que ele foi escrito só para eles. Não importa se você está prevendo um resultado futuro, sondando o passado ou buscando orientação. Seja como for que use o Tarô, você está contando uma história.

Há duas histórias paralelas: as histórias que contamos para nós mesmas e as histórias que contamos para os outros. A voz dentro de nossa cabeça é o nosso contador de histórias interior. O contador de histórias interior fala sem parar. Ele faz juízos de valor e avalia situações. A voz interior pega cada história e a transforma em uma história sobre nós. Se alguém nos olha torto ou nos fecha no trânsito, levamos isso para o lado pessoal. As decisões que tomamos, os pensamentos que temos – tudo vem do nosso narrador interior.

A segunda voz é a voz exterior. Nós a usamos quando contamos histórias para os outros. Chegamos em casa e contamos à nossa família a história do nosso dia atribulado. Estamos contando uma história quando contamos a alguém sobre a nossa vida pessoal ou nossos gloriosos planos para o futuro.

Capítulo 1

Se eu colocasse um livro infantil ilustrado e sem texto nas suas mãos e pedisse que me contasse a história do que está vendo, você poderia fazer isso sem nenhuma dificuldade. Se eu lhe mostrasse três fotos de uma viagem recente que fiz à Índia e pedisse que me contasse o que eu estava fazendo, você também conseguiria. Se eu abrisse uma revista e lhe pedisse para inventar a história por trás de um editorial de moda aleatório, você tiraria isso de letra. Se eu colocasse três cartas de Tarô na sua frente e pedisse para me dizer que história está vendo, como se estivesse lendo um gibi, você faria isso com facilidade. Portanto:

1. Embaralhe as cartas.
2. Tire três cartas. (Coloque as invertidas na posição normal.)
3. Conte-me a história.

A história que eu vejo é...

Confie no que você vê. Ninguém vê, sente e vivencia o mundo como você. O poder do Tarô está na natureza abstrata dos seus símbolos, e cada um deles tem um significado particular para você. Símbolos como o Sol, a Lua e uma caveira têm uma conotação universal, mas a maneira como você interpreta esses símbolos é exclusivamente sua. Essa é a chave para desvendar a mensagem do Tarô. É o seu bilhete dourado, como o da fábrica de chocolate de Willy Wonka. É a sua mensagem.

Encontre o seu significado assim como um estranho pode chamar a sua atenção mesmo estando do outro lado de um salão lotado. Você sente um tremor por dentro. Uma faísca se acende – mesmo que ela seja quase imperceptível. Você consegue descobrir o que ela significa para você? Examine o símbolo da mesma maneira que você olharia com mais atenção para um estranho sedutor. O que a intriga? Você se identifica com a energia dele? Ele se parece com uma tigela de sorvete com calda de caramelo? Quando um símbolo chamar sua atenção em uma carta de Tarô, faça a mesma coisa. Se um arco-íris contido na imagem da carta chamar sua atenção, considere o que os arco-íris significam para você. Eles a deixam feliz e a enchem de esperança? Se a figura da carta parecer confiante, pense no que a confiança significa para você. Essa carta está falando sobre confiança? Extraia o máximo dela!

Tire uma carta de Tarô aleatoriamente.

O que mais me chama a atenção nesta carta é...

Sempre siga seu primeiro palpite e observe a rapidez com que a sua intuição se desenvolve e fica mais aguçada. A confiança em seus instintos com relação às cartas é algo que se estende para a sua vida cotidiana e leva a uma sintonização interior e exterior entre seu eu autêntico e o universo. Você tomará decisões mais rápido e com mais certeza. Quer saber um segredo? Ler cartas não é diferente de interpretar uma foto do cômodo que está à sua frente. Um dia você será capaz de interpretar qualquer cena, acontecimento e situação da vida como se fosse uma carta de Tarô. Confie em si mesma. Saiba o que sente e sinta o que você sabe. Todas as respostas que já buscou um dia estão dentro de você.

Tire uma carta de Tarô aleatoriamente.

Minha intuição me diz que esta carta é sobre...

Embaralhar as cartas é uma maneira fácil e divertida de infundir no Tarô a energia da sua pergunta. Você não tem que ser um crupiê de um cassino em Las Vegas para fazer isso. Embaralhe como achar melhor.

SALADA DE CARTAS (o método mais fácil): Espalhe as cartas viradas para baixo em uma superfície e misture-as com as mãos. Junte-as outra vez e comece a tirá-las da pilha.

CORTE DAS CARTAS (método bem fácil): Segure o baralho com uma das mãos e, com a outra, solte uma parte das cartas, deixando-as cair delicadamente na palma da outra mão.

EMBARALHAMENTO USADO EM CASSINOS (método avançado, mas vale a pena): Divida o baralho em duas pilhas e coloque uma ao lado da outra na sua frente, no sentido horizontal. Com os polegares esquerdo e direito, levante a lateral das cartas e vá soltando-as de modo intercalado, para depois juntá-las numa única pilha. Repita isso pelo menos três vezes até que o Tarô esteja bem embaralhado.

CARTAS QUE SALTAM: Uma ou duas cartas sempre saltam do Tarô enquanto você está embaralhando. Leia essas cartas como se fossem informações extras!

A disposição das cartas pode ocorrer de várias maneiras.

NUMA PILHA: Neste método tradicional, segure a pilha de cartas na mão ou a deixe sobre a mesa. Vá tirando as cartas do topo da pilha e virando-as da esquerda para a direita, seja na posição normal ou invertida.

EM MEIA-LUA: Espalhe as cartas à sua frente no formato de meia-lua ou de arco-íris e selecione-as aleatoriamente.

EM LINHA RETA: O mesmo que a meia-lua, mas em linha reta. Você deve escolher a carta cuja energia chamar sua atenção. Esse é um sistema divertido de tirar as cartas para a leitura dos chakras. Tire as cartas dispostas numa fileira vertical, que corresponde à localização dos chakras do corpo.

MESA DE CARTAS: Espalhe as cartas sobre a mesa como no método da salada de cartas e escolha aquelas cuja energia chamar a sua atenção.

CONTAGEM REGRESSIVA: Você pode fazer a contagem regressiva a partir de um número específico e, em seguida, tirar uma carta ou mais. Escolha um número específico de acordo com a numerologia, o dia, o mês ou a idade do consulente, por qualquer motivo que você quiser.

As **inversões** são cartas que aparecem de cabeça para baixo na tiragem. Evite interpretar as cartas invertidas se estiver apenas começando a sua prática de Tarô. Coloque-as na posição normal. Você não estará trapaceando. Sua leitura será válida mesmo assim. Há muitas maneiras de se ler uma inversão, e colocá-las na posição normal é uma delas. Para saber mais sobre a arte de ler as inversões, consulte a página 86.

Leia as cartas para você mesma, anotando as mensagens e informações à medida que elas lhe ocorrem. No início, isso pode parecer muito difícil. É natural questionar a si mesma. Seja gentil. Não tenha pressa. Divirta-se.

Anote as respostas e intuições à medida que elas surgirem. Registre as leituras, mesmo anotando apenas qual carta tirou e uma palavra-chave. Isso a ajudará a concentrar os pensamentos. Também é benéfico ler as cartas em voz alta para alguém, mesmo que seja apenas para si mesma. Ler em voz alta e escrever são práticas que ajudam você a articular a história que vê se desenrolando nas cartas.

A maneira como as cartas influenciam umas às outras é descrita com muita frequência nos livros de Tarô mais antigos. Esses livros às vezes fornecem o significado de uma carta e dizem que, se ela for posicionada perto de uma carta "boa" numa tiragem, seu significado será ampliado de maneira positiva. Por outro lado, se ela aparecer perto de uma carta "ruim", seu significado será anulado ou piorado.

Chamar as cartas de "boas" ou "ruins" é uma visão antiquada e simplista. Cada carta é um mundo em si mesmo, um universo literal com aspectos brilhantes e luminosos e aspectos escuros e repressores – assim como nós!

Em vez de classificá-las como boas ou ruins, considere a essência energética das cartas como se fosse a energia das outras pessoas. Se você estiver ao lado de alguém vibrante como a carta do Sol, a energia dessa pessoa pode influenciá-la e fazer com que se sinta animada. Se estiver perto de uma pessoa do tipo Sacerdotisa, que se cerca de um silêncio sagrado, talvez você se sinta inclinada a falar em voz baixa. Se estiver ao lado de um Rei de Paus, que exala um carisma indomável e apaixonado, ele poderá fazê-la sentir um ardor. Sinta a essência energética das cartas para ver como elas afetam umas às outras.

Eis um sistema simples de leitura intuitiva. Feche os olhos e limpe a mente, concentrando-se na respiração por alguns instantes. O ato de inspirar e expirar vai aterrá-la. A expiração liberará a energia desnecessária. Sinta os pés apoiados no chão. Enraíze-se no lugar onde está sentada. Sinta a base sólida embaixo de você. Concentre-se no centro do Terceiro Olho. Ele brilha com energia. Gire essa energia para cima e crie um vórtice suave para que a inspiração possa impregná-la de energia, de cima para baixo.

Embaralhe as cartas. Faça uma pergunta em voz alta ou mentalmente. Tire uma carta. Observe.

Minha mensagem/resposta é...

PALAVRA FINAL: Se você quiser um comentário final do Tarô sobre sua leitura, aqui está um sistema divertido: vire toda a pilha de cartas restantes. Leia a carta de baixo da pilha como se essa fosse a palavra final do Tarô.

O que eu não sei sobre as cartas é tudo. Os estudantes de Tarô ficam muitas vezes nervosos com a possibilidade de "errar". Os novos tarólogos não percebem que sua ignorância autoproclamada é, na verdade, seu maior trunfo. A chave para uma leitura eficaz é esperar que as informações cheguem até você.

Ler para nós mesmas é um desafio, sobretudo quando desenvolvemos hábitos e costumes relacionados à leitura das cartas. Mergulhamos no Tarô e consultamos videntes ou sensitivos para obter informações que não conhecemos.

Ao ler para nós mesmas, como podemos nos livrar das nossas manias relacionadas à leitura do Tarô? Como podemos adquirir novos hábitos, mais perspicazes?

É simples: pergunte às cartas o que você não sabe.

1. Limpe a mente.
2. Embaralhe o Tarô e retire uma carta da pilha.
3. Diga em voz alta: "O que eu não sei sobre a carta _____ é que ________".
4. Preencha o segundo espaço em branco tirando uma carta e completando a frase. Não se esforce demais. Deixe que um aspecto da carta lhe chame a atenção. Descreva sua dúvida com clareza. Formule-a em voz alta ou anote-a por escrito.

Depois de descobrir por que essa resposta específica lhe ocorreu, tente explicar por que ela é relevante para a sua situação.

Você saberá que suas informações são úteis se:

1. Elas a surpreenderem ou não fizerem sentido de imediato.
2. Depois que você refletir, elas passarem a fazer sentido para você.

O Tarô é...

O Tarô é um conjunto de 78 cartas. Existe um potencial misterioso e oculto dentro dessa pilha portátil e aparentemente simples de imagens. Dizer que o Tarô é "apenas um baralho de cartas" é como dizer que você é "apenas uma pessoa". O Tarô é tão complexo e cheio de nuances quanto você. Assim como nos desenvolvemos e aprendemos todos os dias, o Tarô é uma energia em constante evolução. Ele se manifesta no nível externo e visível por meio da arte visual e do projeto das cartas. Mais importante ainda, o Tarô se manifesta no reino invisível da imaginação e da psique sagradas. O Tarô é uma prática maleável porque cada vez que tira uma carta e embaralha as restantes, você o leva a um novo espaço. Ninguém pode interpretar uma carta como você, porque ninguém experimenta o mundo como você.

Dicas para uma Leitura Mais Profunda

Estude as definições das cartas.

Crie significados originais para as cartas.

Que música, cheiro e som a carta lhe inspira?

Procure exemplos de Tarô na vida cotidiana.

Imagine o que acontece antes e depois da carta.

Você consegue encontrar uma voz dentro da carta?
Como é o som dessa voz?

O Tarô é Útil Para

Orientação

Previsão

Magia

Estudos Esotéricos

Reflexão e Meditação

Estimular a Criatividade

O Tarô é um instrumento de adivinhação. A adivinhação é a arte da profecia, que é a previsão de eventos futuros. Para adivinhar com as cartas, a pessoa as utiliza para examinar o passado, o presente ou o futuro de qualquer situação. Num passado remoto, as tribos antigas usavam adivinhos para prever o clima e para determinar os sacrifícios apropriados. Reis e rainhas sempre mantiveram adivinhos ao seu lado para dar conselhos e prever a ascensão e a queda de seus impérios e exércitos. As religiões do mundo (desde o Cristianismo, cujo livro bíblico do Apocalipse menciona os Quatro Cavaleiros do Apocalipse, até o Budismo Tibetano, que consulta astrólogos para determinar a forma de sepultamento de uma pessoa) se utilizam da adivinhação. Na era moderna, a adivinhação inclui sensitivos que oferecem seus serviços em letreiros de neon, médiuns de programas de TV e colunas de horóscopo lidas por milhões de pessoas.

Não sabemos quem foi o primeiro leitor de Tarô. Não sabemos de onde veio o primeiro baralho de Tarô. Não sabemos quem o inventou. A única coisa que sabemos com certeza é que o desejo de desvendar presságios agourentos e entender o passado, o presente e o futuro é tão antigo quanto a própria humanidade.

Minha primeira experiência com o Tarô foi...

O Tarô é um espelho. Ele reflete a sua imagem. Cada uma das 78 cartas brilha como as facetas de um diamante. Cada uma delas reflete a sua personalidade, o seu espírito e a sua alma. O Tarô lhe mostra estados emocionais, como o Ás de Copas, que é uma explosão de sentimentos. O Tarô reflete suas reservas energéticas, como a Estrela, que é você em completa paz, quando se sente calma, descontraída e focada. O Tarô reflete a sua mente, como o Nove de Espadas, que é um padrão de pensamento caótico e negativo. O Tarô reflete a evolução da alma, como os Enamorados, que são você e seu parceiro se esbarrando por acaso e se apaixonando perdidamente. O imponente Imperador é você impondo barreiras emocionais e literais como, por exemplo, quando se afasta de relacionamentos abusivos ou muda as condições desses relacionamentos para torná-los mais saudáveis. A Rainha de Paus reflete você vivendo sua paixão de maneira tão intensa que o mundo para, suspira e só fica admirando. Cada carta tem algo a dizer sobre você.

Tire uma carta aleatória.

Esta carta é meu reflexo quando eu...

O Tarô é um portal. O Tarô é um espelho que podemos atravessar como se fôssemos personagens de um conto de fadas. Ao atravessar esse limiar, você mergulha mais fundo nas suas próprias reservas interiores. Depois que entendemos como o Tarô reflete nossos aspectos pessoais, podemos nos aprofundar nesse potencial. Como uma bruxa atravessando um espelho, você pode receber a energia da carta em seus próprios termos.

A Imperatriz, por exemplo, é um reflexo puro do seu potencial criativo. Contemple a carta e imagine como você usa a sua criatividade. O que você gosta de fazer? Como faz isso? O que faria se o céu fosse o limite?

Quando vejo meu eu criativo, eu me imagino...

O Tarô é uma coleção de imagens arquetípicas. O arquétipo é uma ideia universal compreendida por todas as pessoas, independentemente do gênero ou da cultura. Todos entendem o conceito de mãe, representado no Tarô pela carta da Imperatriz. Todas as almas do planeta entendem o conceito de pai, representado pela carta do Imperador. Todos compreendem o conceito de catástrofe inesperada, contida na carta da Torre. Toda cultura tem seus sábios representados pelo Eremita, as figuras de palhaço representadas pelo Louco, e assim por diante.

Os arquétipos do Tarô são uma coleção de personalidades humanas e experiências na ponta dos dedos. As cartas são um lembrete delicado e eloquente de que, no fundo, as pessoas têm mais semelhanças do que diferenças. Todos nós queremos amor, segurança e felicidade. O Tarô nos ajuda a traçar o caminho que nos leva a essas coisas, e os arquétipos são os conceitos consagrados pelo tempo que dão vida às cartas.

O arquétipo do Pendurado é o místico.
Os místicos sempre me fazem pensar em...

O Tarô é uma porta de entrada para a energia arquetípica. Você pode entrar na carta como se ela fosse um portal para o seu eu mais profundo (conforme já descrevi anteriormente), mas também pode fazer o caminho contrário e entrar na energia do arquétipo da carta. Por exemplo, você pode decidir atravessar o limiar da carta da Morte. Entre na carta com o olho da mente e comece a ver além das suas bordas. Você vê a Morte montada num cavalo, ouve a corredeira do rio, ouve os gritos...

Localize a carta da Temperança e olhe para ela. Qual você acha que é o aroma do cenário dessa carta? Que sons você ouve? O vento está agitando as árvores? Os pássaros estão cantando? A água está ondulando na margem ou os grilos estão cantando? Se uma música ou trecho de música estivesse tocando dentro da carta, qual seria? Se a figura falasse, qual seria o som da sua voz? O que ela estaria dizendo?

Escolha um objetivo simples para uma jornada pelo portal. Você pedirá uma mensagem ou vai observar algum elemento em particular? Decida que tipo de informação gostaria de obter ou que experiência gostaria de viver. Aventure-se dentro da carta com o olho da mente. O que você descobre?

Minha mensagem sobre a carta da Temperança é...

O Tarô é um receptáculo energético. Você pode entrar numa carta e literalmente se infundir com a energia arquetípica. Você sabia que começa a se sentir feliz quando está perto de uma pessoa feliz? O mesmo processo empático funciona com o Tarô. Você pode acessar qualquer qualidade que desejar e infundir essa qualidade em si mesma por meio da carta apropriada.

Digamos que hoje você tenha uma entrevista de emprego na empresa dos seus sonhos. Selecione a carta do Mago, imprima-o no seu olho da mente e "vista" o carisma dele. Isso ajudará a garantir uma entrevista notável e impactante.

Concentre-se na imagem da carta. O que você vê, ouve ou sente através do olfato? Ultrapasse as bordas da carta. Fique na frente do Mago e peça que ele compartilhe parte da energia dele com você. Deixe que essa transferência energética ocorra, agradeça ao arquétipo e saia da carta.

Como alternativa, você pode se banhar na energia de uma carta. Isso é como experimentar um "banho sonoro", como quando praticantes de meditação se deitam numa posição confortável enquanto sinos, gongos e tigelas cantantes são tocados. O som os banha, purificando-os.

Para se banhar na energia de uma carta, prepare-se como faria se fosse passar pela experiência do portal. Estude os significados de uma carta e reflita sobre a imagem dela até poder sentir, ouvir e saborear essa carta. Quando conseguir imaginar a imagem com clareza, feche os olhos e entre na carta com o olho da mente.

Uma carta cuja energia me atrai é...

O Tarô é uma porta de entrada para o sobrenatural. É difícil nos contentarmos apenas com uma carta. Ela faz com que você busque sempre mais. Você passa a frequentar a livraria perto da sua casa todos os dias. Delicia-se ao descobrir qualquer sistema mágico ou esotérico que possa ser associado à estrutura do Tarô. A correspondência astrológica de cada carta a atrai com mais profundidade. Quando se dá conta, você está estudando a teoria da Cabala e invocando os quatro quadrantes com as cartas, sob uma lua branca e leitosa. Você usa o Tarô para obter soluções criativas imediatas e descobre que *insights* profundos estão começando a lhe ocorrer. O Tarô oferece uma oportunidade para você criar rituais sagrados. Você busca as cartas por um motivo e acaba usando-as para uma infinidade de outras coisas mágicas e maravilhosas.

O sobrenatural me fascina porque...

O Tarô é um objeto de arte requintado. O baralho de Tarô mais antigo que conhecemos foi encomendado por uma família abastada e poderosa do norte da Itália, no século XV. O baralho Visconti-Sforza foi criado para celebrar a união, pelos laços do matrimônio, de duas famílias italianas tradicionais. Ele foi pintado em estilo gótico pelo artista miniaturista Bonifacio Bembo. É emblemático da sua época, tem ricos detalhes e é ornamentado com tinta dourada. As cartas contêm retratos de familiares, símbolos relativos à família e dispositivos heráldicos. Você pode contemplar de perto as cartas desse Tarô na Biblioteca Morgan, na cidade de Nova York (EUA). Entre em contato com o museu com antecedência para saber se elas estão em exibição.

A arte cativante das imagens do Tarô fará com que você retorne sempre às cartas. Encontre estilos de Tarô que lhe agradem. É importante que o tema do baralho ressoe com sua estética pessoal, principalmente quando você estiver aprendendo a integrar os significados do Tarô. Nós nos projetamos nas cartas. Você vai querer um Tarô com a atmosfera, o estilo e a elegância que mais lhe inspiram.

Meu estilo de arte favorito é...
Meu humor normalmente é...
Minha estética pessoal é...

O Tarô é usado em jogos de salão. As cartas do Tarô eram usadas em jogos e apostas nas tabernas da Europa medieval. Esses baralhos, impressos em papel fino, eram baratos e fáceis de encontrar. Carimbos feitos de blocos de madeira entalhados eram cobertos de tinta e estampados nas cartas, que depois formavam baralhos. A natureza frágil e efêmera dessas cartas levou a maioria delas a ser destruída pelo tempo. De vez em quando, cartas antigas eram descobertas dentro de paredes de gesso, escondidas em sótãos empoeirados de casas da Europa.

O Tarô era diferente do baralho tradicional de 52 cartas porque continha um naipe extra chamado "Arcanos Maiores". A população da Europa medieval era, em sua maioria, analfabeta. A Igreja e os poderes vigentes usavam imagens universalmente conhecidas, como a Roda da Fortuna, a Justiça, a Morte, os Enamorados e o Mundo para transmitir os princípios morais da vida cotidiana.

A vida é muitas vezes comparada a um jogo. Você é quem joga. Os jogos de azar são transformados em um instrumento para prescrutar a fortuna pessoal, a sorte e o destino. Você acredita que pode mudar sua sorte? Você é quem assume os riscos. Você joga os dados. Você joga e ganha. Você joga e perde.

Acredito que tenho poder sobre meu destino porque...

O Tarô é o livro sobre você. Os primeiros livros de Tarô foram publicados nos séculos XVII e XVIII e foram escritos por homens, muitos deles praticantes de magia que usavam as cartas principalmente com esse propósito e baseavam seu trabalho em grimórios medievais mais antigos. Sabemos que a adivinhação é, em grande parte embora não exclusivamente, uma arte praticada por mulheres. Sempre foi assim. Do ponto de vista histórico, as mulheres não escreviam livros esotéricos, não eram proprietárias de editoras nem editavam jornais. Portanto, a história da adivinhação, principalmente por meio das cartas de Tarô, continua sendo uma arte em grande parte desconhecida e não registrada.

A Magia é...

Orientação

Sintonização

Conexão com mundos visíveis e invisíveis

Saber que você é um canal de poder

Ações simples = resultados impactantes

A Magia é...

Magia é o que acontece quando o projeto do seu ser entra em sintonia com a energia em expansão do universo. A magia é uma explosão de possibilidades e sublime sincronicidade. Ela é tão viável e eletrizante quanto o primeiro encontro entre dois amantes. Como a atmosfera, a magia nos envolve e nos sustenta. Ela é uma teia interconectada de energia.

Segundo a Física, a natureza do universo é de expansão e contração. Luas, estrelas e galáxias se expandem e se contraem como a inspiração e a expiração dos seres vivos. Assim como o ritmo das ondas tempestuosas que quebram na areia e recuam apenas para avançar outra vez para a costa, nossos corpos ecoam oceanos, planetas e o espaço intergaláctico. O que é verdadeiro para o universo é verdadeiro para nós.

A vida é cíclica. O dia se transforma em noite. As estações mudam. Jardins de verão florescem e morrem. Noites de inverno luminosas nos convidam a sonhar enquanto o sistema solar nos faz girar ao redor do Sol. Nossa vida ecoa as estações. Bebês nascem, ficam adultos e morrem. A morte abre caminho para novas gerações e novas possibilidades.

Nessa cômica interação, sob o som e a fúria do espetáculo de luzes caleidoscópicas que você experimenta todos os dias, está a sua vida. Há um padrão básico único, uma impressão única. Ela pertence a você e só a você. Essa impressão, como uma impressão digital, é sagrada, sutil e original. Seu padrão energético interior é eterno. Como um floco de neve, uma concha do mar ou uma galáxia espiral, nada no universo em expansão é exatamente igual. Tudo contém uma impressão mágica, uma inteligência única.

Você é como uma semente de jardim, que contém todas as informações de que necessita para se tornar um fruto ou uma flor. Esperanças, sonhos e desejos são semeados dentro de você por um motivo. Os anseios da alma, os talentos e a personalidade são suas chaves mágicas. É por meio da sua consciência única que o universo vivencia a si mesmo.

A magia são os cordões tremulantes, a grade elétrica e o campo de jogo que suporta e sustenta o mundo visível e invisível. É uma energia que pode ser tecida e trabalhada por qualquer pessoa. Algumas pessoas praticam e se envolvem naquilo que se conhece como artes mágicas. Elas são chamadas de bruxas, xamãs, yogues ou místicos.

As pessoas muitas vezes praticam magia sem ter consciência disso. No caso dessas pessoas, a magia ocorre por meio da sua natureza, dos seus hábitos e das suas atitudes. Essas pessoas têm uma luz diferenciada. Elas são únicas. Parecem ter engolido a Lua.

A magia com frequência surge da prática espiritual e religiosa. Não importa se uma pessoa é muçulmana, cristã, budista ou praticante de qualquer sistema espiritual com o qual se identifique. A magia pode fluir através de um ateu. Não é necessário acreditar. Por quê? Porque magia é vida, e vida é o que todos nós vivemos.

A prática mágica é extremamente simples. Mas só porque é simples não significa que seja fácil, principalmente porque somos movidos por necessidades, desejos e emoções. A magia nunca deixará ou abandonará você, mas isso não significa que sua vida será perfeita. Não significa que você sempre obterá o que deseja se lançar um feitiço ou se comunicar com seus guias espirituais. Somos seres humanos. E isso significa que todos nós sentimos dor e conhecemos o sofrimento. Nosso coração vai se partir, nossa vida pode desmoronar e teremos dias ruins. Mas a prática da magia ensina você a sempre tirar o melhor proveito do que tem.

A palavra "esotérico" significa "secreto". O segredo da magia é que ela, na verdade, não é nenhum segredo. Está bem na sua frente. A magia existe diante dos seus olhos. Esse é o segredo.

Para a sua sorte, a magia é como o mar. Você pode avançar tanto quanto quiser. Se isso a assusta, você pode se sentar no cais e molhar apenas a ponta dos dedos na espuma das ondas. Se a ideia de praticar magia a enche de empolgação e você quer avançar mais, pode zarpar para terras desconhecidas, mergulhar em cavernas subterrâneas e explorar as profundezas, descobrindo coisas que nenhum outro ser humano jamais viu ou vivenciou. A única pergunta, na verdade, é... até onde você está disposta a ir?

O Tarô é o instrumento perfeito para a prática da magia. Por quê? Porque ele nos tira da nossa mente e nos oferece novas possibilidades. O Tarô nos oferece a oportunidade de nos centrarmos. É um instrumento ritual. Ele nos pede para ir mais fundo e ouvir nossa voz interior autêntica, a canção espiritual da Sacerdotisa.

As imagens do Tarô nos propiciam energia e ideais para aspirar. Essas energias vêm até nós na forma de belas obras de arte. O Tarô pode ser o ponto focal de feitiços mágicos. Ele serve como um quadro visionário diário. As cartas em si são simbólicas, pois essa é a natureza do ocultismo.

O Tarô reflete a psique humana. As cartas são como o parceiro do crime que sempre desejamos. Elas estão sempre ao nosso lado, nos ajudando a dialogar com nossos Eu Superior ou Inferior. As cartas nos ajudam a alcançar metas e encontrar soluções. Elas nos permitem abrir espaço para a possibilidade. Há um otimismo inerente na leitura de Tarô. Queremos saber o que é possível. O Tarô nos mostra nossas possibilidades e depois nos dá o roteiro de como alcançá-las.

Regras da Magia

1: *Assuma a responsabilidade*

2: *Você recebe o que dá*

3: *Tudo é energia*

4: *Semelhante atrai semelhante*

As regras básicas da magia são simples:

Assuma a responsabilidade por si mesma. A magia não consiste em manipular acontecimentos externos ou outras pessoas. Ela não está interessada no destino que você teve ao nascer ou com as circunstâncias injustas da sua vida. A magia está no modo como você responde ao mundo.

Tudo no mundo visível e invisível está conectado. Tudo é energia. Semelhante atrai semelhante. A maneira mais rápida de conseguir algo é agir como se você já tivesse isso.

Se algo existe em sua imaginação, isso é sinal de que é possível. Suas paixões, interesses e talentos estão dentro de você por algum motivo. Eles são uma bússola pessoal.

Sua atenção é sua varinha mágica. Aquilo em que você se concentra é o que você energiza. Escolha com sabedoria.

Seus Músculos Intuitivos e Psíquicos

Seus músculos intuitivos e psíquicos são fascinantes. Como você sabe o que sabe? Trata-se de um processo extraordinário de desconstrução de como você interage com o mundo material. O Tarô é o instrumento perfeito para começar a explorar seus pontos fortes intuitivos e psíquicos. Depois de identificá-los, você pode começar a praticar para torná-los mais fortes, assim como faria com qualquer músculo do corpo. O aprimoramento dos pontos fortes da sua intuição a beneficiará em todas as áreas da vida, pois suas escolhas pessoais serão feitas com mais facilidade e você estará em sintonia com o seu eu mais autêntico.

Uma das razões não reconhecidas pelas quais as pessoas buscam as leituras psíquicas é provar para elas mesmas que o mundo invisível existe e que as habilidades psíquicas e intuitivas são reais. Do contrário, como uma pessoa seria capaz de examinar as cartas ou a palma da sua mão e saber tudo sobre a sua vida?

Sentidos Extrafísicos

Clarividência: Enxergar

Clariaudiência: Ouvir

Claricognição: Saber

Clarigustação: Sentir o paladar

Clarisciência: Tocar

Clariempatia: Sentir

Intuição:

Conhecimento que vem de dentro

Psíquico:

Informação que vem de fora

Memória Associativa:

Atalho mental

Projeção:

Atribuir aos outros características/ ideias pessoais

Empatia:

Sentir as emoções e os sentimentos dos outros

Ninguém sente, vê ou saboreia o mundo como você. Você é única em todo o mundo. Todos os seres humanos da Terra compartilham características físicas básicas como braços e pernas, cérebro e sangue, mas o modo como habitamos nosso corpo muda por completo de uma pessoa para outra. Ninguém percebe, observa e escuta da mesma maneira.

Nascemos com diferentes capacidades sensoriais. Você e sua melhor amiga veem a cor azul do mesmo jeito? Não sabemos. A ciência não pode provar que todos nós vemos as cores da mesma maneira. Os olhos humanos respondem à reflexão da luz em tons variados. Os tons determinam a intensidade ou a vibração de uma cor, não a experiência da cor em si. Ninguém pode provar que o roxo que eu vejo é o mesmo roxo que você vê.

Cada um de nós responde ao gosto, ao som e ao toque de modo diferente. O coentro fresco pode ser sua erva culinária favorita, mas para a sua tia ele pode ter gosto de cinzas. O *jazz* lhe causa uma dor de cabeça terrível, mas seu primo adora. Você relaxa quando coçam suas costas, mas seu parceiro pode sentir aflição quando unhas roçam na sua pele nua.

Nossas preferências dependem de como vivenciamos o mundo. Ninguém pode entrar no seu corpo, olhar através dos seus olhos, sentir gostos através da sua boca ou ouvir através dos seus ouvidos (e se puder, bem, isso é história para outro livro). Sua experiência do mundo é tão única quanto o seu beijo.

A natureza invisível das capacidades sensoriais torna muito difícil descrever essas características intangíveis. Por isso relatar nossas informações sensoriais é algo complicado. Faltam-nos palavras quando tentamos expressar o inefável. Você consegue explicar a realidade dimensional do sonho que teve na noite passada? A arte, a literatura e a poesia nos servem melhor quando queremos expressar a natureza dessa experiência.

É escolha sua se tornar o Indiana Jones da sua experiência única neste planeta. Não fuja dela só porque ela é misteriosa ou difícil de explicar. Não tenho ideia de quantas pessoas já me confidenciaram, depois de uma aula ou palestra, que têm uma grande intuição ou mediunidade. Essas capacidades muitas vezes lhes causam grande ansiedade, as assustam ou perturbam. É difícil falar sobre esses temas porque ainda não desenvolvemos uma linguagem que descreva essas capacidades de maneira adequada.

Pode ser assustador receber informações sobre acontecimentos futuros, sobre mortes, sobre espíritos etc. O sobrenatural não está separado da nossa vida cotidiana. Ele é a base que torna a nossa vida possível. Sonde-o, faça amizade com ele e brinque com o mistério que ele representa.

As pessoas com frequência me perguntam sobre coisas assustadoras como demônios ou energias sombrias e nefastas. Eu sempre digo a elas que o que é verdadeiro no mundo visível é verdadeiro no mundo invisível. As mesmas regras se aplicam a ambos. O sobrenatural pode ser tão seguro ou tão perigoso quanto qualquer rua de Nova York às 2 da manhã. Na minha experiência pessoal, apenas os vivos me magoaram ou representaram uma séria ameaça para mim. No entanto, é importante que você tenha limites, mostre respeito, seja gentil e se sinta segura com relação ao sobrenatural.

Cultive e assuma seus dons em vez de se afastar deles. Aprenda a usá-los da melhor maneira possível. Sintonize suas percepções com o seu bem mais elevado. Não deixe que outra pessoa lhe fale sobre os dons e capacidades naturais que você tem. Empenhe-se para desenvolvê-los. Descubra-os por vontade própria. Invente novas linguagens e palavras para expressar como você sabe o que sabe. Assuma a maneira como vivencia o mundo. Aprofunde-se em sua experiência do mistério. Abrace a criatura sobrenatural que você é.

Sempre senti que meus dons intuitivos especiais eram...

Intuição *versus* memória associativa. A intuição é a sua bruxa interior. Ela é sua sábia, sua sacerdotisa e o farol que a guiou até este momento. Sua intuição opera de modo contínuo, como seu batimento cardíaco. Ela transcende a sua consciência. A intuição não é algo que você precise adquirir, é algo que você já possui. Ela é a capacidade de sentir ou saber algo instantaneamente, sem raciocinar. É uma percepção rápida e imediata, que está embutida em nosso corpo e brota da nossa alma. É uma apreensão instantânea e um sentido extrafísico, que nos permite saber o que estamos vivenciando e como podemos responder melhor a isso.

A intuição nos diz quando algo é especial ou está certo. Você já soube que alguém desempenharia um papel importante na sua vida só trocando olhares com essa pessoa? Sua intuição lhe diz quando algo está absolutamente certo ou terrivelmente errado. Pense nas grandes decisões que já tomou – aquelas nas quais cada célula do seu corpo disse "sim". Isso foi sua intuição apoiando você. Mas todos nós já tomamos decisões mesmo quando nossa intuição estava gritando "não, não, não". Podíamos estar tão apegadas ao que pensávamos ser o melhor para nós que ignoramos nossa intuição e acabamos pagando um preço alto depois.

As crianças são criaturas muito intuitivas porque ainda não lhes ensinaram a ignorar seus instintos. Todas as crianças amadurecem e exploram o mundo ao seu redor. Muitas vezes nossos pais, amigos ou adultos nos dizem que nossas ações e intuições estão erradas. Agimos em sintonia com a nossa intuição e somos silenciadas, caladas ou ridicularizadas. Podemos levantar a nossa voz em situações de abuso ou perigo e sermos silenciadas pelos adultos que supostamente sabiam mais do que nós. Quando nossa intuição infantil é repreendida, torna-se difícil confiar nela. Mentir para uma criança envia a ela a mensagem de que a intuição é algo inútil e equivocado. A criança cresce duvidando de si mesma e de sua voz interior. Curar suas capacidades intuitivas na idade adulta é uma das melhores coisas que você pode fazer para tomar posse do seu poder interior.

As leituras de Tarô restauram a sua confiança na intuição. Ela é o seu guia na interpretação das mensagens e dos significados das cartas. A confiança que você adquire na sua capacidade de ler as cartas transborda para a sua vida diária. Você toma decisões com facilidade, movimenta-se com a energia da magia e descobre maravilhosas sincronicidades florescendo ao seu redor.

A sincronicidade se dá quando dois ou mais acontecimentos não relacionados ocorrem ao mesmo tempo. O rosto de um amigo aparece em sua mente, e duas horas depois você recebe uma mensagem inesperada dele, dizendo que está na cidade e quer jantar com você. A previsão do tempo diz que vai chover. Você quase cancela uma caminhada, mas algo lhe diz para ir mesmo assim. Você chega ao cume da montanha e inicia uma conversa com um desconhecido que fez a mesma trilha. Ele acaba contratando você para trabalhar na empresa dos seus sonhos. A sincronicidade é a intuição em ação. É a forma de o universo abraçar você, se aproximar da sua orelha e dizer que você fez uma boa escolha.

Uma sincronicidade impressionante aconteceu comigo certa vez...

A memória associativa é muitas vezes confundida com intuição. As memórias associativas são atalhos mentais que ajudam nosso cérebro a funcionar com eficiência. É por meio da memória associativa que aprendemos e recordamos conexões entre dois itens não relacionados. O farol verde significa que podemos avançar, enquanto o vermelho nos manda parar. Nosso cérebro faz a conexão no mesmo instante. Não precisamos fazer uma pausa enquanto dirigimos para pensar nisso. Nós dirigimos o carro, ouvimos rádio e travamos uma conversa ao mesmo tempo.

A memória associativa pode nos afetar do ponto de vista físico. Digamos que você fique enjoada depois de beber vários martínis. Desse dia em diante, você pode achar enjoativo o aroma de qualquer drinque com martíni. Essa é sua memória associativa em ação. Ela também afeta nossas opiniões e sentimentos sobre as outras pessoas de maneiras positivas e negativas. Digamos que a sua avó querida tivesse cachos sedosos de cabelos grisalhos, fosse apaixonada pela cor roxa e adorasse joias com diamantes. É provável que, se conhecer uma mulher de cabelos brancos, trajando um vestido roxo e usando brincos de diamante numa festa, você sinta uma simpatia instantânea por essa estranha. Isso também é a sua memória associativa em ação.

Suposições e conjecturas derivam de nossa memória associativa. A memória associativa até nos ajuda a memorizar os significados das cartas de Tarô e a fazer conexões entre as cartas. Infelizmente, as mesmas capacidades, quando não supervisionadas, podem levar ao racismo, ao sexismo e a toda variedade de julgamentos morais baseados apenas na aparência e nas nossas experiências de vida. E pior de tudo: uma associação decorrente da nossa memória associativa pode parecer intuitiva para nós. Com que frequência você forma opiniões ou faz avaliações sobre uma pessoa que acabou de conhecer e depois descobre que estava errada? Todos fazemos suposições sobre estranhos com um rápido olhar e depois, ao conversar com eles, ficamos surpresas ao constatar o quanto são diferentes. Supor que você sabe algo porque fez uma associação é muito diferente de saber por intuição. Não podemos confundir essas duas coisas ao ler o Tarô ou ao viver a nossa vida.

Como podemos diferenciar a intuição da memória associativa? A consciência de que existe uma diferença entre as duas é o primeiro passo. Em seguida, entenda a diferença sutil entre elas fazendo uma pausa e verificando o seu corpo. Podemos começar com o Tarô.

Tire uma carta aleatória e olhe para a imagem.

A primeira coisa que percebo nesta carta é...
Isso me faz pensar em...

Faça uma pausa por um instante e pense em como você fez essa associação.

Minha associação veio de dentro do meu corpo ou da minha cabeça?
Ela se baseia numa experiência passada ou em algo mais profundo?

Capacidade psíquica não é o mesmo que intuição, embora as pessoas costumem usar os dois termos de forma intercambiável. Entenda a diferença entre eles discernindo de onde vem a informação. A intuição vem de dentro do corpo. É um conhecimento profundo, uma certeza que vem do fundo do seu ser. Ela pulsa como uma nascente subterrânea no interior do seu corpo. A informação psíquica chega até nós a partir de fora. As pessoas com capacidades psíquicas às vezes se referem a elas dizendo que tiveram um "estalo" ou uma compreensão súbita, porque a informação psíquica com frequência parece um estalo inesperado ou uma bolha explodindo na cabeça. Ela flui a partir do mundo exterior e quase nunca pode ser controlada. A intuição flui, enquanto a informação psíquica surge e desaparece de maneira intermitente.

A informação psíquica pode ser muito específica e nem sempre faz sentido. É importante anotar por escrito e registrar todos os estalos que você tem, e isso por dois motivos. Primeiro, ela pode fazer sentido só depois que você obtém mais informações. Segundo, você confirma com mais rapidez esses estalos quando suas capacidades psíquicas são reconhecidas e aprimoradas por meio de registros escritos.

Recebi informações psíquicas quando...

Os cinco sentidos extrafísicos que citamos antes são maneiras extrassensoriais de uma pessoa receber conhecimento. Eles não são uma explicação por si só, mas um ponto de partida para você começar a observar de que maneira você atua como um canal psíquico e intuitivo. Não deixe que o desafio de explicar as experiências psíquicas ou místicas a impeça de tentar explorá-las com mais profundidade. Deixe que elas a ajudem a conversar com mais desenvoltura sobre coisas indefiníveis, enquanto você se aventura na exploração das experiências de vida em seu corpo. A Ordem Hermética da Aurora Dourada atribuía funções esotéricas à maioria dos Arcanos Maiores e algumas se correlacionam com os sentidos extrafísicos. Use-as para aumentar seu conhecimento do significado das cartas.

Clarividência é "Ver Com Clareza"

A clarividência é a capacidade de ver algo que não está na sua frente. Um homem tem um pesadelo recorrente em que a esposa está beijando o vizinho da casa ao lado. Ele chega em casa mais cedo um dia e encontra o tal vizinho com a esposa dele na cama. Seus sonhos eram reais. Um professor sensível vê uma nuvem negra ao redor dos alunos mais problemáticos e uma névoa de um tom amarelo-vivo ao redor dos alunos mais criativos. Uma enfermeira de um hospital psiquiátrico observa um halo se formando ao redor dos pacientes que estão prestes a fazer a passagem para o Outro Mundo e sabe que eles vão falecer. Esses são todos exemplos de clarividência.

A função esotérica do Imperador é "ver".

Pegue a carta do Imperador. Examine-a e se pergunte como a visão se relaciona com o Imperador.

A visão é a função esotérica do Imperador porque...
A visão me ajuda a entender o Imperador sob uma nova luz porque...
Cinco maneiras pelas quais a visão se relaciona com o Imperador são...

Clariaudiência é "Ouvir com Clareza"

Você consegue descrever com precisão como "ouve" seus próprios pensamentos? Você já assistiu a uma sessão espírita em que o médium afirma estar ouvindo a voz de pessoas que já morreram? Esse é um exemplo de clariaudiência, em que uma pessoa ouve mensagens e vozes vindas do mundo invisível. Os relatos de experiências de quase morte em geral incluem a clariaudiência nos casos em que uma pessoa entre a vida e a morte ouve uma mensagem ou uma voz que lhe diz por que ela deve voltar ao seu corpo físico, muitas vezes por causa de alguém que precisa dela ou de uma missão que precisa ser concluída. A clariaudiência, no entanto, vai além das vozes. Um indivíduo pode ouvir música, ruídos vindos de outro mundo ou sons de coisas impossíveis de se descrever. Você já pensou ter ouvido alguém falar com você quando isso não estava acontecendo de fato? Talvez você estivesse captando os pensamentos da pessoa, o que também seria uma forma de clariaudiência.

A função esotérica do Hierofante é "ouvir".

Pegue a carta do Hierofante. Examine-a e pergunte a si mesma como a audição se relaciona com o Hierofante.

A audição é a função esotérica do Hierofante porque...
A audição me ajuda a entender o Hierofante sob uma nova luz porque...
Cinco maneiras pelas quais a audição se relaciona com o Hierofante são...

Claricognição é "Saber com Clareza"

A claricognição pode ser o mais sutil e frequente de todos os sentidos extrafísicos. Você já pressentiu alguma coisa que estava prestes a acontecer, estava acontecendo ou já tinha acontecido sem que tivesse conhecimento direto de como ou por que possuía essa informação? Isso é claricognição. Já se sabe que irmãos gêmeos têm uma sintonia entre si que é assustadoramente específica. Ter um palpite sobre algo também é um tipo de claricognição. Os profissionais de cuidados paliativos em geral pressentem quando um paciente está prestes a falecer, mas até as pessoas leigas costumam ter um palpite sobre quando uma mulher está prestes a engravidar ou quando alguém vai morrer, sem saber por que sabem essas coisas. Quantas vezes você já soube que estava prestes a receber uma ligação ou uma mensagem de texto porque pensou na pessoa logo antes de olhar para o celular que estava vibrando ou tocando? Esse é um caso clássico de claricognição!

A função esotérica da Imperatriz é "sabedoria e loucura" relacionadas ao saber.

Pegue sua carta da Imperatriz e examine-a enquanto contempla o modo como o saber se relaciona com a Imperatriz.

O saber é a função esotérica da Imperatriz porque...
O saber me ajuda a entender a Imperatriz sob uma nova luz porque...
Cinco maneiras pelas quais o saber se relaciona com a Imperatriz são...

Clarigustação é "Sentir o Paladar com Clareza"

Uma jovem mãe sente no ar o sabor do bolo de limão da sua amada avó. Embora a avó já tenha falecido, o sabor sempre aparece como uma mensagem de amor. Os médicos intuitivos às vezes sentem o gosto de uma doença ou enfermidade em seus pacientes. Os conselheiros dos centros de reabilitação para dependentes químicos podem às vezes sentir o gosto de drogas quando um paciente começa a consumi-las de novo. Esse paladar intuitivo indica a clarigustação.

A função esotérica dos Enamorados é o "paladar".

Pegue a carta dos Enamorados. Examine-a. Contemple como o paladar se relaciona com os Enamorados.

O paladar é a função esotérica dos Enamorados porque...
O paladar me ajuda a entender os Enamorados sob uma nova luz porque...
Cinco maneiras pelas quais o paladar se relaciona com os Enamorados são...

Clarisciência é "Sentir o Toque com Clareza"

Uma vidente usa sua capacidade psíquica para ajudar a polícia a resolver os crimes da sua região. Os policiais lhe apresentam objetos da vítima e da cena do crime. Ela toca esses objetos e é capaz de fornecer pistas valiosas para ajudar a polícia a solucionar o crime. Os massoterapeutas com percepção extrassensorial são capazes de sentir quais partes do corpo precisam ser mais massageadas. Os praticantes de Reiki sentem onde é necessário aplicar a energia do Reiki para curar os clientes.

A função esotérica do Eremita é "tocar".

Pegue a carta do Eremita. Examine-a. Contemple como o toque se relaciona com o Eremita.

O toque é a função esotérica do Eremita porque...
O toque me ajuda a entender o Eremita sob uma nova luz porque...
Cinco maneiras pelas quais o toque se relaciona com o Eremita são...

Exercício de Cinco Minutos para Ampliar os Sentidos

As capacidades psíquica e intuitiva são como músculos. Elas se fortalecem à medida que você as exercita. Ajuste o cronômetro do seu celular para cinco minutos. Comece com o sentido da visão. Passe cinco minutos concentrando-se em ver. Olhe o que está diante de você. Observe a luz, a cor e a textura. Depois de ter observado o que está diante de você, olhe através de uma parede, colina ou árvores.

O que você consegue ver além delas com o olho da mente?
Faça isso durante sete dias.

Passe para o sentido da audição. Durante cinco minutos por dia, ouça os sons ao seu redor. Identifique e distinga cada som que ouvir, desde sinos dos ventos até pingos de chuva batendo na vidraça. Ouça as vozes das pessoas que estão na sua casa. Você consegue ouvir a respiração entre as palavras, o silêncio entre os sons da natureza? Ouça os sons além da sua percepção normal. Você consegue ouvir o murmúrio das vozes dos seus vizinhos, o ruído dos carros passando, os barulhos do parque ao lado da sua casa?

Com que profundidade você consegue ouvir todos esses sons?
Faça isso durante sete dias.

Passe para o sentido do olfato. Durante cinco minutos, concentre-se no sentido do olfato. Você consegue detectar o cheiro dos produtos de limpeza na sala de estar? Da camada de hidratante na sua pele? Você sente o cheiro persistente do jantar da noite anterior na cozinha ou a umidade da grama pela manhã? Vá além disso. Consegue sentir o cheiro dos alimentos dentro da geladeira ou o aroma do lago visível a distância? Consegue sentir o cheiro de fumaça de escapamento na rua ou do frango assado e da torta de maçã da vizinha?

Concentre-se no seu olfato.
Faça isso durante sete dias.

Passe para o sentido do paladar. Durante cinco minutos, concentre-se no sentido do paladar. Comece sentindo o gosto do interior da sua boca. Coma alguma coisa. Como esse alimento desperta as suas papilas gustativas? Você consegue sentir o gosto nas diferentes partes da sua língua? Como você descreveria isso? Você consegue sentir o gosto de cada um dos ingredientes que foram usados no prato que está degustando? Olhe ou imagine algo que está guardado na despensa. Você consegue sentir o gosto desse alimento sem comê-lo?

Concentre-se no sentido do paladar.
Faça isso durante sete dias.

Passe para o sentido do tato. Durante cinco minutos, concentre-se no sentido do toque. Comece observando a sensação das roupas na sua pele. Que sensação você percebe na nuca, no cotovelo, nas costas? O ar em contato com a sua pele nua está quente ou frio? Toque o pelo do seu animal de estimação com os olhos fechados, observando todas as sensações. Imagine sua cama: qual a textura dos lençóis? Imagine-se numa biblioteca antiga, tocando os livros enquanto caminha entre as estantes. Lembre-se das sensações sensoriais do seu lugar favorito na infância.

Você consegue detectar essas sensações?
Faça isso durante sete dias.

Depois de dedicar uma semana a cada um dos seus sentidos, procure observá-los diariamente. Ajuste seu cronômetro para cinco minutos e observe cada um deles. Depois de ter levado a consciência a cada sentido, aprofunde-se neles, deixando que se ampliem para o ambiente ao seu redor, ficando mais fortes e mais aguçados a cada dia.

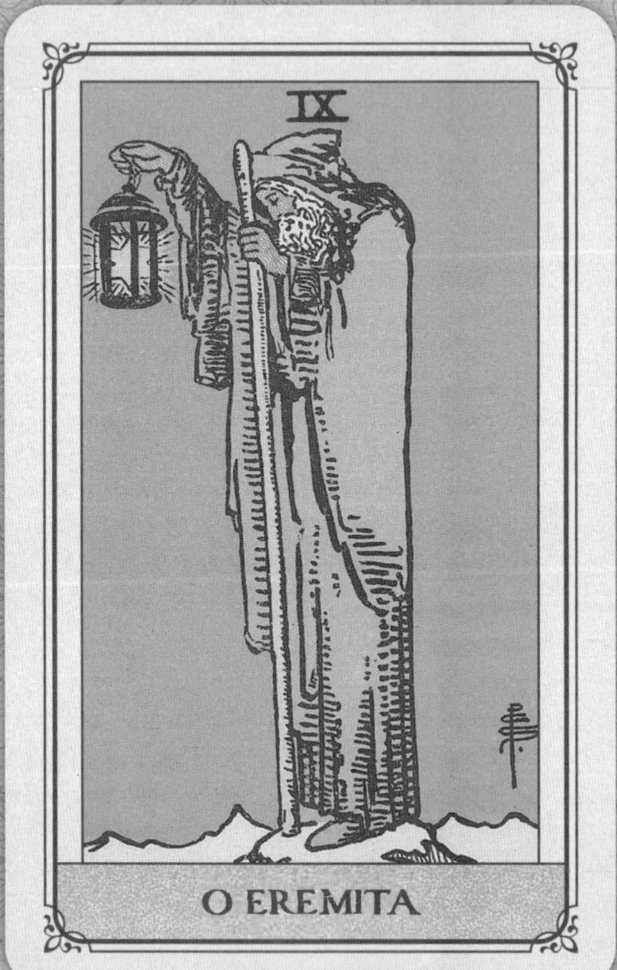
IX
O EREMITA

CAPÍTULO 2

Seu Ponto de Partida

Maneiras de Estudar

As maneiras de estudar o Tarô são amplas e variadas. Antigamente, era difícil encontrar tarólogos com ideias semelhantes e ainda mais difícil encontrar quem ministrasse um curso de Tarô – principalmente se você residisse longe dos centros urbanos. A tecnologia mudou a realidade do Tarô. Você encontrará sugestões de estudo nesta seção, assim como sugestões de aprendizado e de compartilhamento.

Estudo autodidata. Imagine-se trancada numa torre, tendo como única companhia as 78 cartas do Tarô e nenhum recurso externo. Você já teria descoberto como usá-las, porque carrega consigo toda a sua experiência de vida e criatividade. O modo como você integra e interpreta o Tarô é sua magia pessoal, seu jeitinho especial.

Ninguém lê as cartas como você. Tire uma carta e interprete-a. Ultrapasse suas fronteiras. Volte à mesma carta no final do dia. Sua intuição com relação a ela estava correta ou em sintonia com o que aconteceu ao longo do dia? Você é sua própria mestra. Você é a guru que estava procurando. Todas as respostas já estão dentro de você.

Sou autodisciplinada quando eu...

Aulas e encontros presenciais. As aulas presenciais são meu jeito favorito de aprender sobre as cartas e praticar a leitura para outras pessoas. Sob a orientação de um professor inspirado, você com certeza aprenderá coisas novas enquanto compartilha ideias e experiências pessoais. Muitas vezes, a leitura entre os colegas de classe cria, ao longo das semanas, laços profundos entre eles. Você se aproximará de pessoas com interesses e origens muito diferentes. As aulas semanais oferecem excelentes sistemas de apoio e possibilitam a formação de uma comunidade; talvez você encontre um grupo de amigos para toda a vida. Eu encontrei!

Meu curso favorito foi...

Aulas e grupos na internet. As aulas *on-line* funcionam tanto quanto as presenciais. Elas são convenientes quando você não pode sair de casa ou não mora perto de uma escola de Tarô ou grupo de estudo. Você também pode encontrar aulas ou lições pré-gravadas no YouTube ou comprar cursos avançados de professores de Tarô. A experiência *on-line* possibilita que você ajuste seus horários de estudo de acordo com a sua agenda. Você pode fazer amizades e cultivar laços profundos nos cursos a distância tanto quanto nos presenciais.

Aulas on-line fazem eu me sentir...

Estudos em redes sociais. As pessoas com frequência postam dicas e oportunidades de estudo de Tarô nas redes sociais. Você encontrará desafios semanais envolvendo tiragens de Tarô, leituras diárias das cartas, interpretações das cartas, respostas a perguntas em vídeo, análises e explicações dos vários tipos de Tarô, além de uma variedade de oportunidades para aprender sobre as cartas. Você pode se dedicar ao estudo do Tarô ao longo do dia pelo celular ou pelo computador.

Redes sociais são...

Retiros, conferências e *workshops*. Retiros, conferências e *workshops* são uma maneira agradável de sair de casa e imergir na arte e no estudo das cartas. O Tarô é muitas vezes incorporado a outras modalidades, como a escrita, o Yoga e a prática psíquica. Essa modalidade de estudo é uma oportunidade de fazer uma viagem para locais exóticos ou famosos centros de retiro ao redor do mundo, e para conhecer novas pessoas.

Eu adoraria fazer um retiro em...

Formas gratuitas de se aprender Tarô. As bibliotecas públicas e a internet são seus melhores amigos quando se trata de aprender sobre o Tarô sem gastar nada. Você encontrará uma infinidade de informações conflitantes na internet. Isso não é problema. O Tarô e a magia são assuntos complexos. Mas você pode ficar confusa caso as pesquisas aleatórias na internet se tornem o cerne da sua prática de Tarô. As informações na internet em geral são superficiais. Uma busca por palavras-chave não substitui uma pesquisa extensa no rico acervo da biblioteca pública do seu bairro. O Tarô é sobre você. Procure um sistema coeso que funcione no seu caso.

Nunca se esqueça do recurso gratuito mais importante: VOCÊ. Suas próprias reações intuitivas e as interpretações que faz das cartas sempre serão a parte mais importante da sua prática. E isso não custa nada a não ser seu tempo e sua atenção.

Como encontrar o professor certo. Encontrar um professor talentoso — uma personalidade com a qual você se identifique e alguém que a inspire — é uma experiência maravilhosa. Muitas vezes, o universo conspira a seu favor e um professor aparece do nada quando você menos espera (é mágico!).

Abra espaço para que um professor incrível entre na sua vida mantendo-se receptiva e projetando a sua intenção por meio da magia. Peça recomendações, leia avaliações e dê uma olhada por aí, enquanto espera que ele se materialize. Descubra como cada professor trabalha e o que ele oferece. A busca por um mestre é parecida com a busca por um novo amor, e quando você encontra o certo, o relacionamento se torna muito gratificante.

Meu professor favorito foi...

Tenha em mente que o vínculo entre professor e aluno é sagrado. A carta do Hierofante por tradição representa aquele que transmite mistérios ocultos. Esses mistérios estão contidos na chave do Hierofante. Vale a pena notar que, onde há poder, também pode haver abuso. Assim como há abuso na igreja, em escolas e clubes esportivos, também há no mundo do Tarô e dos estudos metafísicos. Nem todos os professores são iguais. Você encontrará professores (e leitores) de Tarô com um ego inflado e desmedido. Isso não quer dizer que você não possa aprender muito com um instrutor presunçoso, mas é um direito seu sentir-se à vontade para estabelecer seus limites. O curso é sobre ele ou sobre você?

O professor ideal:

- deseja o melhor para os alunos
- quer ajudar os alunos a aprender
- compartilha sua luz com os alunos
- desperta a luz interior dos alunos
- trabalha para o bem maior de todos
- quer que os alunos tenham sucesso
- ajuda os alunos a descobrir a própria sabedoria interior

Afaste-se de um professor que:

- é manipulador ou controlador
- provoca constrangimento ou instiga a negatividade
- coloca os alunos uns contra os outros
- tem comportamentos de cunho sexual impróprios
- afirma que o caminho que ele ensina é o único correto
- faz os alunos se sentirem desconfortáveis
- usa seu "conhecimento secreto" como poder

Pratique, pratique, pratique. Não importa como você prefira aprender; o que você não pode é simplesmente se sentar e decorar os significados das cartas. Você tem que praticar: tirá-las, lê-las e integrá-las à sua vida. Uma das maneiras mais rápidas de aprender é fazer leituras de Tarô para todos os seus amigos. As pessoas nunca recusam uma leitura de Tarô, porque todo mundo gosta de saber coisas sobre si mesmo. Você também cultivará e apreciará as diferenças entre ler para si mesma e para outra pessoa. Depois que os amigos dos seus amigos descobrirem que você está lendo Tarô, eles baterão à sua porta.

Diário de Tarô

O grimório ou diário de Tarô é um instrumento importante. Trata-se do registro e da análise da sua experiência com o Tarô. Cada dia traz novas percepções, novas revelações e uma compreensão mais rica dos Arcanos. O ato de registrar seu processo por escrito lhe proporciona uma documentação da sua prática de magia.

O grimório é um livro de magia coletada, um registro manuscrito dos trabalhos mágicos, feitiços, descobertas e receitas da bruxa. Livros mágicos como o *Kama Sutra*, a *Torá* ou o *Alcorão* são considerados objetos poderosos por si só. Qualquer amante de livros dirá que qualquer livro, seja grande e pequeno, desde *Frankenstein* até *O Morro dos Ventos Uivantes*, reverberam com um poder único.

Quando cria um livro próprio, um registro dos seus *insights*, do seu aprendizado e das suas descobertas, você cria uma reserva de poder pessoal. Você interpreta a sabedoria adquirida de outras pessoas e lhe confere o seu ponto de vista único. Sua prática com as cartas de Tarô é um instrumento de crescimento pessoal. À medida que se dedica à prática mágica, você começa a refletir sobre seus momentos de aprendizado e suas experiências, falhas e sucessos. Descubra o que funciona melhor no seu caso, para que possa usar isso como base para o seu desenvolvimento. Chame-o de diário, grimório ou qualquer outro nome, mas deleite-se com o processo de criação desse registro único e pessoal.

Gosto da ideia de criar um diário sobre mim porque...

Dicas para Escrever um Diário

Escreva todos os dias

Use palavras-chave

Faça tiragens de cartas

Observe as sincronicidades

Pense em seus instrumentos. Em geral, como você gosta de escrever? Se você é uma escritora por natureza (já é uma contadora de histórias talentosa), pode ter percebido a diferença no modo como cada um dos seus instrumentos de escrita a inspiram. Uma caneta esferográfica preta deslizando por uma página cor de creme pode enchê-la de entusiasmo. Escrever com um lápis pode lembrá-la dos seus dias de escola, com a extremidade macia do lápis ou uma borracha farelenta para mordiscar enquanto organizava os pensamentos. Dispositivos portáteis a ajudam a fazer anotações quando uma ideia surgir durante o seu trajeto do trabalho para casa ou no meio da noite. Se tomar notas no computador, você vai ouvir o toque ritmado das teclas, que a envolverá, embalando a sua criatividade.

Meu instrumento de escrita favorito é...

Pense nos seus hábitos de escrita. Você é uma coruja que escreve até altas horas da noite? Ou levanta-se ao nascer do sol, com os olhos brilhantes e despertos, enquanto toma café de uma caneca fumegante sobre um caderno aberto? Rompantes emocionais e momentos de intensa criatividade a levam a se expressar num turbilhão de entusiasmo e fervor? Você é alguém que gosta de fazer anotações detalhadas sobre tudo ou costuma adiar as coisas, achando que um dia vai encontrar tempo ou motivação para fazê-las?

Minha hora do dia e jeito favoritos de escrever são...

Dispositivos para Registrar sua Experiência Mágica

Diário: Perfeito para quem adora diários e a prática de fazer registros.
Dispositivos Eletrônicos ou Aplicativos para Escrita: Ideal para amantes da tecnologia e para nômades digitais.
Fichário: Satisfatório para quem gosta de manter os registros organizados ou de ter a possibilidade de mover e reorganizar informações.
Mídias Sociais: O YouTube, o Instagram e todas as formas de mídias sociais podem servir como registros diários e permitir interações relacionadas à sua jornada com o Tarô.
Arquivos de Áudio: Para quem gosta de divagar em voz alta.

Sugestões sobre as Seções do seu Diário de Tarô

Uma carta por dia. Essa prática é descrita mais adiante neste capítulo. Dedique uma parte do seu diário ao registro das suas leituras diárias e dos seus *insights* a respeito delas. Comece com uma folha de papel em branco. Escreva sua pergunta no alto da página: "O que eu preciso saber hoje?". Tire uma carta e escreva o nome dela no centro da página. Anote quaisquer associações imediatas que lhe vierem à mente junto com ideias ou pensamentos sobre o que a carta significa para você. Responda à sua pergunta original. Mais tarde, nessa mesma noite, volte a essa página. Escreva como a carta se aplicou ao seu dia (ou não). Procure a definição da carta num livro e relacione algumas palavras-chave para ampliar seu entendimento sobre ela.

Significados das cartas. A seção "Significados das Cartas" é onde você vai registrar sua compreensão de cada carta e sua experiência pessoal com elas. As palavras-chave por si só já despertam suas interpretações pessoais. Se uma carta fizer com que você se lembre de algo ou se sinta de determinada maneira, anote isso nessa parte do diário. Inclua suas citações favoritas ou letras de músicas que se apliquem às cartas. Por exemplo, a música "Don't Give Up", de Peter Gabriel e Kate Bush, é um tema adorável para a jornada simbólica retratada pelo Seis de Espadas. A citação de Stephen King, do seu romance *Rose Madder*, "O que importa não são os golpes que a gente leva, e sim aqueles aos quais a gente sobrevive" combina bem com o Nove de Paus, que com frequência mostra uma figura com uma faixa na cabeça, logo depois de atravessar uma cerca. Jeanette Winterson diz em seu brilhante romance *The Passion* (*A Paixão*) que "Talvez todo romance seja assim: não um contrato entre partes iguais, mas uma explosão de sonhos e desejos que não encontram outro escoadouro na vida cotidiana. Somente o drama dá conta, e enquanto duram os fogos de artifício o céu tem uma cor diferente". Essa citação evocativa combina perfeitamente com a carta dos Enamorados.

Atividade de Imersão nas Cartas com o Diário

Limpe a mente. Não faça nenhuma pergunta. Embaralhe o Tarô e tire uma carta. No centro de uma folha de papel em branco ou de uma página do seu diário, escreva o nome da carta. Anote suas observações iniciais sobre essa carta. Anote também os símbolos que chamam a sua atenção. Registre as cores que vê e os sons que ouve a partir da imagem. Depois que tiver preenchido a página com observações, examine a carta e o que você escreveu. Você consegue dar a si mesma um conselho de uma frase com base no que descobriu sobre a carta?

Associação Simbólica e os 3 Fs

O Tarô se comunica por meio de símbolos. Nós nos comunicamos muito bem com as cartas depois que dominamos a arte da linguagem simbólica. Crie um dicionário simbólico pessoal com uma técnica chamada os 3 Fs. Os 3 Fs significam função, *feeling*[1] e funcionalidade. Função é como o símbolo/objeto é usado de modo geral. *Feeling* é sua resposta emocional ao símbolo/objeto. Funcionalidade é a operação metafórica do símbolo/objeto em sua vida atual. Digamos que você escolha interpretar o símbolo representado pela cadeira da Imperatriz. A função de uma cadeira é servir de apoio. Seu *feeling*, ou sentimento, pode ser de alegria ou alívio por ela estar ali para o seu conforto. A funcionalidade pergunta se você se sente apoiada ou não na ocasião em que tira essa carta. Isso inclui questões de apoio mental, emocional e financeiro. Experimente por si mesma. Escolha uma carta aleatória, feche os olhos, coloque o dedo na carta e abra os olhos. Interprete o símbolo para o qual você está apontando:

> **Função:** O propósito principal deste símbolo é...
> ***Feeling*:** Este símbolo me faz sentir...
> **Funcionalidade:** O sentimento suscitado por este símbolo está operando na minha vida agora como...

1. "Sentimento", em inglês. (N. da T.)

Cartas Repetidas

Cartas repetidas são certas cartas que aparecem várias vezes em suas tiragens diárias. Elas tendem a estar em sincronia com os ciclos da vida. Você encontrará diferentes cartas repetidas a cada estação e ciclo de vida. As cartas repetidas definem certos momentos da vida e acontecimentos importantes.

Por exemplo, quando publiquei o meu primeiro livro, o *Tarot Diva,* a Roda da Fortuna aparecia muito nas minhas tiragens. Esse Arcano sobre energia e revolução estava em sintonia com muitas oportunidades empolgantes que surgiram para mim na mídia e novos relacionamentos comerciais. Toda vez que a carta aparecia, o que parecia ser a cada dois dias, eu a usava como um lembrete para não questionar todas as oportunidades empolgantes, mas para aproveitá-las.

Preste atenção em como a energia de uma carta repetida está trabalhando com você. Preste atenção nas mensagens que ela transmite. Abra um espaço extra em seu diário de Tarô e responda às seguintes perguntas:

Você está se repetindo porque eu preciso saber...
Uma qualidade que ainda não descobri sobre você é...
Juntas, nós vamos...

Escrita Criativa

Criar histórias fictícias ou de estilo memorialístico sobre cada carta é uma ótima maneira de criar intimidade com elas. Inventar uma história sobre uma carta ou aplicá-la à sua vida ajudará você a desenvolver uma relação única com a energia da carta. Você nunca mais olhará para ela do mesmo modo.

Sugestões de escrita criativa:

Tire uma única carta e complete esta frase: Era uma vez...

Tire três cartas e escreva uma história infantil com começo, meio e fim bem definidos, começando com esta frase:

Era uma noite escura e tempestuosa...

Sugestões de escrita de memórias:

Tire uma carta e procure pelo primeiro símbolo que chame a sua atenção. Use-o para preencher o espaço em branco:

Quando eu era jovem, meu _____ era...

Tire uma carta e deixe-a lembrá-la de algo da infância, então responda a isto:

Eu nunca vou me esquecer do dia em que...

Tire a carta da Morte e coloque-a na sua frente, depois responda a isto:

A primeira vez que encontrei a morte foi quando...

Outras Seções do Diário

Diário Psíquico e Intuitivo: Registre *insights* psíquicos e intuitivos.

Carta do Ano/do Mês/da Semana: Além da sua carta do dia, é divertido tirar uma carta para cada semana, mês e ano.

Tiragens e Registros de Leitura: Registre suas tiragens e as informações obtidas com elas.

Perguntas: Crie um espaço no diário para formular perguntas mais evocativas e importantes. Criar uma ótima pergunta é o primeiro passo para obter o resultado desejado. Você pode levar o tempo que quiser para formular uma pergunta realmente boa. Se fizer uma lista delas, isso a ajudará a consultá-las posteriormente. Use-as sempre que necessário. Veja a Lista de Perguntas no final deste livro.

Sugestões de Escrita: Um ótimo lugar para responder às perguntas feitas neste livro.

Desenhar: Não importa o seu nível de habilidade em desenho, o ato de desenhar suas cartas a fará prestar atenção em detalhes que você pode ter ignorado.

Rituais Mágicos, Lançamento de Feitiços e Resultados: Se você usa o Tarô em feitiços mágicos, este é um lugar maravilhoso para registrar o feitiço, os ingredientes, os detalhes e os resultados.

Interpretações de Sonhos: Os sonhos são uma porta que se abre diretamente para o seu subconsciente e a sua vida intuitiva. Escrever sobre eles aprofunda o significado e a experiência. Interprete os símbolos dos sonhos como faria com um símbolo do Tarô.

Anotações Sobre o Trabalho com a Sombra: O trabalho com a sombra é poderoso e transformador; registre-o no seu diário.

Prática Diária

A prática diária, muitas vezes chamada de "uma carta por dia" ou "tiragem diária", é um ato de profunda devoção ao Tarô. Ela pode ser realizada todos os dias em menos de cinco minutos. É notável que algo tão simples tenha efeitos tão transformadores. A interiorização desse hábito prazeroso promove uma relação íntima com os significados das cartas. Trata-se de um momento de contemplação que lhe oferece a oportunidade de dar um passo atrás, preparar o seu dia e considerar o que é de fato importante para você. Também a ajuda a conhecer melhor as cartas.

Para realizar a prática diária, tire uma carta todas as manhãs, de uma pilha de cartas de Tarô embaralhadas. Selecione um horário do dia em que você se sinta mais inclinada a se dedicar a essa prática. O ideal é que tire sua carta diária quando puder passar algum tempo contemplando seus significados e implicações. Habitue-se a esse processo. Faça dele parte de sua rotina diária. Muitas pessoas gostam de tirar essa carta pela manhã, enquanto tomam seu café ou chá. A manhã é o período ideal porque, ao acordar, você está mais próxima do estado inconsciente do sono e, portanto, em sintonia com seu estado interior contemplativo.

Meu momento mais tranquilo do dia é...

Formule sua pergunta ou intenção articulando seu desejo antes de tirar uma carta. O que você está esperando que aconteça ou que tipo de ajuda necessita no dia seguinte? Você está buscando um conselho específico? Está se empenhando para fortalecer seus músculos psíquicos? Querendo manifestar seus sonhos mais loucos? Declare o que você quer antes de tirar uma carta.

Por outro lado, você pode só querer saber que tipo de energia o dia lhe reserva. Talvez esteja apenas aprendendo sobre as cartas e queira experimentar o significado de uma única carta ao longo do dia em comparação com o significado tradicional da carta. Seja qual for a sua escolha e o modo como optar por usar sua carta do dia, faça isso com intenção e integridade.

Minha intenção para hoje é...

Prática Diária

Formule uma pergunta

Limpe a mente

Tire uma carta

Anote sua interpretação

À noite, compare a carta com as experiências do dia

Limpar a mente é a parte mais importante da prática diária. Feche os olhos. Inspire e expire profundamente algumas vezes. Aterre-se e imagine raízes saindo dos seus pés e penetrando na terra abaixo. Imagine a flor do seu Terceiro Olho se abrindo. Ela transmitirá e receberá informações. Visualize o seu dia com o olho da mente. Formule sua pergunta ou intenção em voz alta. Aborde a carta num estado de espírito alerta e repleto de paz.

Para mim, a melhor maneira de acalmar a mente e me sentir em paz é...

Embaralhe as cartas e tire uma delas. Deixe que a imagem saúde você. Permita que ela inunde a sua consciência. Que a história dessa carta, sua observação ou a impressão que ela lhe causa chegue até você. Anote essa experiência em seu diário de Tarô. Que mensagem você recebeu? Que conselho ela lhe dá? Algo ou alguém lhe ocorreu? Você sentiu algum estalo psíquico? Que conselho essa carta lhe dá? Ela sugere que você se concentre no quê?

Fico mais aberta a receber mensagens quando...

O *check-in* noturno é uma oportunidade para você rever a sua carta da manhã. Pegue seu diário. Dê uma olhada nas anotações e impressões que anotou sobre a carta no início do dia. Você acabou se esquecendo da mensagem matinal? Sua carta teve alguma relação com o resultado do seu dia? A essência da carta se manifestou nas experiências do seu dia? Você sente como se tivesse incorporado a carta? Que novas observações você descobriu sobre ela?

Uma observação para iniciantes sobre a tiragem diária. Cada carta é um amplo ecossistema, com pontos altos e baixos, e tão complexo e cheio de nuances quanto qualquer pessoa que você conhece. Os tarólogos acabam reconhecendo que não existem cartas "boas" ou "ruins". Você pode acordar de bom humor, sentindo-se gloriosa, e a última coisa que quer ver é o assustador Nove de Espadas. Retire do baralho as cartas assustadoras ou qualquer carta que não queira ver ao selecionar sua carta do dia. Não é por isso que precisa se sentir como se estivesse enfiando a cabeça na areia. Devolva ao baralho as cartas mais desafiadoras quando se sentir pronta. As cartas diárias servem para manter o prazer da sua prática.

Se a tiragem a partir do baralho inteiro lhe parecer assustadora e opressiva, faça-a usando apenas as cartas dos Arcanos Maiores. Quando se sentir confortável para interpretar essas cartas, você pode começar a adicionar as cartas numeradas, as cartas da corte, as que lhe parecerem mais "assustadoras" e outras.

As cartas invertidas podem ser deixadas de lado durante a prática diária (ou durante qualquer outra tiragem). O único porém é que, antes de começar a ler qualquer carta, você precisa decidir como vai interpretar uma inversão. Não se preocupe com a inversão se não quiser. Eu nunca interpreto as cartas invertidas na minha tiragem matinal. Também é divertido ir tirando as cartas até que uma carta na posição normal apareça; essa será sua carta do dia.

A carta da escolha é um acréscimo opcional à sua prática diária que você pode usar quando receber uma mensagem que a deixe pouco confortável ou a faça se sentir num dilema. Tire uma carta da escolha. Essa carta é uma escolha ou opção que lhe estará disponível o dia todo. A mensagem da carta da escolha não substitui a mensagem original, mas acrescenta nuances a ela e lhe dá uma opção de como trabalhar com a energia do seu dia.

Por exemplo, você acorda numa terça-feira inesperadamente feliz, depois de ter um sonho maravilhoso, que permanece no seu subconsciente. Você tira o Cinco de Espadas como sua carta diária e isso diminui seu bom humor. Você acha que ela é o presságio de um desentendimento iminente. Você tira uma carta da escolha: aparece o Oito de Copas. Você olha para a figura da carta, que está subindo uma montanha. Você decide que a mensagem da sua carta da escolha é que você pode "pegar a trilha mais elevada", e afastar-se de qualquer pessoa ou coisa que não pareça certa para você. Você aceita o conselho da carta e tem um dia maravilhoso.

Como Adquirir seu Tarô e Cuidar Dele

Eu gosto muito de histórias da carochinha. Elas estão repletas de sabedoria e humor. Mas há uma diferença entre ouvir uma história e acreditar nela, como se fosse uma verdade literal. Segundo um mito muito difundido, você só pode ler as cartas de um Tarô que alguém tenha lhe dado de presente. Essa é uma ideia misteriosa, não acha? Mas esse conto da carochinha simplesmente não tem fundamento; às vezes é você quem faz a sua própria sorte. É disso que se trata o uso do Tarô.

Eu comprei meu primeiro Tarô quando tinha 12 anos de idade. O ideal seria que alguém tivesse me dado meu primeiro baralho, mas se eu tivesse esperado pelo baralho perfeito, talvez nunca tivesse tirado uma carta em minha vida.

Desde que não o roube, você pode adquirir seu Tarô da maneira que quiser. Por falar em roubar Tarôs, sempre que tiver oportunidade, não deixe de comprar seu baralho na livraria esotérica da sua preferência e de editoras confiáveis. Empresas estrangeiras estão agora digitalizando e vendendo versões dos baralhos mais conhecidos, com imagens de baixa resolução. Os responsáveis por réplicas de Tarôs e por PDFs de livros baixados da internet não compram os direitos autorais de autores e artistas. Isso é roubo.

Os tarólogos geralmente se tornam ávidos colecionadores de baralhos. Visitam lojas esotéricas, compram baralhos exclusivos em lojinhas românticas e exóticas, encomendam baralhos nas livrarias favoritas do bairro e aproveitam tudo o que o mundo do Tarô tem a oferecer.

Ritual de abertura/iniciação. Os rituais criam laços sagrados entre o leitor e o baralho, e você saberá mais sobre eles na próxima seção. A realização de um ritual de abertura com um novo baralho é uma ocasião especial.

Não se preocupe se já tiver tirado o baralho da embalagem e ele já estiver em uso. Você pode realizar esse ritual mesmo assim. Coloque as cartas em ordem numérica (consulte o folheto que costuma vir junto com as cartas para descobrir a ordem dos naipes) e arrume todas as cartas com as imagens voltadas para cima.

Reserve pelo menos uma hora sem que ninguém a interrompa. Desligue todas as luzes elétricas. Acenda algumas velas e um cone ou vareta de incenso. Abra o baralho, se ele já estiver fora da embalagem.

Sente-se diante do incenso com o baralho na mão e vire lentamente cada carta. Com cuidado e reflexão, observe a imagem de cada carta, enquanto a passa pela fumaça do incenso. Diga seu nome em voz alta. Passe todo o baralho pelo incenso. Realize qualquer trabalho ritual da sua preferência.

Quem vai estar autorizado a tocar o seu Tarô. Decida se você permitirá que outras pessoas toquem e manuseiem suas cartas. A ideia geral é a de que outras pessoas deixam sua energia pessoal nas cartas quando as tocam. Isso vem a calhar se você estiver lendo para outras pessoas. Entretanto, também é muito bela a ideia de manter um baralho de Tarô sagrado, sem nunca ter sido tocado por ninguém além de você. A maioria dos leitores de Tarô mantém um Tarô sagrado para si e outro que pode ser tocado por outras pessoas.

Onde você guarda o seu Tarô. O cuidado de guardar o Tarô num lugar bonito é um sinal de respeito. Preste atenção em como você guarda seu baralho favorito e mais usado. As cartas podem ser embrulhadas num lenço de seda ou num tecido da sua escolha. Você também pode encontrar lindas toalhas de leitura de Tarô, que podem ser estendidas sobre uma superfície no momento da leitura das cartas. Também existe a alternativa de guardar as cartas dentro de uma bela caixa de madeira entalhada, uma caixa de grife (como Fendi ou Dior) ou algo que pareça especialmente mágico ou tenha uma aparência que lhe agrade.

Confira um poder extra às suas cartas guardando-as junto com a sua pedra, gema ou cristal de limpeza favorito, ou qualquer outro item mágico que, a seu ver, intensifique o poder do seu Tarô.

Pedras Sugeridas

- *Fluorita:* Protege sua psique e as cartas das energias emocionais de outras pessoas.
- *Quartzo transparente*: Use-o para proteger você e o Tarô contra influências indesejáveis.
- *Turmalina Negra:* Uma pedra de aterramento excelente para você e o seu Tarô, ela absorve e dispersa a energia negativa.

Como limpar e purificar o seu Tarô. Você sempre pode realizar uma limpeza energética no Tarô colocando as cartas em ordem e depois passando-as pela fumaça do incenso, conforme sugerido no ritual de iniciação descrito anteriormente. Energize as cartas à luz da Lua cheia, colocando-as no parapeito de uma janela. Você também pode fortalecer as cartas com a energia do Sol, deixando-as perto da janela por pelo menos oito horas num dia ensolarado. Use um tecido macio e fermento em pó para apagar impressões digitais e manchas de gordura das cartas.

Incensos Sugeridos

- *Cedro:* Repele a negatividade e atrai energia vibracional cristalina e afirmativa.
- *Palo Santo:* Cura espiritual.
- *Sálvia:* limpeza geral e purificação.

Entrevista com o novo Tarô. Essa é uma maneira de conhecer seu novo Tarô. Afinal de contas, seu relacionamento com ele é uma via de mão dupla entre você e a energia das cartas. Embaralhe bem as cartas depois de realizar seu ritual de abertura. Faça as seguintes perguntas ao baralho e anote as respostas em seu diário:

1. *O que você quer que eu saiba sobre você?*
2. *Qual é a sua maior força?*
3. *Qual é a sua maior fraqueza?*
4. *Por que formamos uma boa dupla?*
5. *O que posso esperar de você?*
6. *O que você espera de mim?*
7. *O que podemos aprender juntos?*

Ética e Limites

Ter um código de ética é essencial, porque a leitura de Tarô é um empreendimento mágico. Magia é poder, e com o poder vem a responsabilidade. É inevitável que você ultrapasse seus limites éticos de vez em quando. Por isso é bom descobrir com antecedência quais são essas áreas cinzentas e nebulosas. Você está tentada a tirar uma carta para descobrir algo na vida de outra pessoa? Será que é uma boa ideia criar um feitiço com o Tarô que interfira no livre-arbítrio de alguém? Você daria conselhos médicos a outras pessoas com base nas cartas? Essas são apenas algumas das questões éticas que terá de enfrentar ao ler o Tarô.

Estabelecer limites é essencial quando fizer leituras para você ou para outras pessoas. Enquanto for iniciante, não há melhor prática do que ler Tarô para amigos e familiares. A vantagem é que você sempre terá com quem praticar a leitura de Tarô. O assunto favorito de todas as pessoas tende a ser elas mesmas. Você sempre encontrará quem queira ser sua cobaia. Quando as pessoas descobrirem que você está lendo cartas, algumas delas vão passar a depender excessivamente das suas habilidades com o Tarô, ficando obcecadas com questões pessoais, como seus relacionamentos amorosos. Você precisa saber quando dar um basta.

Uma maneira de estabelecer limites ao ler para amigos é...

Os limites também dizem respeito ao que você pedirá das cartas para os outros e para si mesma. O modo como usa o Tarô depende da sua sensibilidade. Essa é uma área altamente subjetiva. A enfermeira de um asilo que lê Tarô provavelmente terá uma relação diferente com a energia da carta da Morte em comparação a uma avó italiana supersticiosa e, portanto, cada uma delas oferecerá diferentes interpretações das cartas. Cada um de nós tem um contexto cultural diferente e um conjunto diferente de dons e sensibilidades. O que é verdade para um ser humano pode não ser para outro. Portanto, as informações que cada pessoa pode extrair do Tarô serão diferentes. Considere suas habilidades e talentos pré-existentes.

Eu sempre tive talento para...

Segundo a Lei Tríplice das bruxas, o que você envia para o mundo retorna para você com três vezes mais intensidade. Vou reformular esse importante conceito: a energia que você emite é a que volta para você triplicada. Isso se aplica a tudo em sua vida. Em poucas palavras, não faça nada que não gostaria que fizessem a você.

Você gostaria que uma pessoa usasse o Tarô para espiar seus pensamentos secretos e particulares? Gostaria de ser manipulada por meio da magia? Gostaria de fazer algo contra sua vontade? Como você se sentiria se um tarólogo lesse as cartas para a sua mãe grávida e dissesse que você seria uma criança infeliz e problemática? Quando estiver diante de um dilema ético, simplesmente coloque-se no lugar da outra pessoa.

Lei Tríplice

Você recebe o que dá

Sua energia volta para você triplicada

Nunca tente manipular outra pessoa ou exercer poder sobre ela

Em nível mais profundo, a energia que emite é aquela em que você já está imersa. Para irradiar negatividade, crueldade, raiva e manipulação no mundo, primeiro você precisa estar repleta delas (justificadamente ou não). Essa intensidade retorna para você *multiplicada por três*. Pense em como a vida se transforma se você reagir a cada ofensa ou injustiça com bondade e paz. Qual seria o resultado na sua vida?

A regra mágica dos três significa que quando eu dou amor, eu recebo...

Prever o futuro é uma questão complicada que pode voltar para assombrá-la. O arquétipo da cartomante cigana capaz de ver o futuro é sedutor. Você não adoraria encontrar uma mulher misteriosa que lhe desse todas as respostas da vida? Se pudéssemos literalmente ver o futuro, a maioria das cartomantes (inclusive eu) estaria tomando uma taça gelada de champanhe *rosé* no sul da França com nossos prêmios da loteria. É muito melhor do que ficar sentada sob um letreiro de neon lendo as cartas por dez dólares para adolescentes suados na praia de Jersey.

À medida que você trabalhar com as cartas, descobrirá que não existe nem passado nem futuro. Existe apenas a infusão de todas as possibilidades neste exato momento. O Tarô a ajuda a descobrir todas as respostas que procura. Essas respostas estão dentro de você. Seu futuro não depende de outras pessoas, de situações ou de resultados. Ele depende de você.

Quando lemos as cartas, lemos a energia. Todos nós somos seres energéticos flutuando na energia mágica do universo. Podemos observar os padrões nas cartas e detectar o resultado mais provável de uma determinada situação? Com certeza. Você pode prever um evento futuro com o Tarô? Somente você pode responder a esta pergunta. Eu certamente não posso, e nunca conheci ninguém que pudesse, mas isso não significa que coisas extrafísicas, intuitivas e misteriosas não aconteçam com as cartas. Elas acontecem!

As pessoas sempre pedirão para você revelar o futuro delas. A questão é: você dirá a elas o que querem ouvir? Lhes dirá com certeza o que vai acontecer?

Acho que prever o futuro com o Tarô é...

O poder da sugestão ocorre quando uma pessoa é apresentada a uma ideia ou declaração sobre o futuro e ela a transforma em realidade, fazendo-a acontecer. Imagine o poder da sugestão que você tem quando está sentada com um baralho de Tarô nas mãos — especialmente se a pessoa para quem você está lendo as cartas acredita que o Tarô é capaz de prever o futuro ou que ele sempre diz a verdade!

Leve em consideração os sentimentos e a sensibilidade da pessoa ao ler as cartas para ela. Nunca deixe escapar uma previsão assustadora. Por exemplo, a carta da Torre aparece na tiragem. Não seria gentil nem útil gritar "Derrocada! Ruína!". Não faz sentido assustar alguém assim. A pessoa sairia pela porta procurando a derrocada e a ruína em cada esquina.

Para proteger a si mesma e aos outros, sempre faça um esforço para que a leitura das cartas seja pelo bem maior de todos os envolvidos. Isso não significa que todas as suas leituras serão perfeitas. Somos humanos, e todos nós metemos os pés pelas mãos e cometemos erros, mas podemos nos esforçar para dar às almas que nos procuram informações que as fortaleçam. Podemos presenteá-las com palavras que elevem, inspirem e proporcionem clareza e confirmação.

O poder da sugestão é...

Espreitar a vida das outras pessoas é tentador. Não. Faça. Isso. Não é ético. Não está certo. A vida delas não é da sua conta. Para evitar essa armadilha, traga a responsabilidade de volta para você ao formular a pergunta. Em vez de perguntar "Aquele rapaz por quem estou apaixonada está pensando em mim?", reformule a pergunta. Pergunte: "O que posso fazer para iniciar um relacionamento entre nós?". Consulte o Capítulo 3 para obter mais dicas sobre como formular perguntas proativas.

A confidencialidade é primordial tanto nas leituras de Tarô quanto na magia. Quando você lê cartas para outra pessoa, está abrindo e mantendo um espaço sagrado para essa pessoa. Não importa quão suculentos e apimentados sejam os segredos, pensamentos e desejos dela, não cabe a você divulgá-los; lembre-se da Lei Tríplice. Faça jus à confiança da pessoa. Nunca converse sobre a leitura de Tarô de uma pessoa com outras pessoas.

Mantenha em sigilo a natureza do seu trabalho mágico, especialmente quando se trata de lançar feitiços. Isso não significa que você não possa colaborar com *covens* ou amigos, e praticar sua magia em grupo. Na verdade, a energia colaborativa aumenta a vibração da magia. Mas, quando você lança feitiços sozinha, a energia da sua intenção muda se você fala sobre ela com outras pessoas depois do fato. Sempre guarde um pouco da magia para si mesma. Nunca revele o propósito de um feitiço depois que o realizou.

Conselhos médicos, jurídicos e financeiros devem ser evitados, mesmo que você seja médica, advogada ou especialista em finanças. Seu conselho, juntamente com o Tarô, tem o potencial de deixar marcas profundas na pessoa para quem você está lendo as cartas. Alguns estados norte-americanos têm, inclusive, várias leis que proíbem a adivinhação. Com certeza a última coisa que você quer é ser responsável por influenciar a decisão de uma pessoa sobre processos judiciais, suas contas bancárias e sua saúde. Se alguém perguntar sobre essas áreas, explique educadamente que você não responde a esse tipo de pergunta. Pode optar por ler a energia geral de uma situação, mas não oferecer detalhes específicos. Evite dar a alguém um motivo para processar você.

A leitura para mulheres grávidas é algo a ser considerado antes que uma futura mamãe apareça, pedindo para que você leia as cartas para ela. Você está disposta a dizer ou mostrar algo que possa assustar uma mulher que logo estará dando à luz? Considere o poder da sugestão. A imagem da carta da Morte pode ser aterrorizante para quem não está familiarizado com seu significado sutil.

Não corra o risco de assustar ou estressar uma mulher grávida. Evite isso ao máximo. Você realmente gostaria de carregar o peso da responsabilidade de deixar uma mulher em seu último trimestre de gravidez tirar um Oito ou o Nove de Espadas ou algo igualmente assustador que ela possa internalizar? Eu estabeleci como regra pessoal que nunca vou ler as cartas para uma mulher grávida e recomendo veementemente que você faça o mesmo.

Álcool e drogas devem ser evitados antes ou durante a leitura de Tarô. O objetivo da cartomancia é entrar em contato com o seu "eu" mais elevado e ao mesmo tempo com sua intuição mais profunda. Já é bastante desafiador desobstruir seus canais intuitivos sem que eles sejam afetados por drogas ou álcool. Você também corre o risco de dizer algo ofensivo ou prejudicial, do qual se arrependerá. Mantenha-se fiel ao seu talento e evite o álcool ao ler suas cartas, principalmente para os outros.

Não julgar e saber ouvir são qualidades essenciais. Como você se sentiria se fizesse uma pergunta íntima durante uma leitura e o leitor olhasse para você com um olhar de repreensão? O trabalho de um leitor de Tarô é ler as cartas, não dar sua opinião pessoal. Ouça a pessoa que está sentada à sua frente. Examine as cartas. Responda às perguntas dela, reformulando-as quando necessário. O papel que você representa para a outra pessoa durante uma leitura é sagrado. Não traia essa confiança.

Exemplos de Código de Ética

- Leio as cartas para o meu bem maior ou para o bem maior de outra pessoa.
- Revelo as informações de uma maneira gentil e que fortalece a outra pessoa.
- Entendo que o que envio ao mundo volta para mim com uma intensidade três vezes maior.
- Não farei leituras com a intenção de prejudicar, causar danos ou fazer mal a outra pessoa, lugar ou coisa.
- Não usarei as cartas para espreitar a vida ou os pensamentos particulares de outra pessoa.
- Não oferecerei a mim mesma ou a outra pessoa informações relacionadas à área da saúde ou das finanças com base nas cartas.
- Não oferecerei a mim mesma ou a outra pessoa aconselhamento jurídico ou financeiro.
- Não conversarei sobre o conteúdo de nenhuma leitura de Tarô com terceiros sem permissão prévia e expressa.

Crie o seu próprio código de ética. Ele pode mudar e isso provavelmente acontecerá à medida que você crescer e evoluir em sua prática, portanto, faça adaptações sempre que necessário.

Meu código de ética é...

VI
OS ENAMORADOS

CAPÍTULO 3

Leituras Mágicas

Prepare-se para uma Leitura

Escolher seu baralho principal é como se apaixonar. O Tarô dos seus sonhos pode atingi-la com força, rapidez e mais cedo do que você imagina. Talvez você já o tenha nas mãos. Talvez ainda não tenha descoberto seu parceiro perfeito no crime. Se ainda estiver procurando o baralho perfeito, amplie ao máximo suas possibilidades. Dê uma olhada na internet, nas avaliações dos baralhos e em vídeos de pessoas que deram sua opinião sobre o Tarô que acabaram de comprar, mas o mais importante é: procure lojas e livrarias esotéricas físicas. Segurar um baralho nas mãos, mesmo dentro da embalagem, é a melhor maneira de saber qual a sua reação à qualidade tátil inata do baralho. Quando encontrar o baralho perfeito para você, você saberá.

O Tarô dos meus sonhos seria...

Ter vários Tarôs diferentes é divertido, pois a relação entre você e o seu Tarô principal evolui de acordo com a sua experiência. Você vai se desenvolver, e seus gostos e necessidades em relação ao Tarô também se tornarão mais apurados. O uso de vários Tarôs diferentes expande sua experiência com o Tarô e a ajuda a se tornar mais versátil.

Escolha seus Tarôs de acordo com o seu humor. Use baralhos de estilo gótico quando estiver se sentindo introvertida e trabalhando com questões internas profundas. Use baralhos com imagens baseadas na natureza quando se sentir inspirada e conectada ao clima. Use Tarôs extravagantes quando estiver se conectando com a sua criança interior. Todos os baralhos de Tarô têm uma personalidade única. Tire uma carta de um deles quando quiser ouvir sua voz específica.

Escolha Tarôs para empreender ações específicas. Por exemplo:

- Você pode reservar um Tarô apenas para lançar feitiços.
- Você pode reservar um único Tarô só para você e que ninguém mais pode tocar.
- Você pode reservar um Tarô exclusivamente para fazer leituras para outras pessoas.
- Você pode selecionar um Tarô apenas para oferecer uma última palavra numa leitura de Tarô.

Pense em seus Tarôs como um grupo de conselheiros pronto para ajudá-la em todas as suas necessidades.

Desenvolva sua prática passo a passo e carta por carta. Se aprender sobre todas as cartas lhe parecer muito difícil, deixe de lado os Arcanos Menores e faça suas leituras apenas com os Arcanos Maiores, da carta do Louco à do Mundo. Adicione outras cartas adicionais, como um temperinho a mais, quando se sentir confortável. Uma alternativa é usar nas leituras apenas as cartas de um naipe específico de cada vez.

Deixe de lado as cartas assustadoras se elas lhe causarem algum temor. O Tarô não deve parecer assustador. Se uma carta a incomodar, remova-a do baralho até que esteja pronta para integrá-la às suas leituras. Você pode pensar na possibilidade de retirar as cartas assustadoras do baralho ao ler o Tarô para outras pessoas. Remova a carta da Morte do baralho quando estiver lendo para estranhos, pois eles tendem a interpretar essa carta pelo seu valor nominal. Você nunca sabe quem vai aparecer para uma leitura ou que experiência ou suposições essa pessoa tem sobre as cartas de Tarô. E se uma criança de 11 anos com uma mãe doente for até onde está o seu Tarô e tirar do baralho a carta da Morte? Você quer ser responsável por colocar essa imagem na mente de uma criança? Não há uma resposta certa ou errada, mas isso é algo em que você deve pensar.

Como Formular Boas Perguntas

As perguntas são essenciais. Uma boa pergunta tem o poder de mudar a sua vida. Elas são o sal e a pimenta, a cereja do bolo, o pão com manteiga da leitura de Tarô. Uma pergunta poderosa é um ato de pura magia. As perguntas colocam seu cérebro numa rota direta para a descoberta. Elas provocarão a resposta mais elevada e mais criativa. Nosso cérebro é programado para encontrar soluções. Uma boa pergunta abre possibilidades, promove o estado de *flow* e ajuda seu cérebro, seu coração e suas vísceras a operarem de acordo com seu potencial mais elevado, levando-a a experiências e resultados desejáveis.

Normalmente evito adjetivos como "bom" e "ruim". A vida é complexa demais para ser reduzida a essa dicotomia. Quando se trata de elaborar perguntas poderosas para a sua prática de Tarô, há uma linha divisória entre o bom e o ruim. Perguntas boas e ruins são como a diferença entre fitar o cartão-postal de uma praia e estar realmente deitada numa espreguiçadeira na praia, com os pés tocando as marolas e o sol dourado aquecendo sua pele brilhante. Nada se compara à realidade.

Saber a diferença entre perguntas boas e ruins é tão fácil quanto traçar uma linha na areia. As perguntas ruins enclausuram o cérebro e não deixam espaço para a expansão. Uma pessoa pergunta: "Será que algum dia vou me apaixonar?". Aparece a carta dos Enamorados invertida: a resposta é um retumbante não. E então? Você desistirá dos seus sonhos? Aceitará a carta com base no seu significado literal? Deixará de desejar romance e companheirismo? De jeito nenhum.

Uma pergunta ruim não deixa espaço para a ação. Uma pessoa pergunta: "Serei rica?". A Roda da Fortuna aparece: a resposta é um retumbante sim. O que acontece, então? Deixar o emprego, voltar para a cama e esperar que um saco de dinheiro seja deixado na porta da sua casa? Você poderia fazer isso... mas será que seria o melhor curso de ação?

Perguntas ruins podem fazer com que você se sinta desamparada. Uma pessoa pergunta: "Por que sou tão infeliz?". O Ás de Copas invertido aparece: a resposta é "Porque você está deprimida". Ok, já estabelecemos isso, e agora?

Perguntas poderosas são mágicas. A primeira regra da magia é reconhecer o papel que você desempenha em seu futuro. É fácil culpar outras pessoas, as situações e acontecimentos externos como a causa da sua infelicidade ou insatisfação. O poder aumenta quando você escolhe como reagir a qualquer circunstância externa.

Perguntas Poderosas Promovem

Possibilidades

Expansão

Ação

Inspiração

* * *

Perguntas Alquímicas Contêm

Poder pessoal

Resultados desejados

Como se sentirá quando tiver o que quer

Uma boa pergunta inclui a responsabilidade pessoal. As boas perguntas começam com "Como eu posso..." ou "O que eu posso..." Em vez de uma pergunta de amor que indaga "Será que algum dia vou me apaixonar?", transforme essa pergunta em "Como posso atrair o melhor relacionamento amoroso possível?" ou "O que posso fazer para me apaixonar?". A carta dos Enamorados invertida aparece, sugerindo a dificuldade para ser vulnerável e aberta devido a decepções do passado. Você pode curar seu coração partido abrindo-se para o mundo ao seu redor e, assim, atrair um novo amor.

Perguntas poderosas incluem o resultado desejado. Seja específica. "Será que serei rica" é uma pergunta vaga. Essa questão da riqueza é muito subjetiva. Em vez disso, pergunte "O que posso fazer agora mesmo para melhorar minha situação financeira?". A Roda da Fortuna aparece, sugerindo que você teve alguns altos e baixos na vida, mas que as coisas estão melhorando. Tire o máximo proveito do que você tem fazendo um fundo de reserva que a ajude a poupar quando estiver ganhando mais. Isso ajuda sua energia financeira a evoluir.

Observe a transformação de perguntas ruins em perguntas boas:

- "Por que isso está acontecendo comigo?" se transforma em "Como posso me preparar para o sucesso?"
- "Por que minha vida é tão ruim?" se transforma em "Como posso mudar o padrão da minha vida?"
- "Por que estou deprimida?" se transforma em "Como posso criar positividade e mudança na minha vida?"

Minha maior pergunta no momento é...
Reconheço meu poder ao declarar meu desejo
e a pergunta se torna...

As perguntas antiéticas ocorrem quando você se intromete na vida de outra pessoa sem a permissão dela. Perguntas antiéticas incluem: "O (insira o nome da pessoa em questão) está pensando em mim neste momento?". Reformule essa pergunta para "Como posso trazer meu eu mais elevado para meu relacionamento com (insira o nome da pessoa em questão)?". As perguntas antiéticas dizem respeito aos assuntos pessoais dos outros: "O que minha filha está fazendo na faculdade?". Se você tiver que perguntar algo às cartas porque não pode perguntar à sua filha, o problema é ainda maior. Transforme a pergunta em "Como posso apoiar mais minha filha?".

Ler a energia de uma situação é útil para saber como responder a ela sem precisar bisbilhotar a vida de outras pessoas. É como entrar num cômodo e fazer um apanhado do que está acontecendo ali.

Nós trocamos, sentimos e irradiamos energia o tempo todo. O mundo é uma conexão elétrica. A atmosfera de um templo sagrado tem uma vibração diferente da atmosfera de um estádio de futebol lotado. Todos nós nos sentimos desconfortáveis quando estamos no mesmo ambiente em que um casal está brigando; percebemos a atmosfera carregada mesmo que eles não estejam se falando. Todos nós sentimos a diferença energética entre um vibrante trem matinal e a eletricidade clamorosa da hora do *rush* noturno.

Observamos e reagimos às vibrações das outras pessoas o tempo todo. Você muitas vezes se sente atraída ou repelida por outra pessoa nos primeiros minutos depois de conhecê-la. Muitas vezes nos apaixonamos por uma pessoa cuja energia nos parece familiar e reconfortante. Respondemos à sensação intensamente bela de tê-la conhecido durante toda a nossa vida, mesmo que tenhamos acabado de nos conhecer.

Cada carta do Tarô contém sua própria vitalidade única. Embaralhe e tire uma carta aleatória do baralho. Em vez de olhar para um símbolo ou cor específica, deixe-se sentir a energia que emana da carta. Faça isso procurando perceber sua reação corporal/física à carta. Anote essa observação. Depois de registrar a energia da sua situação refletida pela carta, você estará livre para formular a próxima pergunta.

Embaralhe e retire uma carta sem fazer uma pergunta:

A energia desta carta dá a sensação de...

Faça uma pergunta sobre uma situação específica. Inclua seu poder e desejo. Embaralhe as cartas e tire uma, lendo sua energia:

A energia da minha situação é...

A reformulação das perguntas torna-se parte integrante do processo de leitura do Tarô, independentemente de você ler para si mesma ou para outra pessoa. Formular uma pergunta é como esculpir uma obra de arte. Você está esclarecendo, tornando-a mais clara e se livrando do que não precisa para elaborar uma pergunta que a coloca no caminho da evolução e do sucesso.

Há momentos na vida em que você ou a pessoa para quem você lê o Tarô não sabe exatamente de onde vem o desconforto. Certa vez, fiz uma leitura para uma mulher pequena e loira que chamaremos de Jennifer. Ela chegou à minha mesa de leitura e revelou que estava numa fase ruim. Ela se sentia desagradável e deprimida. Não tinha outra pergunta a não ser: "O que posso esperar da vida?".

Eu vi duas opções. Minha primeira opção era embaralhar as cartas e fazer uma tiragem bem colorida, com várias cartas. Eu poderia começar a ler, dizendo a ela o que eu via nas cartas — uma opção válida e aceitável.

Minha segunda opção era ir mais fundo. Perguntei o que ela achava frustrante. Perguntei sobre suas esperanças e sonhos. Jennifer se animou e se sentou ereta ao responder. Ela descreveu seu emprego sem futuro na área de publicidade. Seus talentos criativos estavam sufocados por todo o trabalho e esforço para agradar aos outros. Descreveu a mesma dinâmica em seu relacionamento romântico. Ela estava tão ocupada cuidando dos outros que não sobrava nada para si mesma. Uma lâmpada se acendeu: ela viu a causa da sua infelicidade. Nós não havíamos tirado uma única carta.

Nós duas elaboramos perguntas como "Que ação simples posso tomar todos os dias para me colocar no caminho de volta à minha autenticidade?". O Rei de Copas (o mestre sonhador) apareceu. Ela decidiu que sua ação diária seria escrever um parágrafo por dia do romance que ela sonhava em escrever. Perguntamos: "Como posso mudar a dinâmica do meu relacionamento amoroso para que eu possa receber amor do meu parceiro e também dar amor a ele?". A Estrela apareceu (abertura e clareza). Decidimos que isso significava que ela precisava reservar um tempo para cuidar de si mesma (massagem e Yoga), fora o tempo que ela normalmente passava torcendo pelo seu companheiro enquanto ele jogava seus esportes favoritos (hóquei e beisebol). O Imperador (estrutura e limites) apareceu como a última carta da sua leitura, e ela decidiu que estabelecer limites era o recurso necessário para conduzir sua vida numa direção mais positiva.

Perguntas alquímicas criam mudanças. A alquimia é a arte medieval da metamorfose. Os antigos alquimistas trabalhavam na busca incansável por transformar metais comuns em ouro. Precursora da química moderna, ela aperfeiçoa o que a natureza deixou inacabado.

A alquimia espiritual é a transformação da vida de uma pessoa num veio de ouro. É a possibilidade de renovação, unificação e perfeição divina. O metal base reflete o ser humano, imperfeito e desequilibrado, que é transformado em ouro por meio da transfiguração da alma.

O processo alquímico é refletido na sucessão dos Arcanos Maiores. O Louco, que é a alma, é canalizado para o mundo material pelo Mago e assim começa uma série de ações e lições refletidas pelas cartas que se sucedem. Todo o processo resulta na transformação final, simbolizada pela carta do Mundo.

As perguntas alquímicas são um processo mágico que invoca em nós uma transformação pelo simples fato de formulá-las. Ela inclui os elementos de uma pergunta poderosa, mas acrescenta um terceiro elemento que provoca encantamento:

Perguntas Alquímicas

- Reconheça o papel que você desempenha.
- Declare seu resultado desejado.
- Identifique e sintonize o sentimento que brotará em você quando seu desejo for alcançado.

As regras da magia dizem que semelhante atrai semelhante. A maneira mais rápida de conquistar o que você deseja é agir e sentir como se já tivesse isso. É por esse motivo que, quando inclui o sentimento que terá ao receber o que deseja, você o traz para si mais rapidamente. O cérebro não sabe a diferença entre imaginar e ter de fato. Portanto, o ato de incluir seu sentimento estimula mais desse sentimento e a coloca em sintonia com o resultado desejado. Magia pura!

A beleza de declarar o resultado emocional desejado é que você não precisa se preocupar com as especificidades relativas ao modo como algo se manifestará. Como você sabe que o universo não tem algo melhor em mente para você e que você nem sequer imagina? Um dos muitos excelentes dons da carta da Torre é que ela nos permite abrir mão de expectativas predeterminadas. Quantas vezes o desejo do seu coração esteve bem na sua frente e você o perdeu porque ele não surgiu da maneira que esperava?

Digamos que queira ganhar dinheiro fazendo o que gosta, mas não tem certeza de qual seja a carreira certa para você. Crie uma pergunta alquímica: "O que posso fazer agora mesmo para ser bem paga por fazer o que amo e isso me traga felicidade e alegria?". Faça a pergunta em voz alta. Imagine-se fazendo o que gosta. Como se sente? Como você se vê? Como você passa seus dias? Repita a pergunta e tire uma carta.

Pense em algo que você deseja neste momento. Pode ser algo tão grande e luminoso como arranjar um novo emprego num país estrangeiro ou tão simples quanto cultivar a felicidade em seu dia a dia.

O que eu quero mais do que tudo é...
Minha pergunta alquímica é...
A carta diz...

Uma coisa fácil sobre o Tarô é que ele nos oferece algo simples em que nos concentrarmos. Muitas informações chegam a você durante uma leitura. A vida nos bombardeia com milhares de distrações. As menores mudanças na vida exercem os maiores efeitos colaterais. Crie o hábito de finalizar qualquer leitura de Tarô, qualquer pergunta, com um conselho das cartas. Qual é a única coisa concreta que você pode fazer?

Embaralhe as cartas e tire uma.

Uma coisa simples em que posso me concentrar para me dar prazer é...

Exercício Divertido

Há momentos em que você quer lançar as cartas, mas está completamente sem perguntas. Não se preocupe! Eu tenho o que você precisa.

Deixe que as cartas criem a pergunta. Faça uma tiragem de uma única carta. Descreva o que você vê. Descubra a qual questão da sua vida essa carta está respondendo. Por exemplo, você tira a carta do Sol e diz: "Vejo uma mulher montada num cavalo sob um sol brilhante. Ela está andando pelo mundo com liberdade, felicidade e saúde". A pergunta é: "Como posso seguir em frente neste momento de minha vida?". A resposta é com liberdade, felicidade e saúde. Em que devo me concentrar? Em seguir em frente e agir; mesmo que você esteja insegura, continue seguindo em frente.

Embaralhe as cartas e tire uma.

A carta é...
Estou vendo...
A pergunta é...
A resposta é...

Cartas Invertidas

As cartas invertidas ocorrem numa leitura quando aparecem de cabeça para baixo, do seu ponto de vista, depois que você as embaralha e faz a tiragem. Ao distribuir as cartas de qualquer tiragem (mesmo uma tiragem composta de uma carta), coloque o baralho à sua esquerda e vire as cartas para a sua direita, como se estivesse virando as páginas de um livro. Esse é um hábito que vale a pena cultivar, porque ele evita confusão. Você sempre saberá se uma carta está invertida, independentemente de optar por lê-la como uma inversão ou não.

Sua vida, selvagem e bela, não é nada simples; e pode-se dizer o mesmo do mundo de cabeça para baixo das cartas invertidas do Tarô. Você um dia acabará se tornando uma "renegada" das inversões, selecionando quando e como deseja trabalhar com elas. Escolha uma das técnicas da lista a seguir. No início, use apenas uma de cada vez, mas não deixe de experimentar todas elas. Sempre decida com antecedência como você lerá as inversões antes de lançar as cartas. Adapte as técnicas como quiser, para que elas sejam úteis para você. Lembre-se de que a sua prática de Tarô não consiste em tirar as cartas da maneira "certa", mas de ler as cartas num estilo único, que reflita quem você é, seu eu mais profundo e elevado.

Cartas Invertidas

Oposição

Bloqueio

Atenção

Desafios

Padrões

1) Inversões como o oposto do significado regular: Essa visão tradicional das inversões confere à carta invertida o significado oposto ao que ela normalmente tem. Se o Ás de Copas significa uma abertura emocional, um Ás de Copas invertido significaria estar emocionalmente fechado. Se a Roda da Fortuna sugere que a sorte está mudando para melhor, uma Roda invertida sugeriria que a sorte está mudando para pior. Se o Três de Espadas reflete decepção afetiva, o Três de Espadas invertido significa a cura emocional, e assim por diante.

Crie significados para as inversões que sejam tão ricos quanto os significados regulares, dando espaço a eles em seu diário de Tarô. Continue a expandir os significados invertidos das palavras-chave.

Pegue seu Ás de Paus e observe-o.

> *Se um Ás de Paus na posição normal reflete a centelha do desejo e de novos começos, um Ás de Paus invertido com o significado oposto é...*

2) Inversões como bloqueios: A inversão reflete um bloqueio energético que pode ser resolvido depois de identificado. Você se tornará como uma especialista em medicina bioenergética depois que começar a trabalhar dessa maneira. Quando um bloqueio é diagnosticado, você pode descobrir como restaurá-lo e saná-lo.

O Três de Copas geralmente mostra três figuras dançando, e suas palavras-chave são prazer e amizade. Usando a técnica do bloqueio, a carta do Três de Copas invertida indica sentimentos não expressos num relacionamento entre amigos.

Você identificou o bloqueio, agora pode fazer algo a respeito. No exemplo do Três de Copas, digamos que um amigo próximo tenha ferido seus sentimentos. Você guardou mágoa, e a raiva está contaminando outros relacionamentos. Você pode decidir, nesse momento, perdoar essa pessoa e tirar uma carta para obter um conselho adicional sobre como fazer isso.

Uma bela magia está sempre ao seu alcance quando se trata de inversões: neutralize o bloqueio colocando a carta bloqueada na posição normal. Ao virá-la, faça uma declaração como a seguinte: "Com essa ação, eu desobstruo o fluxo de energia".

Tire o Sete de Copas do baralho e observe-o.

Se um Sete de Copas na posição normal significa escolhas,
opções e imaginação, a energia bloqueada
do Sete de Copas significa...

3) Inversões que solicitam atenção: As inversões em tiragens grandes tornam-se parte de um padrão de cartas. As inversões tornam-se indicadoras de cartas que estão solicitando a sua atenção. É fácil ignorar as coisas difíceis quando você está lendo as cartas para si mesma. Leia as cartas invertidas de uma tiragem como um pedido de ajuda. Deixe que a inversão a leve à raiz de um problema ou desafio.

Por exemplo, um Eremita invertido aparece numa tiragem de sete cartas, entre o Cinco de Ouros (sugerindo dificuldades financeiras) e o Cavaleiro de Espadas (sugerindo ação rápida). O Eremita invertido deve se tornar o ponto focal da leitura. O Eremita geralmente segura uma lanterna, que simboliza o brilho da sua luz do conhecimento após um período de profunda introspecção. A inversão indica que as dificuldades financeiras se devem ao fato de você se recusar a examinar a situação a partir do seu verdadeiro eu. Isso sugere que você dedique um tempo à reflexão sobre o que as finanças e a responsabilidade significam para você; só então você terá sabedoria para resolver o problema em questão. Segundo o que sugere o Cavaleiro de Espadas, se essa atitude for tomada, o problema será resolvido com rapidez.

Embaralhe as cartas e as disponha até obter uma inversão com uma carta na posição normal de cada lado. Guarde o restante das cartas e concentre-se nessas três. Leia-as conforme indicado anteriormente.

A inversão significa...

4) Todas as cartas da tiragem estão invertidas: Essa é uma mensagem que não pode ser ignorada! Sempre tome nota quando todas as cartas estiverem invertidas. Isso indica a necessidade de um mergulho profundo e introspectivo na raiz da sua questão. Encontre a solução para esses bloqueios tirando as cartas até que apareça uma na posição normal. A carta na posição normal conterá uma solução viável para as inversões.

Interprete a história das cartas como se ela se referisse a um problema profundo e subconsciente. Por exemplo, eu tiro o Quatro de Copas, o Dois de Copas e o Rei de Paus, todos invertidos. Parece que o amor e o companheirismo que desejo (representados pelo Dois de Copas) estão sendo bloqueados devido à falta de oportunidade de ver (Quatro de Copas), pois meus olhos e minha atenção estão voltados para outra coisa (como se vê no olhar do Rei de Paus). Vou tirando as cartas restantes até que uma carta na posição normal apareça. Ela é o Cavaleiro de Ouros, que me aconselha a criar algo sólido no mundo real, que possa ser implementado (o pentáculo em sua mão) à medida que eu avanço rumo ao futuro (refletido pelo campo arado esperando sua semente). Porém, a carta aconselha que eu vá devagar, pois isso não acontecerá da noite para o dia (a velocidade do cavalo dele). Eu decido marcar um jantar romântico toda terça-feira à noite, seja em casa ou num restaurante aconchegante, sem celular, sem distrações, para que meu marido e eu possamos nos concentrar um no outro.

Embaralhe as cartas e coloque três delas à sua frente. Coloque todas na posição invertida.

Parece que a história dessas cartas diz...

Tire as cartas restantes até que apareça uma carta na posição normal.

O conselho é...

5) Inversões como a superação de desafios: Uma carta invertida pode ser interpretada como uma questão que já foi desafiadora, mas que hoje não a incomoda mais. Se o Valete de Copas reflete o fato de se ouvir a intuição, essa carta invertida mostra que costumava ser difícil para você seguir seus instintos, mas agora esse é um processo natural e fácil para você. Se o Dez de Paus for um desafio superado, a inversão indica que agora você é capaz de suportar facilmente uma carga de trabalho mais pesada.

Tire uma carta e inverta-a se ela aparecer na posição normal.

Esta carta diz que eu costumava ter um problema com...,
mas agora eu...

6) Inversões como os lados claro e escuro: A vida é uma mistura de luz e sombra, expansão e repressão, yin e yang. Às vezes você está pronta para enfrentar o maior dos desafios com vigor e energia, ao passo que outras vezes gostaria de poder se enfiar debaixo das cobertas e deixar o destino seguir seu curso.

- Uma carta na posição normal contém as suas qualidades expansivas, como um balão que se torna cada vez maior.
- Uma carta invertida contém as suas qualidades contrativas, como o ar escapando de um balão.

A carta da Imperatriz reflete criatividade e abundância fluindo para fora (energia expansiva), enquanto a inversão refletiria tamanha criatividade e movimento que apagaria a luz do dia (energia contrativa). Isso marca a diferença entre um artista produtivo e um artista desvairado ou uma mãe atenciosa e uma mãe deprimida.

O Diabo reflete manipulação e controle fluindo para fora (energia expansiva), enquanto a inversão indicaria tanta força interna e crueldade que literalmente destrói a ele próprio (energia contrativa). A carta do Diabo invertida, portanto, perde seu poder, liberta literalmente os amantes acorrentados e desaparece.

Tire uma carta.

Se a carta ______ expansiva significa...,
então a carta ______ contrativa significa...

7) **Ignore as inversões:** A carta invertida pode ser ignorada e simplesmente colocada na posição normal. Essa é a melhor técnica enquanto você está aprendendo. Avance no seu próprio ritmo. Não complique demais suas leituras. Sinta-se confortável com o baralho. Ignorar as inversões é uma opção para qualquer pessoa, a qualquer hora, independentemente da sua experiência ou nível de leitura.

Arcanos Maiores *versus* Arcanos Menores

Essa é uma distinção importante. A primeira pista para entender a diferença entre os Arcanos Maiores e os Menores é o nome deles. Os Arcanos Maiores refletem momentos marcantes da nossa vida, enquanto os Menores expressam nossa vida cotidiana. Os Arcanos Maiores marcam crescimento e evolução, enquanto os Menores expressam ocorrências normais ou coisas que fazemos. Os Arcanos Maiores não expressam apenas acontecimentos evidentes que marcam a nossa vida, como formaturas, aniversários, casamentos etc., mas, mais importante, eles marcam momentos de crescimento interior e/ou componentes essenciais da nossa consciência, como nossa alma se expressando no mundo material.

Os momentos dos Arcanos Maiores são aquelas grandes lições e pontos de virada. Se você vê muitas cartas dos Arcanos Maiores na sua tiragem, isso significa que está num ponto crucial da sua vida. As cartas dos Arcanos Maiores têm implicações amplas e efeitos abrangentes em nossa vida, enquanto os Menores são pequenas atividades do dia a dia; coisas aparentemente insignificantes que fazemos — embora lembre-se de que a grande magia brota de pequenas ações. Esses são nossos momentos críticos e imprevisíveis, coisas que fazemos regularmente e que compõem a rotina e as perspectivas da vida diária. As questões relativas aos Arcanos Menores ocorrem dentro do escopo maior dos Arcanos Maiores.

A Jornada do Louco é uma maneira útil de examinarmos as cartas. Por tradição, o Louco é o coringa do baralho de cartas comum, usado em jogos de azar. Essa carta é especial no Tarô porque seu número é zero. O zero representa todas as coisas, todo potencial e todas as possibilidades. Portanto, assim como o coringa de um baralho de cartas comum, o Louco tem superpoderes especiais.

Arcanos Maiores

Acontecimentos marcantes

Lições de vida

Jornadas de vida

Arcanos Menores

Momentos do dia a dia

Jornada diária

Cartas da Corte

Personalidades que encontramos ao longo da vida

Pessoas da nossa vida

Atitudes a adotar

Sabe aqueles jogos de tabuleiro em que o objetivo é chegar ao final do percurso? Pense no Louco como uma peça de um jogo de tabuleiro, que se move de carta em carta e vai aprendendo uma lição por vez. Cada carta é uma experiência de aprendizado, uma expressão do Louco (ou uma expressão sua), uma sugestão ou uma solução. A única diferença entre o jogo de tabuleiro/Tarô e sua jornada pessoal é que o Louco é você e o tabuleiro de jogo é a sua vida.

Os Arcanos Maiores são:

- um momento de aprendizado ou crescimento
- experiência passada, presente e futura
- expressões da alma
- sugestões, ideias e soluções

A última vez que passei por uma lição de vida essencial foi quando...
Ontem, o ponto alto do meu dia foi...
A coisa que mais quero agora é...
Amanhã espero que...
Minha alma brilha neste mundo quando eu...
A solução para meu desafio atual é...

A Jornada do Herói

O autor Joseph Campbell identificou a Jornada do Herói como um padrão narrativo presente em rituais, mitos religiosos e na contação de histórias. A estrutura do Tarô se alinha perfeitamente com o padrão narrativo que Campbell descreve. A estrutura da Jornada do Herói está inserida em grandes obras de arte, na literatura e no teatro. Ela é uma metáfora para o crescimento, as lições e as experiências de vida, e você a encontrará também nos Arcanos Maiores do Tarô.

A Jornada do Herói é simbólica, eterna e arquetípica. Um arquétipo é uma ideia humana coletiva e um modelo original no qual coisas semelhantes são padronizadas. Segundo a Teoria das Formas de Platão, a essência de uma coisa é sua forma ou a ideia subjacente a ela. A psicologia junguiana explica o arquétipo como um protótipo universal inato.

Os arquétipos podem ser símbolos recorrentes tão simples quanto a pomba como símbolo da paz. Eles podem ser um motivo recorrente na literatura ou na pintura. Os arquétipos dos amantes incluem Adão e Eva ou Romeu e Julieta, de Shakespeare.

Cada um de nós embarca numa Jornada do Herói ao longo da vida. Nossos triunfos e tribulações promovem nosso crescimento pessoal, à medida que nos aproximamos de quem e do que realmente somos. É a jornada da sabedoria e do entendimento.

Os Arcanos Maiores são uma representação simbólica dessa jornada. As cartas sempre indicarão, com graça e elegância, em que ponto estamos da nossa jornada, seja de forma diária, mensal ou anual. Quando você lê as cartas ou alguém as lê para você, você se torna o Herói. As cartas refletem a sua jornada. Se você fizer uma leitura para um amigo ou cliente, o amigo ou cliente se torna o Herói, e as cartas refletem a jornada dele.

Assim como o universo está cheio de estrelas e galáxias, o Tarô é preenchido com arquétipos simbólicos e literais. Eles são os pilares subjacentes do Tarô. Os Arcanos Maiores do Tarô refletem um exemplo ideal da Jornada do Herói por meio de três estágios distintos: a jornada terrena, a jornada espiritual e a jornada celestial.

A Jornada Terrestre

As cartas dos Arcanos Maiores que vão do zero ao sete refletem a jornada terrena. O Louco (0) parte em busca de aventura e experiência. Ele encontra uma série de autoridades terrestres, uma mais poderosa do que a outra: um Mago, ou mágico de rua (1), uma Sacerdotisa virginal (2), uma Imperatriz maternal (3), um Imperador autoritário (4), um Hierofante orientador (5). Depois de encontrar o amor verdadeiro (Os Enamorados, 6), o Louco se torna tão poderoso quanto é possível para um ser humano (O Carro, 7). De um ponto de vista terreno, a jornada está concluída. No entanto, ela está apenas começando.

A Jornada Espiritual

As cartas de sete a quatorze refletem a jornada espiritual. O Louco entende que o poder está além do mero domínio material (A Força, 8). Retirando-se da sociedade (O Eremita, 9), ele intui a mecânica mística da realidade (A Roda da Fortuna, 10) e descobre que há um poder e propósito maiores no universo (A Justiça, 11). Enfrentando um teste difícil (O Pendurado, 12), o Louco perde tudo (A Morte, 13). Durante o processo, ele descobre o verdadeiro significado da vida (A Temperança, 14). Isso conclui o crescimento espiritual do Louco.

A Jornada Celestial

As cartas de quinze a vinte e um refletem a jornada celestial. Depois de ter superado e enfrentado medos profundos (O Diabo, 15), e depois ter quebrado e destruído o orgulho (A Torre, 16), o Louco ascende aos céus (A Estrela, 17; A Lua, 18; O Sol, 19) para enfrentar um teste final (O Julgamento, 20). Passando no teste, o Louco é digno da maior recompensa possível (O Mundo, 21).

Separar as cartas é uma ótima maneira de conhecê-las. O Tarô, assim como o corpo, se conecta a uma estrutura esquelética específica. Compreenda a estrutura básica e você estará no caminho para saber os significados das cartas. As cartas funcionam juntas como as quatro estações. Cada naipe e número carrega suas próprias características especiais que se inter-relacionam na tiragem.

Aprender Tarô é como aprender a cozinhar. Depois de entender os princípios básicos, como o sabor e o propósito dos ingredientes para o seu estilo de culinária, você pode começar a criar opções infinitas.

Pegue seu Tarô e coloque-o na sua frente.

- **Faça uma Pilha com as Cartas dos Arcanos Maiores:** elas têm títulos pomposos como A Imperatriz, A Estrela e O Mundo.
- **Faça uma Pilha com as Cartas dos Arcanos Menores:** essas cartas vão do ás ao dez de cada naipe (Ouros, Espadas, Paus e Copas).
- **Faça uma Pilha com as Cartas da Corte:** essas cartas são intituladas Valete, Cavaleiro, Rainha e Rei de cada naipe.

É normal ficar um pouco confusa quando você está separando as cartas pela primeira vez, especialmente se elas estiverem embaralhadas. Não tenha pressa e curta o processo. Sinta-se à vontade para separar as cartas sempre que possível e cronometre o tempo que você leva, para ver com que rapidez você consegue fazer isso.

Os Naipes do Tarô

Os naipes e seus elementos correspondentes são essenciais na leitura do Tarô e na magia. No Ocidente, costuma-se dizer que há quatro elementos clássicos que interagem entre si para formar o mundo como o conhecemos: a Terra, o Ar, o Fogo e a Água. Esses quatro elementos são usados em rituais e atribuídos às quatro direções num mapa: norte, sul, leste e oeste. Animais, tanto reais quanto míticos, são atribuídos a cada elemento. Criaturas aladas e fadas estão em sintonia com o elemento Ar; peixes e sereias, com o elemento Água; lagartos e dragões, com o elemento Fogo e animais escavadores e gnomos, com o elemento Terra. A Astrologia atribui um elemento a cada signo do zodíaco, para que você saiba se é nativa de um signo do Ar, da Água, do Fogo ou da Terra. É extremamente útil para a sua prática entender como os quatro elementos se relacionam com os quatro naipes.

O naipe de Espadas (mente) é do elemento Ar. O ar é invisível; é sentido, mas não é visto. Ele pode se mover rapidamente ou ficar parado. O ar torna a vida possível, nos fornece oxigênio e enche os nossos pulmões. É a atmosfera delicada que sustenta a nossa vida humana e nos salva da morte gelada e sombria do espaço sideral.

O elemento Ar se conecta ao naipe de Espadas porque nossos pensamentos se sucedem com rapidez. Nosso cérebro pode parecer um turbilhão de atividades. Quando tentamos aquietar a mente, os pensamentos surgem de imediato para preencher o espaço vazio. O elemento Ar se conecta ao naipe de Espadas porque ele faz as coisas avançarem, e os nossos pensamentos se condensam para nos ajudar a entender as coisas. Do ponto de vista físico, a mente se manifesta no cérebro, localizado no ponto mais alto do corpo humano. O ar atinge as fronteiras mais elevadas do planeta Terra.

Muitos Tarôs incluem imagens relacionadas ao elemento Ar em suas cartas do naipe de Espada. Essas imagens nos ajudam a identificar as cartas desse naipe e também oferecem informações sobre a energia dessas cartas. Por exemplo, no *Tarô Waite-Smith*, os leitores se deparam com muitas cartas contendo imagens de nuvens e corpos d'água. A água e as nuvens às vezes estão paradas e tranquilas, refletindo a energia do ar, que está se movendo lentamente, e outras vezes estão tempestuosas ou turbulentas, refletindo a energia tumultuada ou de movimento rápido como aquela sentida num dia de vento forte. As Cartas da Corte de Espadas geralmente incluem símbolos do elemento Ar, como pássaros, borboletas e céus abertos.

Pense por um instante em como é o elemento Ar. Traga à mente as qualidades desse elemento. Liste-as no seu diário.

O naipe de Espadas e o elemento Ar são...

O naipe de Copas (coração) é do elemento Água. A água está em constante estado de fluxo, assim como nossas emoções. Ela é líquida; ela evapora, transformando-se em névoa e nuvem, neblina e sereno, antes de se transformar novamente em água. A água é chuva, neve, granizo e gelo. Corpos d'água (lagos, lagoas, rios e riachos) fluem com uma energia única. A água compõe 60 por cento do nosso corpo e 71 por cento da superfície da Terra.

Ouros = Dinheiro, objetos, pessoas

Espadas = Pensamentos, histórias, ideias

Paus = Paixão, energia, carreira

Copas = Emoções, sonhos, amor

Naipes e Elementos

Terra = Ouros

Ar = Espadas

Fogo = Paus

Água = Copas

A água tem uma profundidade incrível (especialmente as águas oceânicas), e isso se conecta às qualidades da empatia e da compaixão. Pense em como são perigosas as pessoas incapazes de sentir emoções ou empatia (ou seja, os sociopatas). A água e o nosso estado emocional são essenciais para a vida humana.

Tsunamis, tempestades e nevascas indicam tempestades emocionais. Considere as frases "seu coração é uma pedra de gelo" ou "meu coração está transbordando de emoção". Pense na rapidez com que uma obra de arte, um livro ou uma música podem provocar emoção. E quando as emoções vêm à tona, parece literalmente que elas estão surgindo de profundezas oceânicas. Nossas lágrimas são feitas de gotas d'água, que fluem quando rimos muito ou choramos.

Muitos Tarôs incluem imagens relacionadas ao elemento Água em suas cartas do naipe de Copas. Essas imagens nos ajudam a identificar as cartas de Copas e também oferecem informações sobre a energia dessas cartas. Encontramos nelas animais aquáticos, sereias, o mar ou água corrente. As Cartas da Corte de Copas geralmente têm símbolos do elemento Água nas roupas dos personagens ou um ambiente litorâneo, para expressar esse elemento.

Pense por um instante em como é o elemento Água. Traga à mente as qualidades desse elemento. Liste-as em seu diário.

O naipe de Copas e o elemento Água são...

O naipe de Paus (vísceras) é do elemento Fogo. O fogo é tão nutritivo quanto perigoso, assim como a intenção e o desejo. Uma vela bruxuleante ilumina um cômodo com um brilho misterioso. Um fogo crepitante fornece calor e cozinha os alimentos. Incêndios florestais podem ficar fora de controle, consumindo tudo em seu caminho. O fogo precisa ser alimentado; ele tem de ter combustível para se manter aceso. O Sol é um símbolo do elemento Fogo no centro do nosso sistema solar. O Fogo é o mais volátil dos elementos, e o domínio da humanidade sobre o fogo foi um divisor de águas na evolução.

O fogo está relacionado a tudo a nosso respeito que tem relação com energia. É a vontade e a intensidade. Você já ouviu expressões como "o fogo da paixão" ou "estar cuspindo fogo" ou "brincando com fogo". Os amantes com frequência descrevem que sentem o corpo arder só de pensar no objeto da sua afeição. Multidões em protestos, espetáculos e eventos de grupo ficam tão animadas que "pegam fogo".

Muitos Tarôs incluem imagens relacionadas ao elemento Fogo em suas cartas do naipe de Paus. Essas imagens nos ajudam a identificar as cartas de Paus e também oferecem informações sobre a energia dessas cartas. Você encontra o fogo propriamente dito, tochas e velas nas cartas desse naipe. E pode identificar elementais do Fogo, como lagartos ou dragões. As Cartas da Corte podem incluir cenários desérticos, sóis escaldantes e símbolos do fogo como pirâmides e girassóis, para ajudar o leitor a identificá-las como cartas de Paus.

Pense por um instante em como é o elemento Fogo. Traga à mente as qualidades desse elemento. Liste-as em seu diário.

O naipe de Paus e o elemento Fogo são...

O naipe de Ouros (corpo) é do elemento Terra. A terra é rica e fecunda. É o sustento que nos ancora e no qual encontramos refúgio. É onde plantamos, alicerçamos nossa casa e vivemos nossa vida. A terra é viva e rica; tudo que brota da terra está ao nosso alcance. Ela é o recurso de que todos precisamos e que contém os blocos de construção da vida. É aquilo de que somos feitos e o que somos. Somos parte da natureza, não estamos separados dela.

O naipe de Ouros e o elemento Terra são tudo que podemos tocar com as mãos, desde o dinheiro no banco e na carteira, até nossa carne e nossos ossos. São os travesseiros macios, o carro na garagem e a casa dos sonhos em que um dia vamos morar. Você pode ter ouvido as expressões "ela é uma pessoa muito pé no chão" ou "ele está com o pé na lama" ou "moveremos céu e terra para cumprir nossa promessa". Tudo isso vem da natureza da terra elemental.

Muitos Tarôs incluem imagens relacionadas ao elemento Terra em suas cartas do naipe de Ouros. Essas imagens nos ajudam a identificar as cartas de Ouros e também oferecem informações sobre a energia dessas cartas. Encontramos plantas, flores, árvores e vegetação nessas cartas; muitas vezes vemos uma carta abarrotada à medida que as coisas se acumulam na nossa vida. As figuras das Cartas da Corte geralmente aparecem em jardins exuberantes e reinos extensos, ou exibindo suas riquezas para nos ajudar a identificá-las como cartas do naipe de Ouros.

Pense por um instante em como é o elemento Terra. Traga à mente as qualidades desse elemento. Liste-as em seu diário.

O naipe de Ouros e o elemento Terra são...

Você é os Olhos do Universo se Abrindo

Os quatro naipes do Tarô são muito simples de interpretar quando você entende que eles se relacionam diretamente com você, dentro do seu corpo, e com a sua experiência de vida. Você experimenta todos os quatro naipes o tempo todo, mesmo que não esteja consciente disso. A chave para desbloquear o Tarô é observar sua expressão nas cartas.

Você é o universo. É divindade. É consciência pura. Tudo o que você vê, percebe, observa, ouve, come, ri, caçoa, aproveita, desgosta, resiste e se rende é o universo se vendo, se entendendo e se reconhecendo. O que é verdade para você é verdade para o universo. O que é verdade para o universo é verdade para você. Assim em cima, como embaixo.

Você, como o Louco, está numa jornada, numa busca, numa aventura. A jornada de quem você é, como um círculo sagrado, o levará de volta a si mesma. O Mundo gira até voltar ao Louco e a jornada reinicia. Sua jornada começa com você. E termina com você. Você pode viajar até os limites do seu quintal ou até os confins deste mundo. O mundo exterior é energia mudando de forma — uma mera ilusão. Sua vida interior e suas vias internas carregam a marca da eternidade. É a jornada interior que importa. E quanto ao restante? Sombra e poeira.

Cada vez que você acorda, o mistério de quem você é se desdobra um pouco mais. Você avança, recua ou faz um desvio em seu caminho, ficando mais perto ou mais distante dos seus objetivos. Você acelera no piloto automático. Outras vezes, você se perde em arbustos espinhosos ou luta para respirar enquanto afunda em areia movediça. Nós instigamos causa e efeito com nossas ações e atitudes. Nós preenchemos o mundo com nossa energia. Nós doamos energia para as outras pessoas e coisas ou a investimos sabiamente no que amamos, reinvestindo energia em nós mesmas.

Você é a observadora ativa de tudo que já ocorreu em sua vida. Você é aquela que experimenta a sua vida. Cada um de nós é o centro do seu próprio universo. Os seres humanos são como sóis brilhantes e ardentes. Nós flutuamos no centro de um sistema solar pessoal, feito de acontecimentos da vida, família, amigos, trabalho, escola, dores e prazeres. Dentro dessa revolução constante, algumas pessoas e acontecimentos se aproximam, enquanto outros se afastam, apenas para retornar num ciclo futuro, quando nossa energia gravitacional os puxa de volta. Respondemos a cada experiência àquilo de que nos aproximamos e àquilo que afastamos.

Você acorda de manhã com a luz do sol incidindo no seu travesseiro. Você sente a vivacidade do corpo dentro da sua pele e os ossos zumbindo. Você é uma criança que adora brincar; você é uma adolescente que anseia por se libertar; você é uma jovem assustada, mas cheia de ousadia; você é uma mulher de meia-idade com responsabilidades, você é uma anciã com um corpo flácido e a marca da sabedoria no rosto. Você sorri com os olhos brilhantes porque, por baixo da pele, você ainda é você.

Essa parte de você, essa observadora, permanece inalterada desde quando você tinha 3 anos de idade até sua idade atual, no seu nonagésimo oitavo aniversário e além disso.

Minha primeira lembrança é...
Um dos meus pratos favoritos na infância era...
Uma lembrança engraçada da infância é...
Eu me lembro de ser pequena porque...

A observadora ativa é você além dos pensamentos e julgamentos que se formam na sua mente.

A observadora ativa é você além das suas emoções, que são passageiras, vêm à tona e desaparecem.

A observadora ativa é você além das suas paixões, dos seus desejos e dos seus hábitos.

A observadora ativa é você além do seu corpo, da sua idade e das suas posses.

A bem-aventurança é seu estado natural. É a essência de quem você é. Recém-nascidos, bebês de colo e crianças pequenas vivem imersos em completa presença a todo momento. Os recém-nascidos não pensam no passado ou no futuro. Os bebês de colo não estão preocupados com sua aparência aos olhos dos outros. As crianças pequenas sentem admiração e prazer brincando com folhas de grama e caixas de papelão. Isso é bem-aventurança.

Quando você olha para um brilhante pôr do sol cor de laranja, o universo vê através dos seus olhos. Você abraça seu melhor amigo e o universo o está abraçando também. Você mergulha na espuma das ondas, se levanta e espirra água salgada ao seu redor, e o universo vê e sente isso também.

O corpo em êxtase é ilustrado na carta do Mundo. A dançarina dessa carta se move em sintonia com o universo. Ela vivencia a perda do ego, a liberdade do momento e a consciência completa. A coreografia da dançarina já está arraigada; ela não precisa pensar nela. Ela transcende seus pensamentos, sentimentos e desejos respondendo a cada sequência da música como se a ouvisse pela primeira vez.

Entender a observadora ativa e a natureza do êxtase ajuda você a descobrir como os quatro naipes operam na sua vida. Os quatro naipes são como as camadas de um bolo sobre a sua consciência ativa. Sua consciência ativa é o centro cremoso de um bolo indulgente. É o ponto doce a que você quer chegar.

As camadas — Paus, Espadas, Ouros, Copas — não são ruins; muito pelo contrário. Essas camadas são essenciais para quem você é e para o seu desenvolvimento. Mas depois que conhecer e identificar essas diferentes camadas, você aprenderá a responder a elas, em vez de deixar que elas a controlem. Isso alterará radicalmente todos os seus relacionamentos. Saber como fazer isso também coloca seu destino nas suas graciosas mãos.

O objetivo final não é garantir um estado constante e contínuo de bem-aventurança 24 horas por dia, assim como o que existe na carta do Mundo. Esse é um ideal inatingível. O objetivo é ter consciência do que está acontecendo dentro do seu cérebro e do seu corpo. O Tarô lhe dá muitas pistas, como um mapa rodoviário. Depois que adquire essa consciência, você cria um espaço de observação. Isso é percepção consciente.

Consciência, espaço e atenção plena estimulam
a magia a se desenvolver em...

Espadas (mente). Se o Tarô é uma narrativa (o que ele de fato é), Espadas são as próprias histórias. Esse naipe é a biblioteca dentro do seu cérebro; cada livro, história, lição, filme e conto de fadas que você já leu, viu, contou ou recontou. O naipe de Espadas reflete sua mente e tudo o que você pensa. Espadas são todas as palavras que você já proferiu. São os sentimentos que você registra num *e-mail*, numa carta ou num texto. É a maneira como você fala com os outros. São as vozes dentro da sua cabeça. São as palavras dos outros saindo dos lábios delas e entrando nos seus ouvidos. São as imagens mentais, os jogos mentais e os cenários que você cria a respeito do passado, do presente, do futuro. Agora você sabe por que o naipe de Espadas parece assustador.

Além de ser as palavras que proferimos, o naipe de Espadas reflete todos os processos mentais por trás da articulação dos nossos pensamentos. Ele é o condicionamento da sua mente com base em experiências anteriores. São os cálculos, os julgamentos e as decisões. É o modo como você interpreta as experiências. São as ideias e planos que você traçou. São o raciocínio e a racionalização por trás do que você faz e do modo como age. É a ideia de quem você é. São as decisões que formam e moldam o ego que você criou.

Copas (coração) são pura emoção. Esse naipe representa tudo o que você já sentiu e sentirá, desde uma dor visceral excruciante até uma felicidade extática. Copas são tristeza profunda, esperança radiante e otimismo resplandecente. Esse naipe reflete a depressão, a melancolia e a alegria. É toda a escala de emoções que existe dentro de você. Ele contém lágrimas, risos, felicidade e, acima de tudo, amor.

O naipe de Copas é tudo que o coração é capaz de sentir. Ele reflete a imaginação luminosa e todos os sonhos que temos, seja dormindo ou acordadas. Ele é também a empatia e a capacidade de sentir compaixão pelo que outra pessoa está sentindo. Esse naipe reflete os instintos e a expressão de todas as formas de arte. Expressa os voos fantasiosos, as risadas incontroláveis e o profundo afeto intrínseco que você sente e expressa. Ele é o sentimento de amor e de conexão entre você e as outras pessoas. É o sentimento que está brotando em você agora.

Paus (vísceras) é o naipe que reflete a força motriz da energia e a intensidade do desejo. Esse naipe acorda você pela manhã. Ele a tira da cama e coloca uma mola nos seus pés quando você sai pela porta. Paus são a centelha de paixão, o desejo sensual e ardente atração erótica. É o arrebatamento espiritual.

Paus são a inspiração pura e a energia que fazem crescer e prosperar qualquer coisa a que você se dedique. É o naipe que mantém você focada. É também o que pode sair do controle quando você deixa algo passar dos limites.

Esse naipe reflete escolhas profissionais e pessoais. Reflete seus níveis de energia e o sangue quente e fervente que corre em suas veias. Ele tende a fazer as coisas acontecerem, mas também pode sobrecarregá-la, pois costuma ser muito forte e intenso. Paus são a resistência e o carisma que você expressa no mundo.

* * *

Uma observação sobre Paus e Copas: É importante diferenciar o desejo que reverbera no naipe de Paus da emoção fluida que exala de Copas. Eles não devem ser confundidos. O desejo e o amor se entrelaçam como trepadeiras de glicínias e madressilvas, mas são duas coisas totalmente diferentes. O desejo requer ação, enquanto o amor requer sentimento. O amor move montanhas, mas também pode ser uma experiência passiva. O desejo e o naipe de Paus sempre acarretam um efeito colateral físico e visível: a centelha do flerte que une as pessoas, o lampejo de paixão que leva uma pessoa ou uma multidão à ação, a injustiça que inflama quem a testemunha ou vivencia. O ardor do anseio — aquela aflição que faz os dedos dos pés se contraírem, uma dor doce e dolorosa que nunca é satisfeita, uma ânsia profunda nos ossos — vem direto do naipe de Paus.

* * *

Ouros (corpo) reflete tudo o que você pode ver, cheirar, saborear, observar e sentir. Esse naipe são os elementos materiais deste mundo. É o cobertor macio e aconchegante no qual você se enrola, bem como seu próprio corpo. São as outras pessoas, os lugares e todas as coisas do planeta com forma, massa e estrutura física.

O naipe de Ouros representa os recursos que nos estão disponíveis e os resultados que obtemos. São as coisas com as quais nos cercamos, o alimento que comemos, as coisas que compramos e aquelas que criamos. Ouros representam o dinheiro e todas as questões que cercam sua vida financeira. São todas as maneiras pelas quais o mundo físico e tangível aparece para nós em suas formas em constante mutação.

Exercício de Meditação da Percepção Ativa

Faça uma meditação em que você perceba o que se passa pela sua mente e que lhe possibilite identificá-la com um dos naipes: Espadas (pensamento), Paus (desejo), Copas (imaginação) ou Ouros (reação física).

Sente-se em silêncio onde não será interrompida. Providencie um cronômetro (num celular ou relógio). Tire todos os quatro Ases do baralho e disponha-os à sua frente, da esquerda para a direita, na seguinte ordem: Ás de Espadas, Ás de Paus, Ás de Copas e Ás de Ouros.

Concentre-se no Ás de Espadas. Observe-o. Note cada detalhe. Feche os olhos e lembre-se da imagem de uma espada. Talvez seja prateada, elegante e afiada. Esse é um pensamento. Fique consciente dos seus pensamentos durante um minuto. Como é ouvir sua voz interior? Limpe sua mente e fique alerta, aguardando o próximo pensamento que lhe ocorrer. Volte um pouco mais e observe seus pensamentos indo e vindo, sem interrompê-los ou reprimi-los. Apenas observe.

Você acabou de vivenciar a natureza do naipe de Espadas e dos pensamentos.

Os pensamentos que se repetem de maneira desenfreada na minha mente hoje são...

Concentre-se no Ás de Paus. Observe-o. Note cada detalhe. Feche os olhos e lembre-se da imagem de uma varinha. Talvez ela seja vibrante, brilhante e poderosa. Considere o que você deseja neste momento. Qual é o ponto focal da sua energia neste momento? O que consome a sua atenção num nível interno profundo? O que você está buscando? Se você fosse um personagem de um romance, qual seria seu objetivo, sua meta? Você está se esforçando para alcançar algo na sua carreira profissional? Está desejando alguém? Quem é? A que propósito essa pessoa está lhe servindo? Ela serve ao seu bem maior?

Você acabou de vivenciar a natureza do naipe de Paus e do desejo.

A coisa que eu mais desejo agora é...

Concentre-se no Ás de Copas. Observe-o. Note cada detalhe. Feche os olhos e lembre-se da imagem de uma taça. Pode ser um cálice dourado ou uma taça de vinho elegante. Considere como você está se sentindo. Qual é o seu estado emocional? Você está se sentindo eufórica, animada, criativa? Triste, melancólica, irritada? Vá mais fundo. Examine os seus sentimentos, esmiúce-os e analise-os. Eles são dispersos, criativos ou excruciantes? Como você tem se sentido ultimamente? Como você se sente agora?

Você acabou de vivenciar a natureza do naipe de Copas e da emoção.

Meus sentimentos agora são...

Concentre-se no Ás de Ouros. Observe-o. Note cada detalhe. Feche os olhos e lembre-se da imagem de um pentáculo[2]. Pode ser o pentagrama usado pelas bruxas ou uma moeda brilhante. Traga sua consciência para o corpo físico. Sinta o ar entrando e saindo dos seus pulmões enquanto você respira. Como você realmente se sente no nível físico? Seus músculos estão tensos? O ar está numa temperatura agradável na sua pele? Que parte do seu corpo começa a pedir sua atenção por meio de uma pontada, uma coceira ou uma inquietação? O que parece bom e expansivo?

Você acabou de vivenciar a natureza do naipe de Ouros e do corpo físico.

Meu corpo parece estar...

---

2. O pentagrama é uma estrela de cinco pontas, enquanto o pentáculo é o pentagrama inscrito num círculo. (N. da T.)

0 = Possibilidade

1 = Origem

2 = Dualidade

3 = Nascimento

4 = Estabilidade

5 = Desafio

6 = Harmonia

7 = Mistério

8 = Equilíbrio

9 = Manifestação

10 = Culminação

Números e Padrões

Os seres humanos são projetados para reconhecer padrões. As crianças aprendem a perceber padrões por meio da matemática. A padronização nos ajuda a fazer previsões, a entender relacionamentos e a chegar a conclusões. Os relacionamentos entre os números podem parecer frios e abstratos, mas uma magia sutil e poderosa rege a natureza dos números. Um exame mais profundo dos números ajudará você a se aprofundar nos significados das cartas, ao mesmo tempo que lhe dará pistas sobre os componentes básicos do universo.

Zero

Chave: Possibilidade

Coisa. Nenhuma.

As histórias e os mitos da criação tendem a começar sempre da mesma maneira: "No início não havia nada". A inexistência está associada ao número zero. Este número contém o potencial de todas as coisas. Ele é o espaço sem forma de todas as possibilidades e a expansividade que sustenta a Terra, o Ar, o Fogo e a Água. Em uma leitura, o zero é o espaço entre as cartas. Ele é o nada que contém absolutamente tudo.

O símbolo do zero é um círculo. Ele é um óvulo antes da fertilização. É o formato do Sol, da Lua e de todos os planetas, incluindo a nossa própria Terra. O formato circular do zero é o mesmo da trajetória da Terra enquanto ela gira em torno do Sol. O círculo é o formato das moléculas que compõem o nosso corpo, dos nossos olhos, da roda.

As mandalas e os circuitos dos templos imitam o padrão do círculo universal. Os budistas tibetanos percorrem circuitos ao redor de locais sagrados. Por exemplo, quando peregrinos vão a Lhasa, a Cidade Sagrada, capital do Tibete, muitos chegam depois de passar meses andando a pé. Quando chegam, eles caminham no sentido horário ao redor de um templo sagrado, como parte do seu culto religioso. Enquanto avançam, giram rodas de oração nas mãos e rodas de oração douradas ao redor dos edifícios. Esse costume é muito bonito e cria um vórtice de energia ao redor de estruturas e montanhas sagradas.

Imagine-se sentada sozinha na escuridão, dentro da caixa de joias de veludo vermelho que é o Broadway Theater, em sua noite de estreia. Ouça o silêncio antes de a porta dos artistas ser destrancada. Sinta o silêncio vibrante antes que acendam as luzes do palco. Observe a quietude antes que os atores se espalhem pelos camarins, rindo e conversando. Imagine a calma antes que o funcionário do teatro pendure o casaco e abra a bilheteria. Sinta a amplitude antes que a multidão perfumada se aproxime do bar e encontre seus assentos. Ouça a expansividade antes do estrondo da abertura musical, as ondas de risos e a salva de palmas ao cerrar das cortinas. Essa total escuridão e silêncio de um teatro vazio são semelhantes à sensação do zero. Não é nada, mas contém tudo. O zero está imbuído de todas as coisas. Dentro da sua profundidade e do seu potencial está o motor vibrante do universo.

Observe a carta do Louco.

Atribui-se o número zero ao Louco porque...
A "cabeça vazia" do Louco é uma dádiva porque...

Um

Chave: Origem

O um é o começo. Uma chama no escuro. Um ponto no horizonte. A primeira estrela no céu noturno. É o momento em que você nasce. É o primeiro ar que você respira. A primeira gota de tinta numa tela. Uma gota de água que pinga da torneira. A lágrima quente caindo do seu olho. O primeiro floco de neve de uma nevasca. O caule de uma flor perfurando a terra. Uma nuvem se formando no céu. O um está conectado ao Chakra da Raiz, localizado na base da coluna, que também é a primeira parte do corpo humano a se desenvolver no útero.

O um é o começo. O original. É a primeira coisa que aparece dentro do campo da possibilidade cósmica. O número um acrescenta origem a todas as cartas em que aparece.

Retire a carta do Mago do baralho e todos os quatro Ases.

Atribui-se o número um à carta do Mago porque...
Posso ver que o Ás de Paus é a primeira carta do naipe de Fogo porque...
Posso ver que o Ás de Copas é a primeira carta do naipe de Água porque...
Posso ver que o Ás de Espadas é a primeira carta do naipe de Ar porque...
Posso ver que o Ás de Ouros é a primeira carta do naipe de Terra porque...

Dois

Chave: Dualidade

O número dois atua como um reflexo, tão cristalino quanto um espelho. O dois é duplo. Ele é a essência da dualidade, como uma célula se dividindo por mitose. A energia agora irradia de um lado para o outro na relação entre duas coisas. Amantes olham-se nos olhos. Dois amigos sentam-se sob um céu iluminado pela Lua, confidenciando um ao outro seus sonhos mais loucos. As pessoas, lugares ou coisas absorvem energia e a refletem de volta. É por isso que a nossa atenção e o nosso foco pessoal (como exemplificado pela varinha do Mago) são poderosos. Escolhemos nos concentrar em alguma coisa e iluminamos isso com poder e energia. Nós a magnetizamos. Iniciamos uma parceria com isso. O número dois acrescenta dualidade a todas as cartas nas quais aparece.

Atualmente estou focando a atenção principalmente em...
Eu gostaria de concentrar mais a minha atenção em...

Retire a carta da Sacerdotisa do baralho e todas as cartas de número dois dos Arcanos Menores.

Posso ver que essas cartas refletem a natureza da dualidade porque...

Retire a carta da Justiça do baralho (11 = 1 + 1 = 2).
Retire a carta do Julgamento do baralho (20 = 2 + 0 = 2).

As cartas da Justiça e do Julgamento contêm dualidade porque...

Exercício extra: Examine as suas cartas de Tarô para descobrir a natureza visual do número dois. Repasse cada carta do baralho e retire aquelas que contenham uma imagem espelhada de duas coisas semelhantes. Você encontrou duas esfinges na carta do Carro? Duas torres na carta da Lua? Dois pilares nas cartas da Sacerdotisa, da Justiça e do Hierofante?

Três

Chave: Nascimento

O três é o número universal da criatividade. Ele é resultado da colisão dos primeiros dois objetos. O nascimento é a metáfora do surgimento de algo novo. Parceiros criam um lar. Um casal gera ou adota uma criança. Tríades famosas na História e na mitologia refletem a importância do número três: a divindade tríplice celta (Donzela/Mãe/Anciã), a Trindade Cristã (Pai/Filho/Espírito Santo), a filosofia Mente/Corpo/Espírito, a tríade entre nossos dois olhos físicos e nosso Terceiro Olho, invisível. A medicina ayurvédica é baseada no equilíbrio dos três humores corporais (Vata, Pitta e Kapha). A figura do triângulo é usada para representar a canalização da energia divina. Ela é vista nas torres das igrejas, nos templos e no chapéu cônico das bruxas.

O número três é o desempate numa competição: "O melhor de três ganha!". A psicologia trabalha com os conceitos de Id, Ego e Superego. Há três cores primárias e três cores secundárias. As relações espaciais humanas (como encontramos nosso senso de espaço) incluem altura, largura e profundidade. Vemos trilogias de livros e filmes, pois a linha narrativa básica do cérebro humano compõem-se de início, desafio e resolução. A base universal de qualquer história contém três elementos sagrados: começo, meio e fim. O número três acrescenta criatividade a todas as cartas nas quais aparece.

Uma tríade importante na minha vida inclui...
Eu me sinto criativa quando...

Retire do baralho a carta da Imperatriz e todas as cartas de número três dos Arcanos Menores.

Posso ver que essas cartas refletem a natureza da criatividade porque...

Retire a carta do Pendurado do baralho (12 = 1 + 2 = 3).
Retire a carta do Mundo do baralho (21 = 2 + 1 = 3).

As cartas do Pendurado e do Mundo refletem a criatividade porque...

Quatro

Chave: Estabilidade

Quatro pontos dão origem a um quadrado, um espaço cúbico estável. Passamos da criatividade do três para a natureza sólida do quatro. Um arranha-céu não poderia se sustentar sobre um triângulo. A estabilidade e a ancoragem requerem o número quatro. O quatro dá forma a uma casa, a uma caixa, a uma cadeira, a um cubo. Olhe a sua cozinha e você vai ver suportes de panela, mesas, janelas, fogões e, se tiver sorte, *brownies* quadrados.

A estabilidade do mundo material provém do número quatro. São quatro as direções básicas (Norte, Sul, Leste, Oeste), são quatro os elementos (Terra, Ar, Fogo, Água) e são quatro os naipes do Tarô (Copas, Espadas, Paus, Ouros). A tradição hebraica afirma que Deus criou o mundo pronunciando as palavras "Yod, He, Vav, He". O mantra nacional do Tibete é a expressão sagrada de quatro palavras "Om mani padme hum". Na história cristã do Apocalipse, são quatro os cavaleiros mortais que espalham desgraça e melancolia. Existem quatro evangelistas na Bíblia (Mateus, João, Marcos, Lucas), assim como existem quatro criaturas no tetragrama (homem, leão, boi, águia), claramente apresentadas nos quatro cantos das cartas da Roda da Fortuna e do Mundo, no *Tarô Waite-Smith*. Seu baralho de Tarô é um conjunto de cartas com quatro cantos, que, quando empilhadas, criam uma pilha retangular não muito diferente de um pequeno tijolo. O número quatro acrescenta estabilidade a todas as cartas nas quais aparece.

Retire a carta do Imperador do baralho e todas as cartas de número quatro dos Arcanos Menores.

Vejo a natureza da estabilidade nessas cartas porque...

Retire a carta da Morte do baralho (13 = 1 + 3 = 4).

A carta da Morte reflete a estabilidade porque...

* * *

Exercício extra: Repasse todas as cartas do seu Tarô e procure formas quadradas e retangulares. Onde você as encontra?

* * *

Cinco

Chave: Desafio

O cinco é um número mais complicado, que representa desafios e obstáculos. A estabilidade é alcançada no quatro, e agora é hora de explorar o ambiente. Uma inquietação e energia permeiam o número cinco. Surgem oportunidades e batalhas. O cinco nos mostra contra o que estamos lutando. Ele é o ponto intermediário até o número dez. A lógica dita que é aqui que as coisas desmoronam e se tornam mais difíceis. Lições são aprendidas no número cinco; obstáculos são enfrentados, o que leva ao crescimento e progresso. É o desafio do cinco que cria a energia necessária para se atingir a linha de chegada.

O cinco é o número da complexidade. Temos cinco dedos nas mãos e nos pés. São cinco os sentidos do nosso corpo (olfato, paladar, tato, audição e visão). A estrela da Wicca, também conhecida como pentagrama, tem cinco pontas. Há cinco vogais na língua portuguesa e cinco oceanos principais no nosso planeta. O número cinco acrescenta energia e conflito a todas as cartas nas quais aparece.

Retire a carta do Hierofante do baralho e todas as cartas de número cinco dos Arcanos Menores.

Vejo a natureza do desafio nessas cartas porque...

Retire a carta da Temperança do baralho (14 = 1 + 4 = 5).

A carta da Temperança reflete o desafio porque...

Seis

Chave: Harmonia

O seis é o grande coração pulsante do Tarô. Ele pulsa com amor porque se encontra no centro da Árvore da Vida. Ele é o número da expansão. O seis é o três (o número da criatividade) duplicado (3 + 3) e se parece com um 9 de cabeça para baixo (que é 3 + 3 + 3). O coração é o mecanismo que purifica e bombeia o sangue para todas as áreas do corpo. Considere os seis do Tarô como sendo o lugar onde a energia restauradora é distribuída, após a turbulência do desafiador número cinco. O número seis é energia de harmonia.

Examine as cartas de número seis dos Arcanos Menores do *Tarô Waite-Smith* e você notará uma hierarquia visual. Um único personagem se eleva acima dos outros. Os naipes femininos de Copas e Ouros refletem um personagem oferecendo presentes aos que estão abaixo dele, e os naipes masculinos de Espadas e Paus retratam figuras em movimento acima dos outros. Depois que a experiência do cinco é superada, surge um sentimento de amor e compartilhamento, e a harmonia social e a evolução florescem. O número seis acrescenta harmonia a todas as cartas nas quais aparece.

Retire a carta dos Enamorados do baralho e todas as cartas de número seis dos Arcanos Menores.

Vejo a natureza da harmonia nessas cartas porque...

Retire a carta do Diabo do baralho (15 = 1 + 5 = 6).

A carta do Diabo reflete a natureza da harmonia porque...

Sete

Chave: Mistério

O mundo material está estabelecido no sentido físico e emocional. O número sete inicia a contemplação do eu dentro do universo conhecido. A estranheza surge quando analisamos profundamente experiências passadas e situações presentes. Habilidades desenvolvidas devem ser aperfeiçoadas para que se conquiste o futuro desejado. O descanso físico é importante quando o trabalho intelectual é intenso.

O sete carrega qualidades místicas como um manto. Passamos por um ciclo repetitivo de sete dias, até que a semana se reinicie. Sete chakras de energia brilhante giram ao longo do corpo humano, cada um com sua função específica. Sete astros (Lua, Mercúrio, Vênus, Sol, Marte, Júpiter, Saturno) podem ser vistos no céu a olho nu e são conhecidos desde a Antiguidade como os planetas clássicos. As tradições cristãs pregam sobre os sete pecados capitais, contrapostos às sete virtudes celestiais, uma das quais presente no Tarô (inveja/bondade, luxúria/castidade, gula/temperança, preguiça/diligência, ira/paciência, orgulho/humildade, ganância/caridade). Nomeiam-se Sete Maravilhas do Mundo desde os tempos antigos. O número sete acrescenta o mistério a todas as cartas em que aparece.

Retire a carta do Carro do baralho e todas as cartas de número sete dos Arcanos Menores.

Vejo a natureza do mistério nessas cartas porque...

Retire a carta da Torre do baralho (16 = 1 + 6 = 7).

A carta da Torre reflete o mistério porque...

Oito

Chave: Equilíbrio

O sensual número oito tem a forma sublime da figura feminina. Escreva o número oito e você verá o símbolo da ampulheta. Vire-o de lado e ele se torna a lemniscata, o símbolo do infinito, do yin. Observe as cartas do Mago e da Força e repare no símbolo do infinito acima da cabeça das figuras humanas. O oito sugere a perfeição da jornada antes da sua culminação, no número dez. O esforço pessoal é recompensado. Você chegou tão longe! Agora tem algo para mostrar pelo seu trabalho. A jornada poderia terminar aqui, mas o Tarô reflete a vida, e na vida sempre há uma deliciosa surpresa esperando depois da próxima curva.

Existe uma prática chamada Os Oito Membros do Yoga, e o Budismo valoriza o Nobre Caminho Óctuplo para a iluminação. O judaísmo ordena que a circuncisão seja realizada no oitavo dia de vida do menino, e Hanukkah é uma festa de oito dias. O calendário wiccano tem oito sabás e festivais. As aranhas tecem teias com suas oito pernas. Oito da noite era tradicionalmente o horário de descanso da programação noturna da televisão, enquanto oito da manhã é, por tradição, a hora de sairmos de casa para ir ao trabalho ou à escola. O oito é a energia kármica, quando colhemos o que plantamos. O número oito acrescenta equilíbrio a todas as cartas em que aparece.

Retire a carta da Força do baralho e todas as cartas de número oito dos Arcanos Menores.

Vejo a natureza do equilíbrio nessas cartas porque...

Retire a carta da Estrela (17 = 1 + 7 = 8).

A carta da Estrela reflete o equilíbrio porque...

Nove

Chave: Manifestação

O número nove é o lugar de liberação, depois que se aprende sobre a natureza cíclica da vida. A luz da sabedoria brilha, e tudo o que foi conquistado agora é devolvido. Tudo se torna mais rico. As recompensas são desfrutadas e distribuídas.

O número nove é o três elevado ao cubo. Esse número ocupa uma posição única na Cabala. Esse é o ponto da Árvore da Vida em que o invisível se canaliza para o mundo material. Trata-se do número da manifestação. A Árvore da Vida é representada graficamente por meio de três triângulos que se intersectam, ecoando assim uma tríade de criatividade poderosa o suficiente para manifestar qualquer desejo, sonho ou ideia.

O nove é liberação e resultados. Seu sonho se realiza. O cheque chega. A casa é sua. As chaves são colocadas na sua mão. O invisível encarna no mundo físico. Essa é a carta da culminação. O número nove acrescenta a natureza da manifestação a todas as cartas nas quais aparece.

Retire o Eremita do baralho e todas as cartas de número nove dos Arcanos Menores.

Vejo a natureza da manifestação nessas cartas porque...

Retire a carta da Lua do baralho (18 = 1 + 8 = 9).

A carta da Lua reflete a manifestação porque...

Dez

Chave: Culminação

A jornada terminou. A história chegou ao fim. Os créditos rolam na tela no final do filme. O herói cavalga em direção ao pôr do sol. O ano volta ao começo. Você sai de casa apenas para retornar novamente. O dia se transforma em noite, à medida que a noite volta a ser dia, num ciclo interminável.

Some os primeiros dez números para chegar ao número 55. Reduza 55 somando 5 + 5, e você se verá de volta ao número 10. Se reduzirmos o número 10, vamos descobrir o 0 e o 1. No final, encontramos o começo e a renovação de uma nova história. O número 10 carrega a natureza da culminação em todas as cartas em que aparece.

Retire do baralho a Roda da Fortuna todas as cartas de número dez dos Arcanos Menores.

Vejo a natureza da culminação nessas cartas porque...

Retire o Sol do baralho (19 = 1 + 9 = 10)

A carta do Sol reflete a culminação porque...

Os Padrões Numéricos das Tiragens do Tarô

Os números são úteis não só na interpretação de cada carta, como também para interpretar várias cartas ao mesmo tempo, durante a leitura. Os números são como um atalho durante a leitura porque vão lhe dizer em que ponto a situação está e como ela está se desenvolvendo. Por exemplo, se na sua tiragem saírem muitos Ases, isso sugere uma profusão de novas ideias e oportunidades. Também sugere que a situação está em suas etapas iniciais, porque o número um significa começo. Por outro lado, se vários dez aparecerem numa tiragem, isso sugere que a situação está perdendo impulso e se aproximando do fim.

- 1s: começos e novas ideias
- 2s: várias escolhas a serem feitas antes de prosseguir
- 3s: criatividade e cooperação são necessárias
- 4s: a estabilidade apoia você
- 5s: muitos desafios
- 6s: dádivas e sentimentos generosos
- 7s: sorte e sincronicidade
- 8s: facilidade, fluxo e resultados
- 9s: conquista do que você pediu
- 10s: a situação chega à sua conclusão

Se uma quantidade significativa de Cartas da Corte aparecer numa tiragem, isso indica que muitas pessoas e personalidades estão envolvidas na situação. Você pode estar ouvindo demais as opiniões dos outros, em vez de seguir seu coração e seus instintos.

Atalho Intuitivo

Aqui está uma fórmula simples que pode ajudá-la na interpretação de números e cartas.

Observando a progressão linear dos números de um a dez, você verá que o número um é o começo, o cinco é o meio do desafio, e o dez é o final. Todos os outros números se encaixam na linha do tempo de acordo com essa progressão. Portanto, se combinar o número da carta com o significado do naipe, você pode interpretar a carta usando apenas esses dois elementos.

1	**5**	**10**
COMEÇO	MEIO	FIM

- Ouros = Dinheiro, objetos, pessoas
- Copas = Emoções, sonhos, amor
- Paus = Paixão, energia, carreira
- Espadas = Pensamentos, histórias, ideias

Usando essa fórmula simples, você descobrirá os seguintes exemplos:

- Ás de Ouros = Um (começo) + Ouros (dinheiro) = O dinheiro começa a entrar
- Cinco de Copas = Cinco (desafio) + Copas (amor) = Desafios no amor
- Dez de Espadas = Dez (fim) + Espadas (pensamentos) = O fim do tumulto mental

Sua vez:

Ás de Paus =
Cinco de Espadas =
Dez de Copas =

As **cores** podem ser interpretadas do mesmo modo que os símbolos. Elas oferecem energia sensorial à carta. A chave para interpretar qualquer cor reside na sua experiência com essa cor. O azul a eleva e a faz se sentir sonhadora, ou a faz se sentir melancólica? O amarelo a deixa incomodada ou otimista? O vermelho faz seu sangue correr mais rápido e o coração acelerar, enchendo-a de ardor? O cobre e o ouro a fazem se sentir luxuosa, ao passo que o prateado lhe parece misterioso e formal?

Minha cor de roupa favorita é...
A cor das paredes do meu quarto é...
A cor do meu cabelo é...
Minha cor favorita de flor é...
Minha cor favorita de giz de cera é...
Se eu fosse uma cor, eu seria...

Interpretar as cores como se fossem mensagens é divertido, principalmente se você tem um baralho de Tarô colorido. Aqui está um exemplo de como interpretar a cor como uma mensagem: Judy pergunta às cartas: "Onde devo concentrar a minha atenção para ter um ótimo dia?". Ela embaralha as cartas, tira uma e vê que se trata do Seis de Ouros. O manto verde-claro de um mendigo chama sua atenção. O verde faz Judy pensar na grama que nasce no verão. Ela já havia tirado o brilhante Sol como sua carta do dia. O vibrante amarelo mais o verde-claro a lembram do verão. Ela sabe instantaneamente qual é a mensagem: "Enfoque a manifestação e o crescimento. Seja produtiva hoje; ajude as coisas a crescerem como você faz no seu jardim".

Judy examina os outros elementos da carta agora que recebeu sua mensagem cromática. O naipe de Ouros reflete manifestação. Ela sabe que vai se sentir incrível se passar o dia ocupada e produtiva. Ela vê a figura da carta distribuindo dinheiro e interpreta essa ação como uma oportunidade de compartilhar o que faz com os outros por meio de presentes. Ela decide criar um brinde divertido para a sua loja.

Para interpretar uma cor como uma mensagem, formule uma pergunta. Embaralhe as cartas e tire uma. Interprete a primeira cor que chamar a sua atenção. Não olhe para a cena, para a história da carta ou para o naipe. Interprete a mensagem da cor primeiro. Depois, incorpore as informações adicionais.

Minha pergunta é...
A cor que se destaca para mim é...
A mensagem dessa cor é...
Agora eu analiso as outras informações da carta e vejo...

Crie uma página para cada cor no seu diário de Tarô. Adicione várias cores e nuances como sombreados, reflexos e tonalidades diferentes. Crie uma paleta de cores para usar com seus oráculos.

Amarelo

Manteiga cremosa, bananas e raspas de limão-siciliano. Marca-texto, gema de ovos e omelete. Raios dourados de sol e longos dias de dezembro, que parecem durar para sempre. Moedas brilhantes, reflexivas e deslumbrantes, que lembram riqueza e esplendor, coroas e tronos dourados, joias e decorações. O amarelo é arenoso, dourado, louro e a cor do ouro. São laços brilhantes e pergaminhos antigos.

O amarelo está associado ao fogo e ao naipe de Paus.

Eu gosto de amarelo porque...
Eu não gosto de amarelo quando...
O amarelo me faz sentir...
O amarelo representa o naipe de Paus porque...

Azul

Mergulhe no azul do mar. Mirtilos, milho azul e sorvete *blue ice*. Oceanos revoltos, com tons de azul mais profundos quanto mais fundo você mergulha. Praias de areia beijadas por águas azuis-claras. Grandes baleias azuis, golfinhos e araras-azuis. Céus amplos e brilhantes. *Jeans* macios e hortênsias azuis. O azul é cobalto, azul-celeste, lápis-lazúli e safira.

O azul está associado à Água e ao naipe de Copas.

Eu gosto de azul porque...
Eu não gosto de azul quando...
O azul me faz sentir...
O azul representa o naipe de Copas porque...

Branco

Potencial puro, a tela de um pintor e as folhas de papel em branco para escrever. Joias de prata, luas cheias e *chantilly*. Paisagens nevadas, flores de cerejeira e casas de fazenda recém-pintadas. Velas pálidas, porcelana e toalhas rendadas. Lençóis de linho, lâmpadas, nuvens volumosas e névoas misteriosas, que se arrastam por vales profundos. Presas de marfim, pérolas de ostras e a espuma do mar. O branco é um vazio luminoso que reflete a luz.

O branco está associado ao naipe de Espadas.

Eu gosto de branco porque...
Eu não gosto de branco quando...
O branco me faz sentir...
O branco representa o naipe de Espadas porque...

Laranja

Suco de laranja, o nascer do sol e as borboletas-monarcas. Bolas de basquete e queijo *cheddar*. Jardins de outono produzem batatas-doces e cenouras suculentas, prontas para serem usadas nas refeições substanciais de outono. Abóboras esculpidas e iluminadas com velas brilhantes no Halloween; milho, pamonha a curau. O laranja está nos pêssegos, nos salmões, nos melões e nos corais.

O laranja é, por tradição, associado ao fogo e ao naipe de Paus.

Eu gosto de laranja porque...
Eu não gosto de laranja quando....
O laranja me faz sentir...
O laranja representa o naipe de Paus porque...

Preto

Os confins do universo, as camadas mais profundas da terra, a vasta escala do tempo geológico. Noite estrelada e sem luz. O nascimento do universo. O sono. O preto é a expansão sem limites, sem fronteiras. O preto é carvão, breu e borrão. Alcaçuz, café e chá preto. Ameixas, feijão-preto e gatos pretos cruzando seu caminho à meia-noite. O preto é toda possibilidade e o que dá definição a todas as coisas.

Eu gosto do preto porque...
Eu não gosto do preto quando...
O preto me faz sentir...

Roxo

Mantos reais de rainhas antigas, vinhedos espinhosos de uvas maduras, a joia brilhante de uma cartomante cigana. Nuvens furiosas de tempestade se acumulando num céu púrpura. Berinjelas, lilases e lavandas adicionam mistério ao jardim de verão. Pôr do sol malva, trevo-roxo e violetas delicadas. O roxo está nas orquídeas, na ametista e no figo.

Eu gosto de roxo porque...
Eu não gosto de roxo quando...
O roxo me faz sentir...

Verde

Luxuriante e intenso. Quantos tons delicados de verde você consegue detectar numa manhã de verão? Picles, hortelã, limões e folhas verdes. Alecrim perfumado, manjericão picante e a alegre salsa. Folhas de árvores produzem oxigênio e o exalam na atmosfera do planeta. O verde colore a nota de dólar americana. Gramados, florestas e montanhas cobertas por verdes luxuriantes. O verde está nas esmeraldas e nas safiras, nos crocodilos e nos trevos, nas azeitonas e na sálvia.

O verde está associado ao elemento Terra e ao naipe de Ouros.

Eu gosto de verde porque...
Eu não gosto de verde quando...
O verde me faz sentir...
O verde reflete o naipe de Ouros porque...

Vermelho

Doces cerejas suculentas, morangos maduros, picolés vermelhos-rubi escorrendo pelo punho num dia quente de verão. O vermelho está nas joaninhas, nas placas de "Pare" e na melancia dos piqueniques de janeiro. O vermelho é a cor do fogo ardente, das folhas quebradiças de outono e dos doces de canela, quente e picante. O pôr do sol vermelho é o deleite do marinheiro, enquanto os lábios e as bochechas vermelhas sugerem o rubor do desejo sexual. O vermelho é carmesim, escarlate, intenso e tórrido.

O vermelho é associado com a energia do Fogo.

Eu gosto de vermelho porque...
Eu não gosto de vermelho quando...
O vermelho me faz sentir...
O vermelho reflete o naipe de Paus e o fogo porque...

Chave para o Significado Simbólico

O símbolo me faz pensar em...

O símbolo me faz sentir...

A mensagem deste símbolo é...

A adivinhação por meio dos símbolos é uma parte integrante das leituras de Tarô. Os símbolos são a abreviação do conhecimento do Tarô. Você pode ler qualquer coisa como uma mensagem ou sinal, uma vez que aprenda a interpretar símbolos. O valor simbólico é poderoso porque transcende a palavra falada. Publicitários aprenderam o poder dos logotipos simbólicos como uma abreviação para a construção da identificação da marca. A leitura simbólica é tão poderosa quanto ver a verdade no rosto de alguém. Os símbolos passam pela mente analítica e pensante e entram diretamente em seu interior.

O poder de qualquer símbolo reverbera de acordo com a profundidade com que você ressoa com ele. Você provavelmente tem uma relação poderosa com o Sol como símbolo. Se eu perguntasse o que o Sol significa para você, uma série de associações provavelmente surgiria em sua mente: "Fogo, verão, calor, vida, prazer, ouro...". Aprender a "falar a língua" do Tarô é como aprender um novo idioma composto de símbolos. Faça suas próprias associações aos símbolos encontrados nas cartas. Depois disso, você irá interpretá-las com facilidade.

Espada/Lâmina

A espada é um objeto afiado, usado para defender e proteger, assim como para ferir e matar. Por tradição, ela possui dois lados, e foi muitas vezes usada como símbolo de poder militar. Em cerimônias mágicas, as espadas refletem o elemento Ar. Elas são consideradas masculinas devido ao seu formato.

A espada me faz pensar em...
A espada me faz sentir...
As palavras que eu associo livremente à "espada" são...
A mensagem da espada é...

Cálice/Taça

O cálice é um recipiente que pode ser preenchido com qualquer coisa. Os cálices são usados para coletar e guardar objetos, alimentos e bebidas. Eles podem ser musicais, decorativos ou funcionais. Em cerimônias mágicas, o cálice reflete o elemento Água e é feminino devido à sua natureza interna e à sua capacidade de conter líquidos.

O cálice me faz pensar em...
O cálice me faz sentir...
As palavras que eu associo livremente a "cálice" são...
A mensagem do cálice é...

Varinha/Bastão

As varinhas representam o naipe de Paus. São utilizadas em feitiços mágicos e, por tradição, consideradas um instrumento tanto das fadas-madrinhas quanto dos magos. Elas podem ser bengalas ou até mesmo armas. As figuras que estão presentes nas cartas de Tarô (a maioria nas cartas do naipe de Paus) são com frequência feitas de madeira viva, com folhas brotando do topo. Nas cerimônias mágicas, a varinha reflete o elemento Fogo e é masculina devido ao seu formato.

A varinha me faz pensar em...
A varinha me faz sentir...
As palavras que eu associo livremente a "varinha" são...
A mensagem da varinha é...

Pentáculo/Moeda

Os pentáculos, que representam o naipe de Ouros, são circulares e representam dinheiro e o mundo material. Eles podem ser guardados no bolso ou enterrados como sementes, para germinar e brotar. Os pentáculos do Tarô com frequência contêm a estrela de cinco pontas das bruxas (pentagrama), e em cerimônias mágicas refletem o elemento Terra e são femininos devido à capacidade receptiva da terra.

O pentáculo me faz pensar em...
O pentáculo me faz sentir...
As palavras que eu associo livremente a "pentáculo" são...
A mensagem do pentáculo é...

Dedique uma página do seu Tarô aos símbolos. Quanto maior e mais profundo for seu entendimento dos símbolos, melhor. Continue adicionando significados a eles. Quanto mais significados houver na sua lista, mais você saberá!

1. Escreva o nome do símbolo no centro da página.
2. Escreva as coisas que você associa livremente à imagem.
3. Escreva como isso a faz se sentir.
4. Escreva uma mensagem para si mesma a partir do símbolo.

Símbolos para o seu Diário de Tarô

REI	RAINHA	CAVALEIRO	VALETE
IMPERATRIZ	PAPA	DIABO/DEMÔNIO	TRONO
COROA	LANTERNA	ESTRELA	LUA
SOL	ARCO-ÍRIS	NUVEM	NEVE
RELÂMPAGO	GLOBO	ESQUELETO/CAVEIRA	RODA
FLOR	ÁRVORE	CIDADE	CAMPO
CASA	CHAVE	TORRE	BARCO
CERCA	LAGO	OCEANO	RIACHO
DESERTO	MONTANHA	JARDIM	CAVALO
PÁSSARO	CACHORRO	GATO	LOBO
COELHO	CARACOL	PEIXE	

A Leitura de Tarô para Outras Pessoas

Ler as cartas para outras pessoas é um processo que se desenvolve com o tempo. Você provavelmente começará a realizar leituras para praticar, usando este livro ou a internet como referência. Quando não precisar mais fazer consultas, é porque já memorizou os significados básicos do Tarô e suas leituras poderão evoluir. Você desenvolverá seu próprio estilo pessoal. O método de contação de histórias, as intuições e os *insights* psíquicos provavelmente darão um impulso significativo às suas leituras. Ver o encantamento nos olhos das pessoas enquanto você lê para elas é um prazer que nunca tem fim.

Consulente, cliente, inquiridor e buscador são nomes comuns para a pessoa que está recebendo a leitura. Você assume o papel de "leitor". Os consulentes fazem perguntas que você responderá com base nas cartas.

Configuração do ambiente: É melhor você se sentar de frente para a pessoa para quem está fazendo a leitura. As cartas devem ser lidas de frente para você, o leitor. Qualquer carta de cabeça para baixo, ou voltada para o buscador, pode ser considerada uma carta invertida. Leia mais sobre as inversões na página 86. No início da sua prática, sinta-se à vontade para ignorar as inversões e virar essas cartas de modo que fiquem voltadas para você.

Uma atmosfera agradável contribui para a leitura; por isso, acenda velas, borrife óleos essenciais no ambiente e faça sua leitura ser uma experiência inesquecível. Quanto mais especial ela for, mais as pessoas se lembrarão das informações e orientações oferecidas.

Ofereça opções: Explique o tipo de leituras de Tarô que você realiza e sua filosofia com respeito ao Tarô. As pessoas têm muitas opiniões sobre o que é o Tarô e como ele pode ser usado. A maioria delas se enquadra numa das quatro categorias a seguir: 1) Nunca fez uma leitura antes; 2) Está intrigada com as cartas e mal pode esperar para ouvir o que elas dizem; 3) Já gostou de leituras de cartas no passado e adora tudo o que é sobrenatural e misterioso; e 4) Tem medo e uma história horrível sobre receber uma leitura de um leitor cruel, controlador ou sombrio. Nunca force uma leitura em alguém que sinta ou expresse medo das cartas. Isso é ainda mais importante porque, durante uma leitura, não importa apenas o que você diz, mas também o que a outra pessoa pode ver ou projetar nas cartas.

Abertura: É bom fazer uma oração, estabelecer sua intenção ou repetir um mantra no início de uma leitura para outra pessoa (ou até mesmo para si mesma). Você pode dizer ao consulente que essa leitura será para o bem maior dele ou pode reservar um momento e fazer essa afirmação em voz baixa, só para suas próprias forças superiores. Você pode criar uma oração personalizada para repetir no início da sua leitura ou improvisar algumas palavras de maneira informal.

Minha amiga Claudia, uma taróloga profissional brasileira, tem uma maneira linda de abrir suas leituras para novos clientes. Ela cria um quadro visual para eles saberem o que esperar da leitura. Ela lhes diz: "Eu verei um caminho para você enquanto leio as cartas. Ao longo do caminho, veremos opções: rios, árvores, planícies e vales. Somos livres para avançar na direção que você quiser e explorar qualquer coisa que lhe interesse. Saiba que você está no controle desta leitura e pode aprofundar-se em qualquer espaço que tenha curiosidade". Isso proporciona aos clientes de Claudia um contexto maravilhoso sobre como é uma leitura com ela e também lhes proporciona uma sensação de controle sobre as informações que desejam ou não desejam receber.

Perguntar ou evitar as perguntas? Eis a questão: Os consulentes podem fazer perguntas, optar por permanecer em silêncio ou preferir uma combinação de ambas as opções.

Se o consulente optar por discutir sua situação e preocupações, você pode ajudá-lo a formular uma boa pergunta com base nas informações fornecidas em "Como Formular Boas Perguntas", na página 79. Formular perguntas é uma prática útil por si só. Certa vez, tive uma cliente que me procurou frustrada e insatisfeita com a vida; no entanto, ela não conseguia dizer o motivo. Não tinha uma pergunta específica, apenas sentia um descontentamento que a sufocava. Começamos a conversar e, quando ela conseguiu formular sua pergunta, percebeu exatamente o que precisava fazer. Nem era mais necessário fazer uma tiragem, embora tenhamos feito.

Entre as razões que levam as pessoas a evitar perguntas durante uma leitura de Tarô estão:

Preferem Não se Abrir: Algumas pessoas têm um problema tão pessoal, constrangedor ou complicado que preferem não dizer nada a você. Respeite a vontade delas e siga em frente, confiando em seus instintos e na história contada pelas cartas.

Têm só Curiosidade: Algumas pessoas não sabem o que perguntar. Elas apenas querem ver o que acontece quando alguém lê as cartas para elas.

Querem Testar sua Capacidade Psíquica: Algumas pessoas querem "testar" você e as cartas, mesmo que você não se apresente como sensitiva nem afirme fazer previsões. É fácil revirar os olhos para essas pessoas, em desaprovação, e muito agradável quando você prova que as suposições delas estavam erradas. Essas pessoas céticas tendem a ser homens (mas nem sempre), e é deliciosamente divertido ver a surpresa no rosto delas quando você começa a ler as cartas.

Boas leituras começam quando você lê as cartas para o Eu Superior da pessoa. Se você não gostaria de ouvir o que está prestes a sair da sua boca, não diga! Ofereça soluções e conselhos e nunca, jamais, julgue o outro, não importa o que ele possa perguntar. Se uma pergunta ou tópico estiver fora da sua zona de conforto ou dos seus limites, sinta-se à vontade para explicar que aquele não é um assunto que você aborde e se recuse educadamente a responder.

Leitura para crianças: Sempre que tenho a oportunidade de ler cartas para uma criança, eu inverto os papéis e peço que ela leia para mim. Peço que escolha uma carta e me diga o que vê. As histórias e interpretações das cartas pelas crianças são, como era de se esperar, cheias de imaginação, criativas e impressionantes.

Leituras artísticas são práticas transcendentais. Já li Tarô ao lado de caricaturistas e artistas de hena, e com jogos de cassino ao meu redor. Já li cartas ao lado de artistas de circo tatuados, que estavam engolindo espadas e cuspindo fogo. Não era incomum me encontrar trabalhando ao lado de outros animadores de festa, como leitora de cartas. No entanto, "entretenimento" não é uma palavra adequada para descrever o que nós, leitores de Tarô, fazemos. Mesmo quando uma música alta está tocando, trocas profundas ocorrem entre o leitor e o consulente. Muitas vezes, a leitura é muito mais do que mero entretenimento. Eu chamaria de arte.

A arte, a literatura e a pintura profundas abordam a alma nos níveis espiritual e emocional. A boa arte parece ter sido criada especialmente para você. Escritores, poetas e cineastas parecem espiar dentro da sua cabeça e fornecer palavras, imagens e ideias para expressar quem você é e como se sente. Essa é a arte que nos deixa impressionados, sem fôlego, e ajuda a dar sentido à nossa existência. A grande arte nos inspira e nos conecta a algo maior do que nós mesmos. Ela nos faz sentir que não estamos sozinhos. Leituras de Tarô excelentes fazem exatamente a mesma coisa.

Toda arte é uma troca psíquica. A intenção é canalizada pelo artista em sua forma escolhida. A experiência é interpretada através dele para você. Agora você está lendo as frases depois que elas passaram pelos meus dedos no teclado e saíram silenciosamente da minha cabeça. Você está lendo minhas palavras enquanto estou fazendo outra coisa – jardinagem, nadando, viajando de avião ou qualquer outra coisa. Eu me comunico silenciosamente com você do passado.

A leitura de Tarô, assim como a arte, é subjetiva. O Tarô artístico não acontece com todos os convidados, clientes ou amigos para quem você interpreta as cartas. Mas, quando a pessoa certa aparece, as conexões são feitas e a leitura de Tarô se eleva acima do entretenimento. Ela se torna sublime.

Leituras a distância podem ser realizadas utilizando-se qualquer tipo de tecnologia, e todas as regras que se aplicam são as mesmas. Deixe o consulente ver você embaralhando as cartas e segurando-as em frente à câmera. Peça para ele dizer quando parar de embaralhar e comece a tirar as cartas a partir desse ponto. Uma alternativa é pedir que ele fale um número entre zero e dez. Depois que o consulente lhe disser o número, conte esse número de cartas e comece a leitura.

Golpistas podem ser bem-sucedidos nas leituras de Tarô devido ao poder/controle que o leitor exerce sobre o consulente. Pessoas não familiarizadas com o Tarô ou com as artes psíquicas com frequência têm a percepção de que um leitor ou sensitivo pode "ver" com clareza quem elas são. Elas sentem admiração por qualquer um que se autointitule "paranormal". Proceda com extrema cautela quando um consulente compartilhar uma experiência traumática com leituras psíquicas/de Tarô ou se tiver medo das cartas. Você provavelmente já soube de leitores de Tarô e paranormais charlatães. Essas pessoas são criminosos que tentam enganar os consulentes para lhes roubar dinheiro. Elas atraem transeuntes com leituras baratas de mão, de energia ou de Tarô. Já vão logo dizendo que sentem uma "energia ruim" ou um feitiço hostil pairando sobre o consulente. Eles assustam o cliente com histórias bizarras e presságios sombrios. Depois que ele está assustado e nervoso, o leitor sugere uma solução: por um valor irrisório, oferecerá um trabalho para desfazer a magia ou remover a maldição, ou uma oração para afastar os espíritos malignos. Se o plano funcionar e o consulente concordar, ele será convidado a retornar toda semana. O leitor não vai parar até ter extraído o máximo de dinheiro possível do seu cliente.

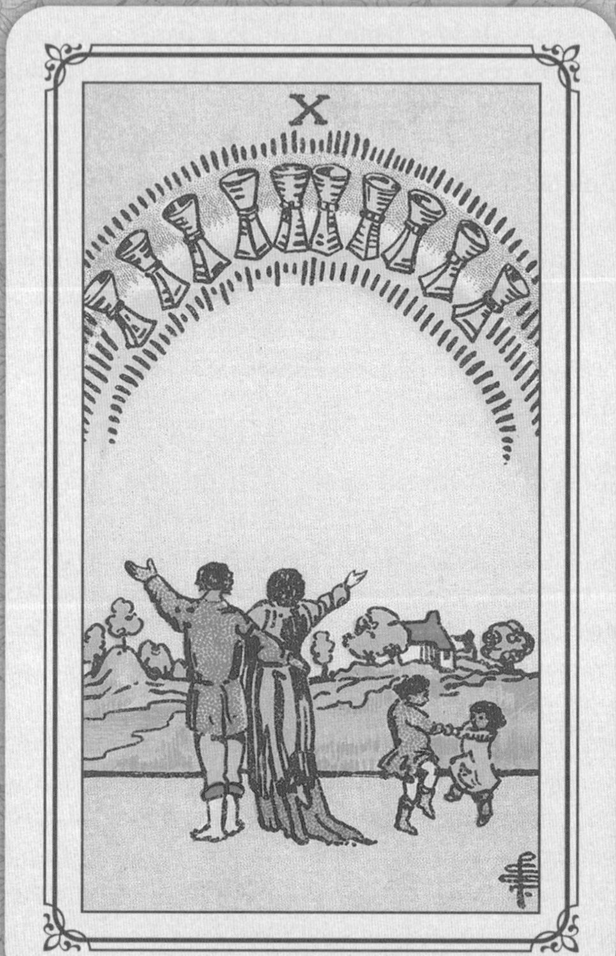
X

CAPÍTULO 4

A Magia das Tiragens de Tarô

As Tiragens de Tarô

As tiragens de Tarô são o padrão no qual você organiza as cartas para fazer uma leitura. Elas atribuem significados a cada posição das cartas. O significado de cada posição informa como interpretar a carta que aparece ali.

Por exemplo, numa tiragem tradicional de três cartas (passado/presente/futuro), a primeira carta representa o passado, a segunda é o presente e a terceira, o futuro. Você pode usar tiragens sugeridas em livros e em *sites* na internet, ou criar suas próprias tiragens.

É possível criar uma história inteira a partir de uma única imagem. Fazemos isso quando contemplamos pinturas e fotografias. Também interpretamos cenas e cenários da vida real, conforme elas se desenrolam diante de nós, e as relacionamos à nossa vida. Admiramos um lindo nascer do sol e o consideramos um presságio das alegrias que teremos aquele dia. Você caminha pela calçada, flerta com um belo transeunte e percebe que está com uma aparência ótima! Estamos constantemente captando pistas do mundo exterior. Interpretamos o que está acontecendo diante de nós com base no modo como aquilo se relaciona conosco (mesmo quando não se relaciona). Faça o mesmo ao ler uma tiragem.

Ler as cartas é como contar uma história. Todos nós somos contadores de histórias natos. Comece com uma única carta. Observe a imagem da carta e conte a história de como seus símbolos, cores ou personagens se relacionam com sua pergunta ou com o significado atribuído à posição dessa carta na tiragem.

A maneira mais simples de ler uma tiragem é ler as cartas como você leria uma história em quadrinhos. Leve o tempo que precisar. Comece com a tiragem de uma carta e passe para outras com uma única fileira de cartas, que podem ser lidas da esquerda para a direita. Esse modo de leitura é o mesmo que usamos para ler um livro (a menos que você leia da direita para a esquerda, nesse caso sinta-se à vontade para inverter a leitura das cartas). Passe de tiragens de uma carta para tiragens de duas ou três cartas e, por fim, para tiragens mais complexas.

Se não quiser fazer tiragens, não há problema. Você não precisa usá-las se não quiser. Faça uma pergunta e tire uma carta para cada curiosidade que você tiver. Há também leitores que embaralham o Tarô e leem toda a pilha de cartas. Eles viram as cartas como as páginas de um livro, tecendo uma narrativa longa e oferecendo conselhos num estilo de fluxo de consciência.

As tiragens perfeitas para iniciantes tendem a ser aquelas de uma a três cartas. Nada supera sua clareza e especificidade.

Tiragem de uma Carta

A leitura de uma carta é clara e concisa. Ela leva você diretamente ao cerne da questão, e você fica menos propensa a se confundir quando evita tirar várias cartas.

Para fazer uma leitura de uma carta, formule uma pergunta, embaralhe o Tarô e tire uma única carta.

Possíveis significados para a leitura de uma carta:

- O que eu preciso saber hoje
- No que eu posso me concentrar para ter o melhor dia possível
- Um elemento a meu favor é
- Algo em que preciso prestar atenção é
- Tema do dia

- Lição do dia
- Bênção do dia
- Surpresa do dia
- Com que posso contar hoje
- Mensagem do meu guia espiritual/animal de poder
- Lembrete diário
- Um pouco de magia
- Uma possibilidade é
- Uma resposta é

Tiragem de Duas Cartas

Duas cartas oferecem dualidade. O espaço entre elas permite que você explore a sinergia das duas trabalhando juntas. Você pode examiná-las como se fossem suportes de livros, um espelho, yin e yang, ou duas opções.

Possíveis significados para tiragens de duas cartas:

- Funciona a seu favor e contra você
- Lado claro e lado escuro
- Opção 1 e opção 2
- Início e fim
- Mais e menos
- Antes e depois

Tiragem de Três Cartas

Tiragens de três cartas são intuitivas, pois a mente humana tende a seguir um padrão linear de três pontos. Histórias, romances e filmes têm começo, meio e fim. Aplique isso a uma leitura de cartas e obtenha um contexto útil para a situação (o que aconteceu no passado), o que é desafiador agora (o presente) e o resultado mais provável (o futuro). Para fazer uma tiragem de três cartas, formule uma pergunta, embaralhe as cartas e vire as três de cima da pilha, da esquerda para a direita.

Experimente a tiragem de três cartas fornecendo diferentes significados para as três posições:

- Início — meio — fim
- Visão retrospectiva — *insight* — previsão

- Oportunidade — desafio — resultado
- Trabalhando a seu favor — trabalhando contra você — solução não vista
- Situação — ponto focal — direção
- Ponto fraco — ponto forte — sugestão
- Situação — ação — consequência

Crie suas Próprias Tiragens

Eu adoro inventar minhas próprias tiragens. Escrevi um livro chamado *365 Tarot Spreads*, para o qual criei uma tiragem para cada dia do ano. Criar suas próprias tiragens é uma prática criativa e divertida, e mais importante, você pode adaptá-las perfeitamente para a situação em questão.

O conhecimento do Tarô é como o conhecimento da vida. O importante não é o que você sabe, mas o que você faz com aquilo que sabe. Mesmo que ainda use livros para ajudar na interpretação das cartas, você pode e deve criar tiragens novas. Por quê? Por causa do que acontece sob seus dedos ao embaralhar, tirar as cartas e trabalhar com elas.

A jornada do Tarô começa como um estudo de símbolos, magia e metafísica, e logo se transforma num cultivo inadvertido de capacidades inatas para a resolução de problemas, no desenvolvimento da delicada intuição e numa busca fascinante por autoconhecimento. Depois que você já tiver uma certa habilidade para criar tiragens para si mesma, será capaz de fazer o mesmo para seus entes queridos, pessoas estranhas e até clientes. Muitas vezes, crio tiragens de Tarô únicas para as pessoas. Isso as faz se sentirem especiais e me permite fornecer todas as informações de que precisam sobre sua situação.

O primeiro passo para criar uma tiragem é decidir sobre o que ela será: uma pergunta geral ou um tópico. Pegue caneta e papel, e comece a anotar seus pensamentos, suas perguntas e o objetivo geral da sua tiragem.

Normalmente, ao ponderar sobre a pergunta, questão ou problema que nossa tiragem abordará, precisamos passar por várias associações para chegar ao cerne dos nossos desejos. Nossas emoções (Copas) com frequência deturpam, encobrem, influenciam e filtram nossa verdade básica. Mas o hábito de formular com clareza suas perguntas e anotá-las por escrito ajuda a simplificar seu processo de raciocínio, independentemente de qualquer emoção. Esse processo afasta você do pensamento lógico e a ajuda a avançar na direção que você deseja seguir. Ele a força a refletir sobre o que é mais importante: o que você quer?

O segundo passo é criar as perguntas para a sua tiragem. "Fixidez funcional" é um termo usado pelos psicólogos para designar um viés cognitivo em que a pessoa vê as coisas apenas da maneira como está acostumada. Todos nós caímos em padrões de pensamento e maneiras habituais de entender e interpretar a vida. Isso nos impede de dar um passo para trás e observar a situação de uma perspectiva mais ampla.

A criação de uma tiragem força você a examinar sua questão, tópico ou situação de todos os ângulos possíveis, porque você precisa criar as perguntas que irão direcionar a tiragem. Essas perguntas são como os ossos da tiragem. Diferentes ângulos são examinados, e sua questão ou preocupação agora está fora da sua mente e espalhada na mesa diante de você. Só o fato de tirá-la da sua cabeça já vale todo o esforço. Você pode brincar com ela, examiná-la de novos ângulos e até formular perguntas novas e melhores que, por sua vez, fornecerão excelentes respostas e boas "sacadas".

Aqui estão algumas perguntas iniciais para considerar:

- O que você quer?
- Por que você quer isso?
- O que está obstruindo seu caminho?
- O que a está ajudando?
- O que acontecerá se você conseguir o que quer?
- O que você não está vendo?

E não se esqueça de reconhecer o papel que você desempenha no seu futuro!

O terceiro e último passo é a forma. A criatividade libera novas possibilidades. Ela pode ser definida como a capacidade de transcender ideias tradicionais e criar novas ideias, formas, métodos e interpretações significativas. As tiragens de Tarô são criadas para resolver problemas e oferecer orientações;

raramente perguntamos sobre coisas que já sabemos. Uma ideia nova e significativa é exatamente o que você busca numa leitura de Tarô.

Seja criativa ao criar sua tiragem, pois isso abre caminho para soluções inovadoras e ajuda a causar sinapses, no seu cérebro, de maneiras inesperadas.

Tiragem da Pirâmide

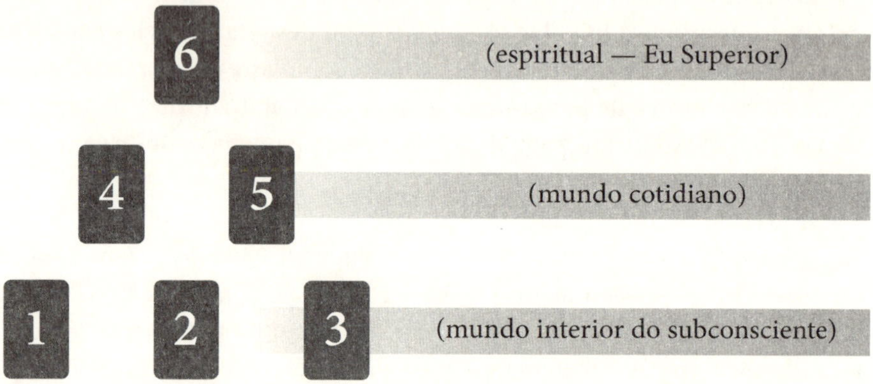

Linha Reta

Uma tiragem em linha reta mostrará exatamente como as possibilidades se desenrolam de forma linear. Ela é extremamente simples e útil. Depois que tiver prática na leitura de tiragens em linha reta, veja o que acontece numa tiragem de três cartas se você empurrar a carta do meio um pouco mais para cima.

Por exemplo, disponha as cartas na ordem passado/presente/futuro e interprete-as. Agora empurre a carta do "presente" um pouco mais para cima, de modo que ela fique mais elevada do que as outras. Isso aumenta o foco no problema do presente. As cartas do passado e do futuro parecem apoiar o presente, não é? Isso altera sua interpretação?

Agora, sem trocar as cartas, mova a carta do "presente" mais para baixo, de modo que ela fique mais baixa do que as outras. Você vê como a energia do passado e do futuro agora converge para a carta do presente? Isso altera sua interpretação?

Círculo

O círculo sagrado é a primeira e última forma do mundo. É o início, o ponto, a célula, o olho, o prato, a bola, a roda, o planeta, o Sol, o sistema solar. É a forma eterna, que nunca se rompe e cujas partes são todas iguais.

Crie tiragens circulares quando quiser ter uma visão holística de uma situação. As tiragens circulares são úteis quando você quer concluir algo e chegar a um desfecho. Você pode colocar a carta final no centro da tiragem, para lhe dar uma importância maior. Também pode colocar cartas fora do círculo para exemplificarem influências externas que você deseja aceitar ou rejeitar.

É divertido se sentar no chão e dispor as cartas num círculo ao seu redor no momento em que vai meditar ou realizar um trabalho ritual.

Aqui está um exemplo:

Tiragem do Círculo Completo da Lua Cheia

1. O que está trabalhando a meu favor?
2. Que energia chegará em breve?
3. Que oportunidade devo aceitar?
4. Que oportunidade devo evitar?
5. O que está me ancorando?
6. Que magia lunar está me infundindo?
7. Como posso ser mais forte?
8. Como posso concluir este ciclo da melhor maneira possível?

Quadrado

O quadrado dá forma, estrutura e estabilidade. Pense nas fundações de uma casa ou na forma dos cubos. Assim que você tem quatro cantos, você tem uma estrutura. Crie tiragens em forma de quadrado quando estiver focada em construir algo em sua vida, seja uma carreira, uma família, uma casa ou uma equipe de trabalho. Utilize os quatro cantos como as quatro coisas que você pode precisar "fixar" para ter sucesso.

Tiragem dos Quatro Cantos para a sua Carreira Profissional

1. O que me mantém focada?
2. O que me mantém apaixonada?

3. Como posso brilhar ainda mais?
4. Por que é tão importante fazer esse trabalho?

Outras Tiragens com Formatos Divertidos

- Estrela de cinco pontas para a magia
- Sol para inspiração e crescimento
- Flores para aumentar o potencial
- Um caminho para o desenvolvimento da sua carreira
- Escadas levando para cima ou para baixo
- Qualquer coisa que você possa imaginar!

Levar as suas cartas para o mundo transformará a maneira como você as lê. Leia as cartas no sótão da sua casa, se quiser uma tiragem para esclarecer assuntos de cunho espiritual, ou faça uma tiragem no porão, para saber mais sobre a sua Sombra. Não se limite a ler as cartas apenas dentro de casa. Leve seu Tarô para o jardim e converse com as árvores, flores e ervas. Leia o Tarô para os espíritos do cemitério, enquanto escuta os sussurros daqueles enterrados sob as lajes de pedra. Leve o Tarô a um local histórico, a um museu ou a um edifício com uma arquitetura inspiradora. O que as torres de uma catedral têm a lhe dizer? Disponha as cartas nas raízes de um antigo salgueiro, para desvendar a sabedoria das árvores.

O espaço entre as cartas é um elemento muitas vezes negligenciado pelos leitores de Tarô, mas o espaço vazio é o que contém todo o potencial. Ele é o campo de energia no qual você entrou no momento do seu nascimento. O vazio é necessário para construir tudo o que a sua mente sonha. O espaço entre as cartas, numa leitura de Tarô, está repleto de possibilidades.

O espaço é o lugar onde as perguntas se dissipam e o instinto se torna primordial. A intuição se torna nossa tocha. Se existe uma linha entre nossa imaginação criativa e a realidade, é uma linha fluida. Ela se move como as areias que acompanham as marés? Ou é uma linha diáfana e tênue, como a delicada membrana atmosférica da Terra? Nós nos tornamos a terra fecunda, e a bolha de oxigênio que nos sustenta se torna a fronteira entre nós e a possibilidade de um universo em constante expansão.

Segundo a NASA, 68% do universo é composto por uma força misteriosa chamada energia escura. A energia escura contraria a gravidade e faz o universo se expandir. Será que existe uma energia acessível dentro de uma leitura de Tarô que temos ignorado o tempo todo?

Einstein afirmou que o espaço vazio não é realmente vazio. Ele contém mais espaço. O espaço não é diluído à medida que se expande; como uma flor que cresce em direção à luz do sol, o espaço em si se torna mais espaço. Isso significa que o espaço entre as cartas, numa leitura de Tarô, é tão poderoso e cheio de potencial quanto as próprias cartas.

O objetivo da leitura de Tarô é ampliar nossa percepção. Ao ler o Tarô, é bom lembrar que coisas invisíveis e irreconhecíveis muitas vezes estão diante de nós antes que possamos reconhecê-las. Assim como os seres humanos já acreditaram que a Terra era plana, podemos descobrir que a possibilidade mais maravilhosa estava diante do nosso nariz o tempo todo.

Leve em Conta o Espaço

- Entre as cartas de Tarô
- Entre as palavras
- Entre as notas musicais
- Entre a inspiração e a expiração
- Entre as moléculas
- Entre os pensamentos
- Dentro do silêncio
- Entre você e eu

Aproveite todo o espaço dentro de uma tiragem de Tarô. O campo em que suas cartas aparecem, o espaço entre essas cartas, está longe de estar vazio. Ele está repleto de possibilidades.

Aprofunde-se em qualquer leitura de Tarô adicionando três cartas à leitura quando terminar de interpretar as cartas da tiragem. Realize o seguinte exercício ao final de qualquer uma de suas leituras e tiragens:

Leitura do Espaço Entre as Cartas

1. Examine sua leitura de Tarô como um todo e observe os espaços entre as cartas. Lembre-se de que há mais em jogo do que você pode ver no momento.
2. Coloque uma carta virada para baixo, à esquerda da sua leitura, e outra virada para baixo, à direita. Vire-as ao mesmo tempo. Essas cartas são lidas como extremos polares, a dicotomia do campo invisível, mas potente, que envolve tudo que está dentro e ao redor da sua situação atual. Reexamine sua leitura no contexto dessas duas polaridades. O campo está equilibrado? Está errático? As duas cartas são compatíveis ou estão em conflito uma com a outra?
3. Por fim, tire uma última carta para revelar uma possibilidade invisível, mas presente, que você ainda não viu.

Se discernirmos a sutil diferença entre o espaço sagrado e a imaginação criativa, perceberemos o quanto somos poderosos. Reconhecemos que nosso ponto de consciência singular é o filtro do que passa diante de nós. Vemos facilmente que aquilo em que focamos nossa atenção se torna realidade.

Tiragem dos Sete Dias

Crie uma pergunta alquímica conforme descrito na página 84. Faça uma pergunta realmente importante, que tenha a capacidade de mudar a sua vida quando você receber a resposta. Reconheça seu poder pessoal, declare o resultado desejado e descreva como você se sentirá ao receber o que quer.

Minha pergunta alquímica é...

Faça a mesma pergunta todos os dias durante sete dias. Use um único baralho de cartas. Deixe a carta de cada dia exposta. Coloque as cartas onde você possa vê-las ao longo do dia, numa fileira ascendente, como uma escada que sobe. Contemple as cartas com frequência no contexto da sua pergunta. Essa tiragem é como uma meditação evolutiva de sete dias.

Leia a escadinha de cartas como um conselho para alcançar o desejo do seu coração, que está no topo da escada.

Tiragem do Aliado Arquetípico e do Guia Espiritual

O arquétipo é pura forma e energia, enquanto o guia espiritual e o aliado são um amigo ou força especial que deseja ajudá-la. Essa ajuda pode vir na forma de uma carta repetida ou pode ser uma energia humana, angelical ou animal. Tenha bons modos, como em qualquer relacionamento. Para descobrir quem é seu aliado arquetípico:

1. Embaralhe as cartas.
2. Pergunte em voz alta: "Quem está disposto a ser meu aliado?".
3. Vire a carta do topo da pilha.

Continue virando as cartas até obter uma carta dos Arcanos Maiores na posição normal. Se nenhum Arcano Maior na posição normal aparecer para você, seu aliado é o Louco.

Depois de encontrar a carta do seu aliado arquetípico, coloque-a na sua frente. Concentre-se na imagem. Responda às seguintes perguntas:

Eu estou aqui para ensinar você a...
A melhor maneira de trabalhar comigo é...
Minha mensagem para você é...

III
A IMPERATRIZ

CAPÍTULO 5

A Magia do Tarô

A Arte do Ritual

O espaço sagrado é um lugar flexível e expansivo onde as possibilidades criativas existem. Como uma encruzilhada, é um limiar onde múltiplas possibilidades convergem. O lugar onde a floresta encontra o campo. Onde a horta cultivada encontra os arbustos espinhentos. Onde os lábios escondem as palavras não proferidas. Onde o interior encontra o exterior. Onde o conhecido e o desconhecido colidem. É a membrana, a própria pele da nossa realidade psíquica. É onde passamos para o interior de uma carta de Tarô, para nos conectarmos diretamente com os Arcanos. O espaço sagrado pode ser encontrado em templos sagrados, estúdios de Yoga, teatros, museus etc. Cultive um espaço sagrado para leituras transformadoras por meio de rituais simples.

O ritual é uma ação ou série de ações repetidas de maneira fixa e precisa, para alcançar um resultado desejado. Uma jardineira prende seus cabelos louros num coque atrás da cabeça, abaixa-se para pegar um punhado de terra, sente o aroma marcante do solo, e então calça suas luvas, como faz todos os dias antes de cuidar de seus canteiros de ervas e hortaliças.

As práticas espirituais estão fundamentadas em rituais e cerimônias. Uma monja budista se levanta às 4h30 da manhã e observa a escuridão antes do amanhecer preenchendo seu quarto. Ela escuta o silêncio, lava o rosto, veste seu manto de tom vibrante, e se dirige à sala de meditação, para iniciar os mantras matinais.

Os Acessórios Rituais

velas

incenso

óleos essenciais

música

flores e ervas

banhos

sinos e tigelas cantantes

As atividades rituais ativam os nossos sentidos. A escritora entra em seu escritório às 10h15 da manhã, coloca uma lista de músicas clássicas, silencia o celular, coloca uma travessa com alguns biscoitinhos na borda superior direita da mesa, pega o bloco de notas onde rabiscou as ideias que lhe vieram durante a noite, e começa a escrever.

Os rituais geram prazer. A jovem mãe aconchega-se na pele macia do seu bebê recém-saído do banho. Ela espalha os cabelos sobre o rosto dele, fazendo-o rir e balbuciar. Ela o coloca no trocador, fecha a fralda, veste o pijaminha no filho e o aproxima para amamentá-lo. Ele suga com fome enquanto ela sente um calor invadir seu corpo, e os olhos dele a fitam. As pálpebras do bebê ficam pesadas e então se fecham com o sono. Ela o cobre com um cobertor azul felpudo, liga a luz noturna e sai do quarto. Ela assiste ao seu programa favorito antes de cair num sono profundo. O ritual noturno deles está completo.

O ritual chama sua atenção profunda para o momento presente e para o que você está fazendo. Ele prepara a mente para o trabalho, seja produtivo, espiritual ou prazeroso. O ritual é uma prática de atenção plena, em que a ação entra em sintonia com a intenção. Os atletas usam rituais de concentração antes do jogo. Famílias reais seguem rituais. Feriados culturais estão repletos de ritos que marcam a passagem do tempo e nosso lugar na Roda do Ano. Criar rituais no Tarô, seja com a prática de uma carta por dia ou escolhendo um espaço especial para realizar as leituras, incentivará seu subconsciente e sua intuição a se abrirem para as leituras.

Os gestos são movimentos, geralmente com a mão ou o dedo, que expressam determinados significados. Os católicos fazem o sinal da cruz tocando os dedos na testa, no coração, no ombro esquerdo e no direito. O Hierofante e o Dez de Espadas do *Tarô Waite-Smith* fazem o sinal da bênção. Os yogues e os budistas juntam as palmas das mãos no centro do peito e inclinam a cabeça para mostrar reverência. Um mudra é um gesto ritual com as mãos.

Crie um gesto significativo no Tarô colocando as mãos sobre o baralho, para impregná-lo com a sua energia. Reserve alguns instantes para esvaziar a mente e entrar em sintonia com a energia do baralho, enquanto faz esse gesto. Ou coloque as mãos lado a lado sobre o baralho, com as palmas para baixo, ou cruze-as com as palmas para baixo, enquanto se concentra nas cartas. Imagine uma linha de energia entre você e as cartas.

Crie um gesto purificador cruzando as mãos sobre o baralho como um X, com as palmas para baixo. Deslize para a esquerda a mão esquerda e para a direita a mão direita, para finalizar a purificação ou marcar a finalização do embaralhamento das cartas. Execute esse gesto para eliminar sua energia das cartas antes de passá-lo para uma pessoa que irá embaralhá-las.

A repetição de palavras e frases previamente estabelecidas é muito útil em rituais. O Ashtanga Yoga começa repetindo um determinado mantra no início e no final da prática. As religiões utilizam orações específicas durante os serviços devocionais ou sermões. A Bruxaria emprega rimas em seus encantamentos, pelo seu poder inerente — pense na frase repetida pelas Três Bruxas da peça *Macbeth*, de Shakespeare, enquanto preparam uma poção mágica: "Double, double toil and trouble"[3].

3. "Que dobrem e redobrem o trabalho e os problemas." (N. da T.)

O mesmo conjunto de palavras da abertura é com frequência usado para evocar os quatro elementos ou os quatro naipes do Tarô. Para evocar os naipes, diga:

Eu invoco o naipe de Paus.
Eu invoco o naipe de Ouros.
Eu invoco o naipe de Espadas.
Eu invoco o naipe de Copas.

Evocar os elementos e naipes é como abrir uma porta. Você deve agradecê-los e liberá-los no fim do ritual, fechando assim a porta. Trabalhe em ordem inversa e agradeça a cada um deles ao terminar:

Agradeço ao naipe de Copas por me ajudar em meu trabalho.
Agradeço ao naipe de Espadas por me ajudar em meu trabalho.
Agradeço ao naipe de Ouros por me ajudar em meu trabalho.
Agradeço ao naipe de Paus por me ajudar em meu trabalho.

O ritual pode parecer ornamentado e intimidador, mas olhe com mais atenção: a vida cotidiana está repleta de ações ritualizadas. Escovamos os dentes pela manhã e à noite. A escola é ritualizada por razões organizacionais e para ajudar os alunos a se manterem no caminho certo. As refeições são ritualizadas de acordo com cada cultura. Os rituais podem parecer um hábito, e muitas vezes eles se tornam habituais. Rituais espirituais, meditativos e mágicos têm a intenção de seduzir os sentidos para que a alma floresça e inicie o processo de transformação.

Os acessórios rituais são um deleite para colecionar e ter à sua disposição. Eles podem ser encontrados em qualquer lugar, desde a natureza até lojas de presentes.

A vela é um objeto ritual precioso e a melhor amiga de um leitor de Tarô. As velas criam uma atmosfera e nos transportam de volta a uma época em que dependíamos da luz solar e do fogo como fontes de luz e calor. As velas trazem uma sensação de intimidade para a leitura de Tarô. Elas tornam todos mais misteriosos. O ambiente cintilante criado pela vela pode ser usado para a magia e a aromaterapia. Compre velas perfumadas ou borrife óleos essenciais para perfumar o ambiente.

Faça magia a partir do simples ritual de acender uma vela:

1. Limpe a mente e concentre-se na vela.
2. Preencha a vela com sua intenção enquanto a segura nas mãos e visualiza seu objetivo. Sua intenção pode variar desde uma leitura de Tarô reveladora até encontrar o verdadeiro amor.
3. Acenda a vela e, ao fazer isso, imagine que está iniciando o processo de tornar sua intenção realidade.
4. Observe a chama. Veja-a dançar e vibrar. Observe o brilho. Perceba as ondas de calor subindo e se expandindo. Imagine a chama como o ponto de luz que está atraindo o que você precisa.
5. Quando terminar a leitura, o ritual ou a meditação com as cartas, apague a vela com um sopro ou com um apagador de velas. Se optar por soprar a chama, imagine a fumaça como sua palavra final para as forças superiores — seus guias, anjos, ancestrais e ajudantes invisíveis.

Use velas sem chama se o uso de fogo for um problema, como pode acontecer ao ler Tarô em locais públicos. Embora uma vela sem chama não seja tão sensual, ainda cria uma atmosfera agradável.

Escolha a cor da vela de acordo com a intenção da sua leitura ou com o resultado desejado:

AMARELA: Criatividade e manifestação
AZUL: Paz e cura
BRANCA: Pureza e proteção
PRETA: Possibilidade e profundidade
ROSA: Amizade e família
ROXA: Paranormalidade, espiritualidade, sonhos
VERDE: Prosperidade e dinheiro
VERMELHA: Amor e paixão

O incenso é um material aromático que produz uma fumaça perfumada quando queimado. Ele é feito de materiais vegetais e óleos essenciais, e é amplamente utilizado em práticas religiosas. Os hieróglifos egípcios mostram sacerdotes usando incenso para purificar tumbas e cerimônias sagradas. Igrejas cristãs orientais e católicas com frequência usam incensários ornamentados, que lembram o cálice da Rainha de Copas do *Tarô Waite-Smith*.

O incenso solto, feito com uma mistura de ervas ou resinas, pode ser queimado de várias formas, e é usado desde os tempos antigos. Ervas secas e perfumadas podem ser jogadas nas fogueiras de solstício de verão. Peregrinos tibetanos queimam feixes de incenso em grandes fornos, que exalam fumaça perfumada em direção às suas divindades.

Tipos de Incenso: Em pó, cone, espiral, resina, vareta, fósforo de incenso.

Escolha um incenso que esteja em sintonia com a intenção da sua leitura e com o resultado desejado:

Almíscar: Atração sensual
Baunilha: Sorte e conhecimento
Canela: Elevação da energia
Lavanda: Relaxamento
Nag Champa: Iluminação e meditação
Olíbano: Qualquer trabalho mágico
Sândalo: Paz e positividade

Óleos essenciais, feitos a partir de extratos de plantas e botânicos, são uma maneira deliciosa de seduzir a si mesma a realizar o trabalho ritual. Sintonize os óleos com a sua intenção ou misture-os de acordo com o seu humor. Você pode pingar algumas gotas de óleo essencial nas velas, acrescentá-lo na água fervente, borrifá-lo no ar e passá-lo na pele.

Verifique se você não é alérgica ao óleo antes de ungir seus pulsos e têmporas. Você pode vaporizar ou difundir seus aromas como uma alternativa à fumaça sagrada ou um acréscimo a ela.

Alecrim: Memória, amor
Bergamota: Força
Eucalipto: Clareza
Hortelã-Pimenta: Elevar a energia

Lavanda: Trabalho paranormal
Limão: Clareza de raciocínio
Manjericão: Harmonia
Palo Santo: Abençoar
Toranja: Aguça os sentidos e melhora o humor

Nota: Certos óleos podem causar irritação e não devem ser usados por mulheres grávidas. Veja as orientações no frasco e/ou consulte seu médico antes de usar.

A música intensifica qualquer atmosfera que você deseja criar. Escolha músicas do seu agrado e que estejam em sintonia com seus objetivos rituais. Música clássica, música ambiente e trilhas sonoras de filmes são excelentes para compor uma atmosfera aconchegante para a leitura de Tarô. Você também encontrará cânticos, *World Music* e músicas esotéricas variadas de todo o globo em serviços de *streaming*. Toca-discos e discos de vinil oferecem uma experiência auditiva mais rica.

Os sinos e tigelas tibetanas são úteis para purificar a energia dos lugares e para ajudá-la a entrar em sintonia com uma vibração mais elevada. Toque um sino nos quatro cantos do cômodo para purificar o ambiente. As tigelas cantantes criam um som tonal marcante quando usadas corretamente (pode ser necessário um pouco de prática) e são usadas por monges budistas em práticas meditativas. Quando a tigela começa a "cantar", você pode sintonizar a sua energia pessoal com a vibração etérea desse som.

Flores frescas e ervas trazem vitalidade à mesa. Elas estão imbuídas de uma energia arquetípica. Tire uma carta de Tarô para se comunicar diretamente com uma erva ou flor. Pergunte como ela gostaria de trabalhar com você. Selecione-as de acordo com a estação, seu gosto pessoal ou as correspondências mágicas.

Alecrim: Lembranças
Erva-de-São-João: Conforto
Girassóis: Abundância
Lilás: Beleza

LÍRIO: Pureza
MIL-FOLHAS: Poderes psíquicos
NARCISOS: Fortuna
ROSAS: Amor (use a cor de acordo com a sua intenção, como faria com uma vela)
SALSA: Sorte
SÁLVIA: Novo começo
TOMILHO: Honra
TULIPAS: Prosperidade

O banho sagrado e a purificação são formas prazerosas de iniciar um ritual. Trata-se também de um ato extremamente simbólico, pois nascemos das águas do parto. Use sal marinho para abençoar a água do banho ou entre nas águas sagradas da natureza, se estiver perto de um lago, rio, lagoa ou mar. Se estiver num ambiente interno, preencha seu espaço de banho com velas e música. Tire as roupas para simbolizar que você está deixando o mundo exterior e todos os problemas para trás. Entre na banheira e deixe a água eliminar a tensão do seu corpo, enquanto você medita sobre uma carta de Tarô, como a Sacerdotisa, para a intuição e autoconhecimento, ou a Estrela, para inspiração e o contato com a sua musa. Saia do banho e vista-se com roupas confortáveis e de textura sedosa — ou não use roupa alguma.

Ritual de Ativação do Terceiro Olho

Eis uma oportunidade de você usar todos os acessórios rituais sugeridos. Lembre-se de que todos os itens rituais são apenas sugestões. Sinta-se à vontade para trocar, alterar, adicionar ou dispensar acessórios, de acordo com o seu gosto pessoal.

ITENS NECESSÁRIOS:

- Carta da Sacerdotisa
- 4 velas e um isqueiro

- Pedra da lua
- Lavanda recém-cortada
- Som da tigela cantante para o Chakra do Terceiro Olho

1. Reúna todos os ingredientes do feitiço. Prepare o espaço para que todos os itens estejam ao alcance da sua mão. Coloque a carta da Sacerdotisa, as velas e o isqueiro, a pedra da lua e a lavanda fresca sobre a mesa.

2. Coloque a música para tocar e diminua a iluminação do ambiente. Prepare um banho ritual, adicionando sais de banho e algumas gotas de óleo essencial de lavanda à água. Quando estiver dentro da banheira, use seu olho da mente para imaginar a Sacerdotisa, como se ela estivesse flutuando acima de você. Imagine que a água em que você está flutuando é a água da Sacerdotisa. Imagine que a luz da Lua esteja iluminando a água e o seu banheiro. Leve a imagem da Sacerdotisa para mais perto de você e deixe-a se fundir com o seu corpo, para que vocês duas se tornem uma só. Feche os olhos e imagine toda a luz da Lua convergindo para o seu Terceiro Olho, que está localizado acima do nariz e entre as sobrancelhas.

3. Quando estiver pronta para sair do banho, deixe a água escoar pelo ralo, mas permaneça na banheira. À medida que a água do banho escoa, permita que toda a negatividade, angústias, emoções e sentimentos dos quais você não precisa sejam levados para o ralo junto com a água. Essa energia restritiva será liberada de volta a terra, para que sua energia possa ser regenerada e transmutada. Seque a pele ao ar livre, sem usar uma toalha.

4. Vá para o seu espaço ritual e acenda quatro velas nas quatro direções. Ao fazer isso, dedique cada vela a um naipe do Tarô, dizendo: "Eu convido o naipe de Copas e o elemento Água, eu convido o naipe de Paus e o elemento Fogo, eu convido o naipe de Ouros e o elemento Terra, e eu convido o naipe de Espadas e o elemento Ar". Você agora abriu um espaço sagrado.

5. Coloque a carta da Sacerdotisa à sua frente, sobre uma mesa ou no chão (dependendo de onde você estiver trabalhando). Visualize-a na sua frente com o olho da mente. Em vez de se fundir com a Sacerdotisa, fale ou converse com ela. Você pode gravar sua conversa e pode ter com você uma lista das perguntas que gostaria de fazer a ela. Saiba que, ao falar com a Sacerdotisa, você está, na realidade, falando com a parte mais profunda, verdadeira e autêntica de si mesma. Ela é você e você é ela. Ela trabalha através do seu Terceiro Olho e da sua intuição, para mostrar o caminho, a sintonia e as informações para o seu bem maior, seu poder maior e seu eu mais profundo. Assim como toda a sua vida é resultado dos seus sonhos, dos seus instintos e dos seus desejos, toda a Água do Tarô emana da Sacerdotisa. Nada é acidental. Você nunca passa por circunstâncias que não pode superar. Seus desafios servem para moldá-la e transformá-la na criatura que você foi destinada a ser. Converse com a Sacerdotisa; comece um relacionamento que nunca terá fim. Encontre a si mesma no olhar dela. Desperte seu Terceiro Olho e deixe-o conduzi-la à magia a cada dia.

6. Coloque a pedra da lua sob seu travesseiro e durma com ela pelos próximos sete dias, para aumentar seu poder psíquico.

A sua história familiar e o seu DNA pessoal podem ser estudados para que possam ajudá-la na escolha de rituais e itens que ressoem com você. Sua ancestralidade pessoal carrega uma herança ritualística. Por exemplo, se você tem ancestrais irlandeses, estude os rituais e a mitologia celtas. Mergulhe na história desse povo, visite a biblioteca e leia sobre o legado de rituais que já está impregnado no seu corpo. Busque os rituais da história dos seus ancestrais, além das maravilhosas ferramentas rituais que estão disponíveis para todos. Crie seu próprio trabalho ritual único, com suas aberturas e encerramentos.

Elementos Essenciais do Lançamento de Feitiços

Visualizar

Sentir

Ação

O lançamento de feitiços é tão sensual e divertido quanto é profundo e transformador. Ele requer que você eleve a sua energia e a direcione para um objetivo específico. E a deixa se sentindo maravilhosa! Os fundamentos do lançamento de feitiços com o Tarô são descritos aqui, mas note que não há guia melhor do que sua própria criatividade e instintos.

Realize um feitiço em qualquer lugar e em qualquer momento que quiser. Você pode lançar feitiços dentro de casa, no meio de uma floresta, em seu quintal ou na praia. Também pode lançá-los com outras pessoas ou sozinha. Sintonize seu feitiço com momentos únicos como luas novas, luas cheias e solstícios, ou realize-os no momento em que sentir um impulso. O trabalho de magia permite que você direcione todo o seu poder sobrenatural para um objetivo específico.

Os elementos essenciais do lançamento de feitiços são os mesmos de uma questão alquímica. Você precisa assumir a responsabilidade ao direcionar a magia para si mesma e para o objetivo pretendido, sem nunca se curvar à vontade de outra pessoa. Você precisa visualizar com clareza seus resultados mágicos e se sentir merecedora de obtê-los. Você entrará em ação por meio da mecânica física do feitiço, que são as ações que você realiza, as palavras que você profere e as cartas que escolhe usar.

Depois que tiver lançado o feitiço, é importante que deixe de lado qualquer expectativa. O universo sempre lhe dá exatamente o que você precisa, nada mais, nada menos. Só porque queremos algo, isso não significa que seja o melhor para nós. Imagine se tudo o que você sempre quis se tornasse realidade! Confie em como a magia age. Não tenha expectativas. Você saberá se o que deseja está em sintonia com o seu bem maior observando os resultados da sua magia.

1. Estabeleça e Anote por Escrito seu Objetivo Mágico (Visualizar e Sentir)

A parte mais importante do lançamento de feitiços é descrever exatamente o que você deseja. Os feitiços funcionam melhor quando o desejo e a emoção estão em sintonia com a energia natural.

O feitiço começa no minuto em que você decide lançá-lo. Antes do lançamento, vem o planejamento e o registro por escrito da sua intenção. Esse registro não precisa ser poético nem gramaticalmente correto. Você nunca terá que mostrá-lo a ninguém. O importante é que a sua descrição seja detalhada. Escreva sobre como você se sente, como é a sua vida, o que você vê em sua mente à medida que seu desejo se concretiza. Depois de descrever tudo em detalhes, resuma sua intenção numa frase. Faça isso da mesma maneira que formularia uma pergunta para uma leitura de Tarô (veja na página 79). Escreva essa frase no alto da página.

2. Escolha a Hora e o Local

Lance seus feitiços quando estiver sozinha ou quando for menos provável que alguém a interrompa. Pense nesse momento como um encontro consigo mesma. A magia é um processo sensual. Você seduzirá a si mesma para alcançar o estado energético mais elevado possível. Os feitiços podem estar em sintonia com forças externas favoráveis, como a Lua crescente (cuja energia ajuda a atrair o que você quer) e a Lua minguante (cuja energia ajuda a repelir o que você não quer). Lance feitiços à meia-noite, no crepúsculo ou ao pôr do sol, que são momentos em que os mundos visíveis e invisíveis se entrelaçam.

Planeje onde lançará o feitiço. A mesa da cozinha é uma escolha perfeita. Ela é funcional e tende a ser o coração da casa, pois fica na cozinha, um lugar que pode servir como uma metáfora da manifestação (como cozinhar). Você também pode preferir a privacidade do seu quarto ou do sótão. A magia ao ar livre é sublime, principalmente se você tiver acesso a um bosque ou a oportunidade de lançar seu feitiço nas entranhas de uma floresta ou à beira-mar. O inverno é uma época maravilhosa para lançar feitiços, porque você pode encontrar um campo aberto e esculpir grandes símbolos no gelo! Pense grande, seja criativa e divirta-se.

3. Reúna os Itens Necessários e as Cartas Apropriadas

O Tarô é ideal para trabalhos de magia devido ao componente visual das cartas. Os feitiços trabalham em seu subconsciente do mesmo modo que os símbolos do Tarô. Escolha velas, roupas, flores e óleos essenciais cujas cores estejam em sintonia com a intenção do seu feitiço. Selecione músicas apropriadas, alimentos simbólicos ou óleos essenciais para complementar seu feitiço. Depois que você tiver estabelecido seu objetivo mágico e escolhido uma ou mais cartas que ilustrem seu objetivo, você usará essas cartas simbolicamente no feitiço, deixando-as num local visível e entrando nelas para visualizar seu objetivo.

4. Limpeza Ritual

Um banho ritual de banheira com sais, uma ducha ou um banho ao ar livre são maneiras prazerosas de você se preparar para o seu feitiço. Prepare um banho à luz de velas e coloque sais, pétalas de flores e ervas na água. Se você tiver acesso a um rio, uma lagoa, um lago ou uma praia, saiba que um banho ao ar livre é uma maneira incrível de entrar em sintonia com a energia natural da terra. Um simples banho de chuveiro também é excelente. Imagine a água purificando suas energias e atitudes indesejadas. A água levará com ela qualquer negatividade ou bloqueio, e permitirá que você se abra para novas possibilidades.

5. Abra seu Espaço Sagrado

Ao abrir um espaço sagrado para lançar seu feitiço, mova-se no sentido horário. Evoque os elementos, as direções e os naipes do Tarô, para ajudá-la em seu trabalho de magia. Por exemplo:

Volte-se para o Leste, pegue o Ás de Copas e diga: "Eu evoco o naipe de Copas e o elemento Água para me ajudar no meu feitiço".

Volte-se para o Sul, pegue o Ás de Paus e diga: "Eu evoco o naipe de Paus e o elemento Fogo para me ajudar no meu feitiço".

Volte-se para o Oeste, pegue o Ás de Ouros e diga: "Eu evoco o naipe de Ouros e o elemento Terra para me ajudar no meu feitiço".

Volte-se para o Norte, pegue o Ás de Espadas e diga: "Eu evoco o naipe de Espadas e o elemento Ar para me ajudar no meu feitiço".

6. Visualizações

Depois que você tiver aberto oficialmente o seu espaço sagrado, é hora de realizar o feitiço. Leia a sua frase. Pegue o papel onde escreveu seu objetivo e leia cada palavra. Coloque suas cartas de Tarô à vista, visualizando que tudo vai acontecer e se desenvolver como você imaginou. Realize quaisquer outras atividades ou meditações que desejar. Esse é o espaço onde você vai elevar a sua energia e direcioná-la para o seu objetivo escolhido.

7. Fechamento do Espaço Sagrado

Feche seu espaço sagrado com o mesmo cuidado com que o abriu. Faça isso com gratidão. Desta vez, mova-se no sentido anti-horário para fechar o espaço:

Volte-se para o Norte e diga: "Agradeço ao naipe de Espadas e ao elemento Ar por me ajudar no meu feitiço".

Volte-se para o Oeste e diga: "Agradeço ao naipe de Ouros e ao elemento Terra por me ajudar no meu feitiço".

Volte-se para o Sul e diga: "Agradeço ao naipe de Paus e ao elemento Fogo por me ajudar no meu feitiço".

Volte-se para o Leste e diga: "Agradeço ao naipe de Copas e ao elemento Água por me ajudar no meu feitiço".

Liberte-se de todas as expectativas e apegos que possa ter com relação ao resultado do seu feitiço. Essa atitude de desprendimento dá ao universo a oportunidade de desempenhar seu papel, e à magia, a chance de surpreendê-la. A culminação da magia muitas vezes se manifesta de maneiras muito diferentes do que você esperava. Efeitos colaterais surpreendentes, benefícios adicionais e um lado positivo que você nunca poderia ter imaginado costumam se revelar. Não atrapalhe o universo nem perca uma oportunidade valiosa, só porque a maçã que você esperava se apresenta como uma laranja. Essa laranja pode estar repleta de tesouros. Confie e deixe o universo agir. Tenha paciência. Saiba que, se algo não aconteceu como você queria, há uma boa razão para isso. A vida sempre lhe dá o que você precisa. Veja os milagres à sua volta. Espere o inesperado.

Mantenha a mente aberta

Fique no presente

Prepare-se para se deslumbrar

Aqui estão três feitiços do meu livro *365 Tarot Spells* para você começar.

Feitiço para Atrair o Relacionamento Romântico Mais Elevado Possível

Ingredientes

- Pétalas de rosa e água destilada
- Duas taças
- A carta dos Enamorados
- A carta da Estrela
- A carta do Dez de Ouros
- A carta do Dez de Copas

As rosas ajudam na proteção e atraem o amor verdadeiro e duradouro. Molhe as mãos em água de rosas antes de lançar as cartas. Isso intensificará o efeito das suas mãos nas cartas.

O feitiço começa com a preparação da água de rosas, que leva mais de 24 horas. Use esse tempo para meditar e refletir sobre todas as formas pelas quais você compartilha o amor em sua vida. Para preparar a água de rosas, providencie uma quantidade de pétalas de rosas vermelhas equivalente a uma xícara. Coloque as pétalas numa panela com água destilada suficiente para cobri-las. Deixe a água ferver até que as pétalas percam a cor. Coe o líquido num pote de vidro, coloque no parapeito de uma janela onde bata sol e deixe por 24 horas.

O Dois de Copas representa a chegada do seu par perfeito. A carta dos Enamorados representa a atração eletrizante – o impulso sensual e físico que nos faz sentir vivos e que estamos aqui para amar e criar. A carta da Estrela canaliza os bons sentimentos do Dois de Copas, junto com a paixão dos Enamorados, e os direciona abertamente, com o elemento Água dessa carta. Ela é a integração de paixão e sentimento. O Dez de Ouros é a manifestação física de todas as coisas amadas e adoradas. O Dez de Copas representa a chegada e a manifestação de um final feliz, e a alegria que proporciona uma vida equilibrada.

Método, Visualização e Meditação

Coloque na mesa a carta do Dois de Copas e lembre-se da sensação de encontrar um amigo perfeito. Relembre o sentimento de sintonia e o reconhecimento de si mesma no outro. Sinta o calor de dois corações se unindo. Pegue a carta dos Enamorados e coloque-a ao lado do Dois de Copas. Sinta o fogo e a chama do desejo irradiando dessa carta. Explore a sensualidade implícita e a atração entre os dois corpos que estão se revelando. Note que cada carta é abençoada por uma fonte superior, que está acima e entre elas.

Coloque a carta da Estrela um pouco mais para baixo, tocando as outras cartas com um dos cantos. Imagine-se vulnerável, livre e aberta para canalizar essa paixão e esse amor maiores e mais elevados, uma paixão e um amor que são perfeitos para você, repletos de tudo o que você é; sinta isso fluindo. Imagine-se nua sob um céu repleto de estrelas. Cada estrela no céu está piscando para você. Uma estrela, em particular, irradia a energia amorosa certa para lhe trazer o seu par perfeito. Imagine a luz dessa estrela banhando você e, com o olho da mente, derrame a água dos jarros aos seus pés. No momento em que fizer isso, você começa a manifestar esse amor em sua vida.

Coloque na mesa o Dez de Ouros. Veja todas as coisas materiais que o amor traz para a sua vida. Imagine seus amigos e familiares ao seu redor, celebrando a felicidade que você cultivou. Seus ancestrais o cercam e há dinheiro, mais dinheiro do que você jamais precisará. Acrescente o Dez de Copas e sinta a leveza de espírito que o amor traz. Veja as crianças dançando e sinta-se livre e pueril. Um arco-íris cruza seu caminho, porque as nuvens de tempestade se foram. Você está livre para seguir em frente com o amor.

Disposição das Cartas

Esta é uma tiragem em forma de mandala especialmente poderosa, que pode ser deixada no lugar durante vários dias, para propiciar uma reflexão.

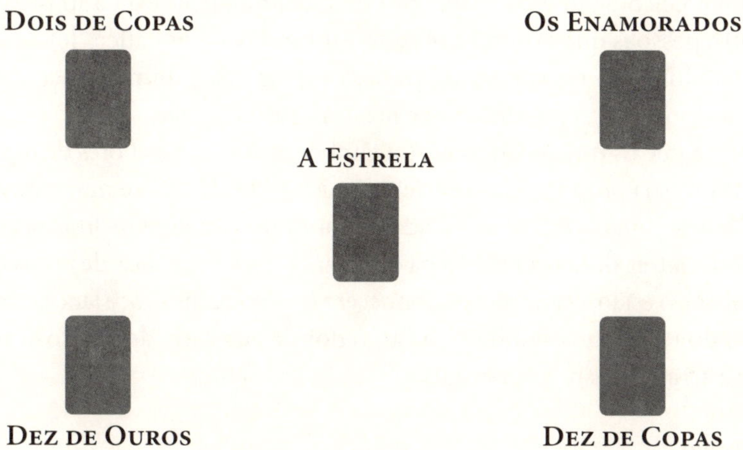

Feitiço para Atrair Pessoas Positivas

Ingredientes

- 2 xícaras de chá de camomila e mel
- A carta do Três de Copas

Método, Visualização e Meditação

O mel é um ingrediente utilizado em muitos feitiços de atração, pois ele atrai para nós as coisas que desejamos. A camomila é uma flor radiante e alegre, considerada uma erva sagrada pelos druidas. As qualidades da camomila são provavelmente semelhantes às qualidades das pessoas que você gostaria de atrair para a sua vida.

Prepare seu chá por infusão e adicione mel. Beba um gole e saboreie-o, enquanto contempla outra xícara, cheia e fumegante, do outro lado da mesa. Essa é uma oferenda para seus futuros amigos. Coloque a carta do Três de Copas diante de você. Entre na carta e sinta o calor dos bons sentimentos ao seu redor. Sinta a celebração e o sentimento de camaradagem evocado pelo fato de estar entre pessoas que fazem você se sentir bem. Veja os cálices levantados no ar e então sinta que essas pessoas podem elevar o seu ânimo e acentuar suas qualidades positivas, enquanto você faz o mesmo por elas.

Observe que os três amigos da carta também são como as flores de um jardim, cada um com sua própria beleza e talento únicos, inspirando-se mutuamente a serem melhores e mais grandiosos. Cada membro do círculo é melhor pelo fato de conhecer as outras duas pessoas. Saiba que essas pessoas (pessoas de bom coração e boas intenções) estão a caminho de conhecer você, enquanto você lança esse feitiço.

Quando terminar, espalhe o chá ao redor da sua casa, deixando-o penetrar na terra e atrair seus novos amigos.

Afirmação

Três de Copas com amor e celebração
Quero pessoas boas ao alcance da mão.
Meu círculo me envolve com franqueza e comunhão.
Uma doce, encantadora, mágica poção.
Amigos, venham rápido! Meu coração anseia!
Nos encontramos antes da próxima Lua cheia.

Feitiço para Aumentar Meus Rendimentos

Ingredientes

- Hortelã fresca
- Uma moeda de 1 centavo, 1 moeda de dez centavos, 1 moeda de 25 centavos e uma moeda de 1 real
- A carta do Valete de Ouros
- A carta do Sete de Ouros
- Uma caixa pequena

Método, Visualização e Meditação

A hortelã é a erva que simboliza o dinheiro. Use um saquinho de chá de hortelã se não encontrar hortelã fresca. O Valete de Ouros representa uma pessoa prestes a plantar uma semente, enquanto o Sete de Ouros representa a manifestação e a colheita dessa semente.

Coloque a hortelã na caixa. Coloque o Valete de Ouros diante de você. O solo está fértil. O aroma doce das flores preenche o ar. Você pode sentir o cheiro da terra rica, adubada, esperando para ser preenchida com sementes. Segure a moeda de 25 centavos na mão e sinta seu peso. Saiba que essa moeda representa o início da manifestação. Coloque-a na caixa com a hortelã. Adicione as outras moedas. Feche a caixa.

Coloque o Sete de Ouros ao lado do Valete de Ouros. Veja como um único pentáculo se dividiu e se multiplicou. É da natureza do crescimento que as coisas se expandam quando recebem a devida atenção. Com o olho da mente, imagine o dinheiro em sua conta-corrente crescendo e se multiplicando. Faça a promessa de realizar uma única ação que ajude na multiplicação dos seus rendimentos.

Afirmação

Pentáculo, erva, moeda e nota
Sua multiplicação é minha rota.
Meu dinheiro cresce e se eleva no ar
Minhas riquezas quase tocam o luar!

Encantamentos de Tarô são pedacinhos de magia portátil que você cria e carrega consigo, para se infundir com essa energia ao longo do dia. Por tradição, o encantamento é uma espécie de feitiço verbal. As invocações das bruxas são encantamentos, como "Ferve, ferve, caldeirão". Rimas infantis, quando usadas como petições, são encantamentos mágicos: "Estrela brilha, estrela guia, primeira estrela que vejo no dia, faço um desejo com todo o amor, que ele se realize, por favor".

Um dos significados da palavra "encantamento" é o poder de ser cativante, atraente e magnético. Essa é a essência de uma energia radiante que o mundo notará. Assim como a luz do Sol ou da Lua cria um reflexo cintilante na água, você também criará e brilhará.

Crie um encantamento de Tarô pela manhã e sinta-se impregnada com essa energia durante todo o dia. Use um encantamento de Tarô antes de uma ocasião importante, uma entrevista de emprego, uma apresentação etc.

Por exemplo, você tem um grande projeto no trabalho que exige um fim de semana de foco e preparação. Você decide encantar a carta do Imperador, porque ele representa estabilidade e atenção focada. Ele também praticamente garante o sucesso.

Para encantar uma carta de Tarô, escolha o arquétipo e a carta que possuem a energia que você gostaria de emanar. Aqui estão algumas sugestões:

- Entrevista perfeita = O Mago
- Foco = O Carro
- Amor = Os Enamorados
- Domínio = O Imperador
- Atrair dinheiro = Ás de Ouros
- Paz em casa = Dez de Copas
- Paz de espírito = Quatro de Espadas
- Privacidade = O Eremita
- Vibrações sensuais = Rainha de Paus
- Sucesso = Sol

Lembre-se, suas próprias associações e conexões com os símbolos e a imagens do Tarô são a magia mais poderosa! Faça sua própria lista mágica de encantamentos. Repasse o seu Tarô, virando uma carta de cada vez. Selecione a magia que você acredita que a carta incorpore melhor.

Se você pudesse associar cada carta a um encantamento mágico específico, qual seria?

Carta Espiritual do Tarô

Existem três maneiras de descobrir qual é a sua carta espiritual do Tarô.

1. Repasse o seu baralho e escolha a carta que é a sua favorita absoluta. Essa é a carta que enche você de alegria quando a tira, cuja imagem é reconfortante para sua alma, a carta que você simplesmente adora.
2. Entre em meditação e peça para que sua carta espiritual apareça para você.
3. Se você tirar as cartas diariamente, logo vai descobrir que a mesma carta aparece várias e várias vezes. Sua carta espiritual do Tarô é aquela que aparece para você de maneira insistente.

Toda vez que invocamos a magia, na verdade invocamos a nós mesmas como sempre fomos destinadas a ser: sensíveis, brilhantes, criativas, autênticas, únicas, poderosas. Sabendo disso, é possível tecer um espaço sagrado além do mero lançamento de feitiços, que permeie cada aspecto da nossa vida diária.

Uma observação sobre a magia e os resultados dos feitiços: nós nem sempre sabemos o que é melhor. Imagine se tudo o que você quisesse se tornasse realidade!

RAINHA DE OUROS

CAPÍTULO 6

Dando Vida à Magia

A Inteligência do Corpo

O Tarô somático consiste em transportar o Tarô para o corpo. Você tomará consciência de como é uma encarnação viva e pulsante das cartas. Assim como o Tarô é um portal que pode ser acessado, você descobrirá que as cartas entram e insuflam vida em você. É a compreensão máxima de si mesma no contexto das cartas e vice-versa. O Tarô somático também ajuda a identificar onde as informações mediúnicas e intuitivas ocorrem no seu corpo.

A leitura das cartas com a inteligência do corpo vai expandir profundamente sua prática de Tarô. Ela também serve como uma espécie de "tábua de salvação", quando você se depara com um bloqueio na leitura. Você sabia que seu corpo vale mais de nove milhões de dólares? É isso mesmo. Sua carne e seu sangue são uma máquina milagrosa que a ciência é incapaz de recriar ou duplicar. Ele realiza uma miríade de funções com as quais você não precisa se preocupar. Seu cérebro dispara sinapses elétricas. Seu sistema digestório extrai os nutrientes necessários. Seus pulmões inspiram e expiram como as ondas rítmicas do oceano.

A inteligência do corpo é uma sabedoria única, que está presente em qualquer parte dele. Para entender as inteligências do seu corpo, imagine que você está diante de uma paisagem montanhosa deslumbrante. Você sente a energia da montanha enquanto admira seus cumes. Se já visitou mais de uma montanha, lembrará que, assim como as pessoas, as montanhas possuem uma energia, ou vibração, própria. Você decide escalar até o topo da montanha. Descobre diferentes elementos que compõem a paisagem à medida que avança pelo caminho. Você observa a grama, as flores e as árvores. Vê riachos, animais e insetos. Essas inteligências separadas, fundidas, criam a energia de toda a montanha. Cada elemento diferente da montanha contém sua inteligência e função únicas.

As três inteligências do corpo começam com a cabeça, o coração e os intestinos. Esses são os três lugares que acessamos regularmente ao tomar decisões.

Coloque a mão na cabeça. Pense em como você toma decisões com o cérebro. Observe-se pensando, calculando e observando. As expressões "meter na cabeça" ou "quebrar a cabeça" referem-se à inteligência da cabeça.

Coloque a mão no coração. Você já tomou uma decisão a partir do coração? É diferente de uma decisão tomada com a cabeça, não é? As expressões "de coração", "ouvir o coração" e "abrir o coração" referem-se à inteligência do coração.

Coloque a mão no abdômen inferior. Pense em como você toma decisões com as suas entranhas, ou intestinos. Observe como você sente, percebe e sabe das coisas a partir dos intestinos. As expressões "reação instintiva" ou "dar um nó no estômago" se referem aos sentimentos associados aos intestinos.

Você obterá informações diferentes ao focar cada uma das três inteligências do corpo. Por exemplo, imagine o seguinte cenário. Você sai do seu restaurante favorito e se depara com uma aglomeração de pessoas irritadas (essa situação poderia ser representada pela carta do Sete de Paus). Essas pessoas, equivocadamente, pensam que você bloqueou o carro de uma delas. Se você agir com a cabeça, poderá brigar com essas pessoas ou tentar argumentar com elas. Se agir com o coração, poderá tentar apelar para o lado emocional delas ou começar a chorar. Se agir a partir dos intestinos, pode correr de volta para o restaurante, em busca de segurança, e ligar para a polícia.

Cabeça = Espadas

Coração = Copas

Intestinos = Paus

Corpo Inteiro = Ouros

Considere o seguinte cenário: você descobre uma prova concreta de que seu parceiro está traindo você com sua melhor amiga (uma situação que pode ser refletida pelo Três de Espadas ou uma carta dos Enamorados invertida). Se você reagir com a cabeça, pode demorar um tempo para entender por completo as implicações disso, enquanto processa a notícia chocante. Provavelmente reagirá com surpresa e descrença. Se reagir com o coração, pode ter um grave colapso nervoso e começar a gritar e chorar. Se reagir com os intestinos e seu parceiro estiver na sua frente, pode acabar dando um soco nele.

Considere como você pode oferecer conselhos diferentes com base nas três inteligências do corpo. Suponhamos que seu filho adolescente venha até você chorando porque não passou no vestibular da faculdade dos seus sonhos. Se você responder com a cabeça, pode explicar que certas faculdades são mais concorridas devido ao grande número de candidatos. Se falar com o coração, pode responder dizendo o quanto ele é inteligente, belo e único, e que qualquer faculdade teria sorte de tê-lo como aluno. Se responder com os intestinos, pode aconselhá-lo a entrar em outra faculdade e depois pedir transferência, pois assim logo estará seguro e tranquilo num dormitório da faculdade dos seus sonhos. Cada uma das três inteligências oferece uma solução valiosa.

Cada pessoa responderia de maneira única a cada cenário, mas você pode começar a entender a diferença entre sentir e responder a partir das inteligências do corpo. À medida que você avança em direção aos seus objetivos, vale a pena saber como seus centros de energia operam. A inteligência da cabeça é mais útil quando você precisa estudar, tomar decisões e resolver problemas. A cabeça é associada ao naipe de Espadas e às qualidades do elemento Ar. A inteligência do coração é útil quando você se joga na vida e encontra compaixão e empatia. O coração é associado ao naipe de Copas e às qualidades do elemento Água. A inteligência dos intestinos é útil quando é necessário preservar a segurança do corpo, fazer escolhas alimentares saudáveis e se enraizar na verdade. Os intestinos são associados ao naipe de Paus e às qualidades do elemento Fogo.

Tomar decisões com a cabeça me parece...
Tomar decisões com o coração me parece...
Tomar decisões com os intestinos me parece...

Leitura das Três Inteligências do Corpo

Ler as cartas a partir das três inteligências do corpo é útil por três motivos:

1. Tira você da rotina, enquanto faz suas leituras. Criamos hábitos no modo de ler e interpretar cada carta, principalmente se lemos o Tarô há muito tempo. A interpretação das cartas a partir de três partes diferentes do corpo oferece novas informações.

2. Você passa a ser capaz de responder a partir dessas inteligências ao tomar decisões e lidar com questões da vida e dos relacionamentos.

3. Observar seu corpo é a melhor maneira de agir a partir do seu eu autêntico e da Sacerdotisa, que mantém toda a sua autenticidade pessoal. Como você sabe se está respondendo a partir da sua mais elevada sabedoria e do seu conhecimento mais profundo? Observando seu corpo.

Formule uma pergunta.
Embaralhe as cartas e tire uma.
Traga sua consciência energética para cada parte do corpo enquanto responde:

Minha cabeça diz...
Meu coração diz...
Meus intestinos dizem...

A abertura do Terceiro Olho ocorre quando você usa seus poderes intuitivos. O Terceiro Olho é considerado o lugar da sabedoria oculta, por isso está em sintonia com a carta da Sacerdotisa. Ele está relacionado ao poder psíquico, à visão remota e à viagem astral. A abertura do Terceiro Olho é um efeito colateral natural do uso do Tarô.

O Terceiro Olho fica no espaço entre os olhos e ligeiramente acima deles. Se você desenhasse um triângulo cuja base são os olhos, seu ápice seria o Terceiro Olho. As mulheres indianas, hindus e budistas muitas vezes usam um *bindi*, uma pequena marca ou joia decorativa, no Terceiro Olho.

O Terceiro Olho não é um globo ocular literal escondido atrás da pele da sua testa. A expressão é uma metáfora para o centro da sabedoria superior e do poder psíquico. É um lembrete de que há muito mais neste mundo do que os olhos podem ver. Olhar com o Terceiro Olho é usar todos os sentidos psíquicos que você possui. É ver e saber além do modo "normal" de conhecer algo.

Você já usa o seu Terceiro Olho para "intuir" o mundo exterior. É provável que seja uma ação inconsciente quando você vê, imagina e sente o que está ao seu redor. O Terceiro Olho se transforma quando olhamos para os outros com inveja, ciúme ou raiva. Ele se torna o temido mau-olhado.

A cultura mediterrânea é repleta de amuletos contra o mau-olhado nas cores azul, branco e preto, usados para desviar a energia de pensamentos negativos. A raiva, a inveja e o ódio são emoções que têm um poder intenso. Todas as pessoas têm pensamentos nefastos. O fato de tê-los não significa que você seja uma pessoa ruim. O segredo é notar esses sentimentos e deixá-los ir. Torne-se consciente. Evite usar sua energia de maneira nefasta em relação aos outros. Isso fará você se sentir melhor, pois desejar mal a outra pessoa é o caminho mais rápido para se colocar em perigo. Não se alie a energias das quais você não gostaria de ser o alvo. Essa é a regra de três das bruxas.

Uma das maneiras mais poderosas de usar o Terceiro Olho é voltá-lo para dentro. Use-o para esquadrinhar o seu eu interior. Use-o para examinar sonhos (Copas), paixões (Paus), ideias (Espadas) e a camada física do seu corpo (Ouros). Usar o Terceiro Olho para explorar sua camada interior é como explorar um veio de ouro.

Observe a natureza interior do seu coração e sinta seus intestinos. Converse com diferentes partes do seu corpo para curar o que está doente (lembre-se de que essa prática nunca deve substituir a consulta médica). Olhe para dentro do espaço do seu corpo que contém sua memória e sua experiência. Use sua respiração, suas inspirações e expirações, para viajar no tempo. Encontre as gerações que já passaram por este planeta. Elas vivem dentro de você. As lembranças, os costumes, os hábitos e os talentos dessas gerações passadas estão enterrados dentro de nós.

Leitura dos Chakras

Os chakras são centros de energia que existem dentro do nosso corpo. Todos nós guardamos lembranças, traumas e prazeres dentro do corpo. Explore e expanda o poder pulsante dentro de você. Realize a leitura dos chakras para avaliar seu estado interior. Ela deve começar na base da coluna e subir até o topo da cabeça.

Feche os olhos e sente-se ereta na cadeira. Inspire e expire o ar profundamente três vezes. Sinta seus pés enraizando-se no chão e sinta as raízes se estendendo pela terra abaixo de você. Puxe a energia da terra até a base da coluna. Traga-a até o estômago, o coração, a garganta. Traga-a até os olhos e o topo da cabeça. Abra os olhos e distribua as cartas da seguinte maneira:

Perguntas

1. Chakra da Raiz: *O que me mantém ancorada?*
2. Chakra do Sacro: *O que faz eu me sentir viva?*
3. Chakra do Plexo Solar: *O que me dá poder?*
4. Chakra do Coração: *Como posso expandir meu coração?*
5. Chakra da Garganta: *Como posso me comunicar melhor?*
6. Chakra do Terceiro Olho: *Como posso ver minha verdade?*
7. Chakra da Coroa: *Como posso me conectar melhor ao meu bem maior?*

Exercício do Diário dos Cinco Sentidos

Embaralhe as cartas enquanto se concentra na percepção do corpo. Tire uma carta para cada sentido e responda à pergunta proposta.

O olfato está associado ao Chakra da Raiz (primeiro chakra): autoconservação, hereditariedade, vitalidade e identificação com o corpo físico. O olfato é uma qualidade muito diferenciada e pode evocar emoções intensas. Os sentidos olfativos trazem o mundo para dentro de você. Os seres humanos são capazes de detectar mais de um trilhão de cheiros distintos. O olfato traz prazer ao mesmo tempo que nos mantém seguros.

Eu cuido melhor de mim mesma quando eu...

O paladar está associado ao Chakra do Sacro (segundo chakra): autossatisfação, realização sexual e nutrição. Seus gostos são o que intriga você — suas preferências e aversões. Seus gostos podem ser refinados e tornarem-se cada vez mais apurados. Essa carta fornecerá informações sobre como você cuida de si mesma e como se identifica com seu corpo emocional.

Eu me cuido quando eu...

A visão está associada ao Chakra do Plexo Solar (terceiro chakra): autodefinição, identidade do ego, pensamentos e força de vontade. Sua capacidade de realmente enxergar o que está à sua frente, para si e para os outros; como você interpreta o que está bem à sua frente e como desanuviar a sua visão para que veja o que precisa ver.

Eu posso me ver sob uma nova luz ao...

O tato está associado ao Chakra do Coração (quarto chakra): autoaceitação, identidade social, amor e paz. O toque é como você literalmente sente o universo e o mundo ao seu redor. O toque se estende ao modo como você faz a diferença na vida das outras pessoas e em seu próprio estado emocional. O toque infiltra-se em cada centímetro do seu corpo, por dentro e por fora.

Eu faço do mundo um lugar melhor ao...

A audição está associada ao Chakra da Garganta (quinto chakra): comunicação e criatividade. Quão bem você ouve a si mesma e aos que estão ao seu redor? Se você se senta com um amigo ou cliente, realmente procura entender as necessidades deles ou imediatamente inicia sua interpretação? Como você pode se abrir melhor para ouvir o que está ao seu redor?

Eu me expresso bem quando eu...

Seu Sexto Sentido

Até que ponto você confia na sua voz interior?

Eu posso aprimorar minhas habilidades psíquicas e intuitivas ao...

A aplicação da meditação sensorial a uma carta é uma maneira excelente de se aprofundar num arquétipo do Tarô. Sente-se confortavelmente com suas cartas, num espaço tranquilo e reservado, onde ninguém a incomodará. Selecione uma carta para explorar com seus cinco sentidos. Você pode escolher a carta que desejar e colocá-la diante de você desde o início, ou embaralhar as cartas para revelar uma carta aleatória no momento certo. Coloque um pedacinho de chocolate amargo (ou do seu petisco favorito, como uma noz ou uma fruta) ao seu lado, ao alcance da mão.

Feche os olhos e concentre-se na sua respiração. Encha todo o corpo de ar ao inspirar e esvazie-se na expiração. Deixe que sua respiração se torne como o ritmo das ondas quebrando na praia – o vai e vem, a inspiração e a expiração, a expansão e a contração.

Som: Depois de se conectar com a sua respiração, mantenha os olhos fechados. Concentre-se nos sons ao seu redor. O que você ouve? Talvez pássaros cantando, o motor da geladeira, ou talvez detecte música tocando em algum canto distante da casa ou um carro passando. Tente identificar cada som, anotando-o conforme o percebe. Depois de ouvi-lo, você consegue mergulhar mais fundo em cada um dos sons, isoladamente? Se ouvir pássaros, consegue diferenciar os cantos variados? Se há música tocando, sabe dizer se ela vem de um rádio ou de um celular? Se ela vem de um carro, consegue se conectar às batidas pulsantes dos alto-falantes? Elas soam como as batidas do seu coração?

Olfato: Mantendo os olhos fechados, concentre-se agora no sentido do olfato. Que aromas você detecta? Há um vestígio de óleo essencial terapêutico ou incenso amadeirado no cômodo em que você está? Você sente o cheiro de limão de algum produto de limpeza ou o cheiro de comida vindo da cozinha, ou detecta o aroma fresco de grama e de flores? O vento está trazendo o cheiro de terra de uma tempestade que se aproxima? Você consegue sentir o cheiro da sua própria pele? Aprofunde-se em qualquer cheiro que detecte. Você consegue distinguir os componentes do aroma?

Paladar: O olfato está intimamente ligado ao paladar. Quando tira a atenção do sentido do olfato, que gosto você sente com o paladar? Qual é o gosto dentro da sua boca? Qual é o gosto dos dentes? Sente algum vestígio de uma bebida, comida ou pasta de dente na língua? Concentre-se no músculo da língua e tente sentir o gosto de cada parte dela. Pegue seu pedacinho de chocolate ou petisco e coloque-o na boca, saboreando lentamente antes de engolir.

Tato: Concentre-se na língua. Sinta o interior da boca. Deslize a língua pelo céu da boca, pelas bochechas e pelo espaço entre os dentes. Desvie a atenção para a ponta delicada dos dedos e toque-as bem de leve. A sensação provocada pelo seu toque na ponta dos dedos é diferente do toque da sua língua? Explore o seu corpo e encontre cada ponto de contato entre ele e o mundo exterior. Sinta onde a sua pele encontra o tecido da roupa. Sinta onde a sua pele está pressionada contra a cadeira ou o chão, e cada centímetro quadrado com o qual o seu corpo está em contato; explore isso com a sua consciência.

Visão: Abra os olhos. Olhe à sua frente. Observe apenas as cores ao seu redor. Não identifique nada. Observe sua visão periférica e deixe que tudo entre em foco. Olhe para a parede (se houver uma parede) à sua frente. Você consegue ver através da parede? O que existe além dela? Você consegue ver além do que os olhos enxergam? Você consegue ver com o corpo inteiro? Você consegue observar com o corpo todo? Você consegue sentir com o corpo inteiro?

Entre na carta: Pegue a carta que você escolheu e coloque-a na sua frente, onde pode observá-la. Contemple a carta por 2 a 5 minutos. Você pode definir o temporizador do seu celular, se quiser. Olhe para a carta com o corpo inteiro. Observe-a cuidadosamente com os olhos. Sem focar o olhar, entre na carta. Deixe que as bordas da carta se dissolvam. Deixe que a carta preencha toda a sua linha de visão.

Exercício de Ativação do Terceiro Olho

Pegue a carta do Ás de Ouros e sente-se num lugar confortável, onde ninguém a incomodará. Ajuste o temporizador para cinco minutos. Sem fixar os olhos em nenhum ponto específico da carta, observe o Ás de Ouros, notando cada detalhe da carta. Feche os olhos quando o temporizador soar. Veja o pentáculo da carta na sua mente. Visualize-o num tom amarelo-dourado brilhante. O pentáculo brilha com a intensidade do Sol. Gire-o no sentido horário e observe-o reluzir, faiscar e girar. Imagine-o brilhante no centro do Terceiro Olho.

Leve sua visão para o Terceiro Olho e passe a enxergar por meio dele, com os olhos fechados. Observe o que está à sua frente. Expanda a sua visão, para que ela vá além disso. O que está mais além? Se você estiver sentada ao ar livre, deixe que sua visão se expanda o máximo que puder.

Traga sua visão de volta para a cabeça e agora passe a olhar pelo Terceiro Olho através da parte de trás da cabeça (porque os chakras atravessam o corpo, tanto pela parte da frente quanto pela parte de trás). Observe o que está atrás de você. O que está além disso? Se você estiver sentada ao ar livre, deixe que a sua visão se expanda para trás o máximo possível.

Traga sua visão de volta para a cabeça e use o Terceiro Olho para ver a paisagem à sua direita, sem virar a cabeça. O que existe ao seu lado? Expanda a visão do Terceiro Olho para que ela vá mais longe. Veja a paisagem à sua esquerda. O que existe do seu lado esquerdo? Expanda a visão do Terceiro Olho, para que ela vá mais longe.

Traga a visão de volta para a cabeça e volte-a para você, de modo a olhar para o interior do seu corpo. O Terceiro Olho agora está se movendo para dentro de você. Examine o interior do seu rosto, das suas bochechas, da sua boca. Observe seus ouvidos e através do seu nariz. Direcione a visão do seu Terceiro Olho para baixo e olhe para o seu pescoço.

Examine o pescoço e os ombros. Se notar alguma tensão, libere-a com o olhar. Aprofunde sua visão dos músculos e ajude-os a relaxar. Penetre nos ossos e vá mais fundo na medula. Use a visão para deslizar pela coluna. Dirija-se para o centro do coração. O que você vê? O que sente? Olhe para dentro dos pulmões. Observe-os se expandindo à medida que você inspira. Note como eles se contraem quando você expira.

Transfira a visão para o estômago, depois para os intestinos. Há tanta sensibilidade e história acumuladas ali! O que você percebe? Mova-se para a parte inferior das coxas e observe a frente dos joelhos. Leve a visão para o espaço entre o polegar e o segundo dedo do pé. Estique os pés. Olhe para a sola dos pés. O que você vê?

Olhe para fora a partir de diferentes partes do seu corpo, enquanto sobe o olhar para a cabeça outra vez. Quando chegar ali, olhe através do topo da cabeça e através do crânio. Abra-se para receber luz e inspiração. Sinta a energia pulsando por todo o seu corpo.

Retorne ao espaço do Terceiro Olho. Veja o pentáculo amarelo brilhando em sua testa, ativado e vivo. Volte a perceber o ambiente à sua volta e abra os olhos.

Leve o Tarô para a sua Prática de Yoga

A união do Tarô e do Yoga aprofunda sua experiência com as cartas e sua prática de Yoga. O Tarô e o Yoga podem se entrelaçar harmoniosamente e se tornar uma poderosa força de transformação e evolução. Ambos são práticas que ajudam a alma a se revelar. O Tarô é uma prática visual, que opera de maneira simbólica e inspira a imaginação criativa e a intuição do leitor, ao passo que o Yoga é uma prática física, em que o praticante move o corpo através de posturas chamadas "ásanas". Cada uma delas nos impulsiona de maneiras inesperadas e libera possibilidades que mal podemos imaginar.

Espaço sagrado: O Tarô e o Yoga permitem que o praticante crie um espaço sagrado em meio ao barulho e às distrações do dia a dia. As práticas com frequência, mas nem sempre, envolvem o uso de objetos sagrados como incenso, velas e um espaço dedicado. O tarólogo limpa e silencia a mente, enquanto tira as cartas. O yogue se acomoda e foca a atenção na respiração, para aquietar a mente no início de sua prática.

Fluxo: Tanto o Tarô quanto o Yoga refletem a vida, em seu estado constante de fluxo. No Yoga, passamos de um ásana, ou postura, para a seguinte, enquanto no Tarô as cartas seguem uma sequência numérica: os Arcanos Menores do ás até o dez e de volta ao início. Os Arcanos Maiores vão do zero (O Louco) até a carta 22 (O Mundo) e voltam ao início do ciclo.

Intuição e respostas: O Tarô e o Yoga são práticas que silenciam a mente. O tarólogo se concentra para captar as mensagens que chegam através das cartas, enquanto o yogue se concentra na respiração e leve a atenção para dentro do corpo. Ambas as atividades nos levam a um estado de escuta superior e nos ajudam a nos tornarmos observadores ativos da nossa experiência presente. Isso permite que a intuição se desenvolva e nos capacita a encontrar respostas para as questões maiores, menores e mais interessantes da vida.

Estrutura sublime: O Tarô contém uma estrutura interna magnífica, assim como os ossos delicados do esqueleto humano. Nosso corpo é formado pelas mesmas partes essenciais, do sangue ao ventre, mas quem somos, a assinatura da nossa alma, a maneira como habitamos nosso corpo, isso é tão único quanto os flocos de neve de uma nevasca. A individualidade permeia nosso esqueleto, nossos músculos e órgãos internos. Nenhuma pessoa se move exatamente do mesmo modo; até gêmeos idênticos são diferentes. A estrutura do Tarô é tão simples e bem organizada que uma infinidade de sistemas e temas espirituais podem ser sobrepostos a ela e fazer total sentido. A estrutura do Yoga se manifesta em suas formas, que incorporam energias arquetípicas assim como o Tarô.

Arquétipo e ásana: Os ásanas do Yoga imitam arquétipos de animais (cachorro olhando para baixo) e objetos (postura do barco). Podemos manter um ásana enquanto respiramos e meditamos sobre as lições de postura, assim como podemos contemplar uma carta de Tarô. A associação de um ásana do Yoga a cada carta dos Arcanos Maiores oferece ao leitor de Tarô a oportunidade de experimentar e incorporar o arquétipo de uma maneira nova.

Os leitores acostumados a entrar nas cartas por intermédio da meditação guiada, ou por meio de encenações feitas durante uma aula ou *workshop*, encontrarão uma nova maneira de incorporar as cartas por meio das posturas do Yoga. Combinar os ásanas com os Arcanos Maiores e evocar os principais arquétipos enquanto se está em cada postura é uma nova e poderosa maneira de incorporar a eterna lição dos arquétipos. Essa prática também une cada arquétipo aos chakras, à respiração e ao movimento, preenchendo-os, e também o praticante, com a energia e a força vital universal.

O Louco = Montanha/*tadasana*, que inicia a prática. O Louco é retratado no topo de uma montanha. Tanto a postura quanto a carta oferecem equilíbrio, presença e clareza espiritual. Considere as alturas e profundidades que aspiramos alcançar. A carta e a postura também nos preparam para a aventura iminente à nossa frente, tanto em nossa prática quanto em nossa vida.

O Mago = Saudação ao Sol/*surya namaskar*. A saudação ao Sol é uma postura dinâmica, que corresponde à postura energética do Mago. A saudação ao Sol canaliza a energia solar de cima e a convida a entrar no corpo, assim como o Mago canaliza a energia espiritual através do corpo e para o mundo material, por meio da sua varinha mágica.

A Sacerdotisa = Intenção/cântico de abertura. O yogue acalma a mente, centra-se na sua prática, foca a respiração e inicia a sua devoção. Esta postura é muitas vezes acompanhada de um cântico de abertura/mantra/intenção declarada. Essas ações sintonizam os eus interior e exterior.

A Imperatriz = Triângulo/*trikonasana*. A Imperatriz é a carta número três, o número da criatividade, um triângulo com três pontas. Esta postura oferece expansão. O corpo se abre como uma flor, absorvendo a energia solar enquanto o coração se expande para um amor mais profundo, para a compaixão expansiva e para uma criatividade sem limites.

O Imperador = Postura do bastão de quatro membros/*chaturanga dandasana*. *Chaturanga* significa quatro membros, e *danda* bastão. O

Imperador é a carta número quatro e ele, por tradição, segura um bastão. Essa pose dinâmica requer força, controle e agilidade — todas as qualidades do Imperador. *Chaturanga* desenvolve a estabilidade necessária para uma prática física intensa.

O Hierofante = Pirâmide com prece invertida/*utthita parsvottanasana*. Esta postura eloquente e devocional reflete a gratidão na presença da santidade divina. A prece é um gesto simbólico que une polaridades, com a união da palma das mãos. Inclinar-se é o ato de reverência suprema. A prece invertida reflete dualidade, oposição, yin e yang, e o equilíbrio e a harmonia do coração. A forma triangular das pernas e, por fim, de todo o corpo, ecoa a trindade vívida do Hierofante.

Os Enamorados = Camelo/*ustrasana*. O yogue fica de joelhos e estende as mãos até os tornozelos, oferecendo seu coração ao céu. Esta postura que abre o coração é um gesto de extrema vulnerabilidade e ternura. A carta dos Enamorados reflete o modo como nos oferecemos ao outro quando nos entregamos a atos de amor e criatividade.

O Carro = Cadeira/*utkatasana*. Esta postura dinâmica reflete o auriga e seu veículo. A postura da cadeira é muitas vezes mantida por longos períodos. Os braços se erguem em direção ao céu, enquanto as pernas se dobram e os glúteos se movem para baixo. A energia de oposição exprime a fortaleza do Carro. Poder e equilíbrio são necessários. Esta posição invoca o esforço necessário para se estabelecer um objetivo e avançar na direção dele sem distração.

A Força = A carta da Força sintoniza-se com a postura do guerreiro II, ou *virabhadrasana*. O yogue assume a postura de um guerreiro avançando. A carta da Força reflete a vitalidade interior, e a postura do guerreiro energiza o corpo. Assim como a carta da Força, ela combina um poder impressionante com suavidade e flexibilidade.

O Eremita = Arado/*halasana*. O yogue se deita de costas e estende as pernas sobre a cabeça, mantendo-as retas, enquanto a parte superior dos pés apoia-se no chão, atrás dela. A postura do arado leva o praticante diretamente ao chakra do coração. Não há como evitar. O que acontece quando você se depara com a natureza da atitude do seu próprio coração em relação a ele mesmo?

A Roda da Fortuna = Roda/*urdhva dhanurasana*. É uma flexão para trás em pé, que imita a forma do arco de um arqueiro ou uma roda, conectando essa postura à forma simbólica da Roda da Fortuna. Ela se sintoniza com a energia indomável das forças universais. As flexões para trás trabalham o sistema nervoso, a rede que conecta o cérebro, a medula espinhal e os nervos. Ela pode parecer uma montanha-russa: intensa, assustadora e até aterrorizante, exatamente por isso está em sintonia com a energia da Roda da Fortuna.

A Justiça = Águia/*garudasana*. A postura da águia exige a capacidade complexa de se equilibrar, com uma perna cruzada sobre a outra e um braço envolvendo o outro, enquanto os joelhos se dobram, na posição de se sentar sobre uma perna. O aspecto do equilíbrio sintoniza o yogue com a espada e a balança da carta da Justiça.

O Pendurado = Postura de cabeça apoiada/*sirsasana*. A posição invertida do corpo estimula o equilíbrio e a força, ao mesmo tempo que vira o mundo de cabeça para baixo. Examine a natureza do universo e sua localização no planeta. Não existe certo ou errado. Veja através da ilusão.

A Morte = Corpo/*savasana*. Nesta postura, o yogue assume literalmente a postura do sono profundo da Morte, deitando-se como um cadáver no tapete de Yoga, ao final da prática. O descanso e a quietude são tão importantes quanto o esforço e o resultado, fluxo e refluxo.

A Temperança = Torção sentada/*ardha matsyendrasana*. Os fluidos da carta da Temperança estão fundidos na frente do chakra do sacro do anjo, localizado a quase dez centímetros abaixo do umbigo. Assim como a carta da Temperança, o chakra do sacro está associado à água, às emoções e à criatividade. As torções espinais sentadas trabalham o chakra do sacro para estimular a flexibilidade e a fluidez. Essa prática impulsiona a complexidade, que cura e expande o mundo, beneficiando a todos.

O Diabo = Corvo/*bakasana*. Os corvos são metamorfos, criaturas transformadoras que refletem reinos sombrios e misteriosos. O Diabo tem asas de morcego e se equilibra em cima do seu cubo. Na postura do corvo, o yogue se equilibra sobre os braços, e muitas vezes recorre à força da mente sobre a matéria para conseguir realizar essa postura difícil.

A Torre = Árvore/*vrksasana*. A postura da árvore exige que o yogue se equilibre numa perna, enquanto ergue os braços para o céu, invocando a forma de uma árvore e da Torre. O yogue mantém a estabilidade através dos três mundos (inferior, médio e superior). Enraizado no chão, ele se estende, indo além do mundo material, e alcança a ascensão espiritual.

A Estrela = Lótus/*padmasana*. O lótus é a antiga e tradicional postura meditativa indiana das pernas cruzadas. A postura do lótus é com frequência realizada no início e/ou no final de uma prática de Yoga, embora o lótus possa ser usado dentro de outras posturas. O yogue purifica, foca e deixa a energia da prática fluir livremente através do corpo. O lótus ecoa a carta da Estrela de todas as maneiras. É o momento de colher os benefícios. Alcançou-se a sintonia entre o que vem de cima e o que vem de baixo. Assim como os yogues se deliciam com a clareza consciente, o esforço e o suor, a carta da Estrela filtra a água sagrada do universo.

A Lua = Meia-lua/*ardha chandrasana*. Esta postura combina a essência ardente do Sol com a essência refrescante da Lua, imitando, assim, o Sol e a Lua representados na carta da Lua. A prática de Yoga reflete o fluxo e o refluxo dos ciclos lunares. A experiência do yogue no tapete se transforma e muda; ele pratica sem esforço num dia e sente-se pesado e cansado no dia seguinte. O Yoga, assim como a Lua, reflete a natureza do tempo, as dádivas da ancoragem no momento presente. O Yoga e a carta da Lua nos encontram em formas maleáveis e sempre mutáveis.

O Sol = Postura da criança/*balasana*. O corpo assume uma posição fetal, sintonizando, assim, essa postura com a jovem ilustrada na carta do Sol. A postura da criança, assim como a carta do Sol, é um lugar de absorção e prazer sem esforço. Essa postura estimula a energia do Sol a percorrer o corpo. Ela também fomenta a interconexão entre você e todos os seres vivos.

O Julgamento = Guerreiro I/*virabhadrasana*. O yogue eleva os braços para o céu, numa imitação física do guerreiro mitológico hindu Virabhadra, que surgiu da terra com duas espadas, uma em cada mão. A carta do Julgamento é ilustrada com corpos emergindo de caixões flutuantes. Trata-se da reanimação e do renascimento, assim como o guerreiro. A postura e a carta exigem que você se levante, preste atenção e ouça o chamado. É uma disposição para invocar a transformação em seu mais alto nível.

O Mundo = Cachorro olhando para baixo/*adho mukha svanasana*. Pode parecer sem sentido associar uma postura de Yoga aparentemente básica com a carta do Mundo, a mais prestigiada do Tarô, mas as propriedades da carta do Mundo não são reservadas para alguns escolhidos ou os mais iluminados. A carta do Mundo insufla cada momento da nossa vida. Essa carta, assim como o cachorro olhando para baixo, oferece a integração do mais elevado com o mais inferior, do expansivo com o introspectivo, e cada espaço infinito entre eles.

O Tarô e o Tapete de Yoga

Tire uma carta antes da sua prática de Yoga e defina uma intenção com ela. Os yogues com frequência reservam alguns instantes para definir uma intenção ou dedicar a prática de Yoga a uma pessoa ou a um ideal mais elevado. Se você já faz isso, embaralhe as cartas e deixe-as perto do seu tapete de Yoga. Defina sua intenção e depois escolha uma carta. Uma alternativa é escolher uma carta e depois definir sua intenção. Deixe-a sobre o tapete durante toda a prática.

Medite sobre uma carta antes e depois da prática. O Yoga é um espaço centrado e sagrado, então, se levar uma carta para o tapete com você, poderá incorporar as lições, os significados e as mensagens dessa carta à sua prática. Você também pode visualizar a carta com o olho da mente, na frente do seu tapete de Yoga, numa meditação em movimento.

Com o olho da mente, invoque os quatro naipes e direções ao redor do seu tapete de Yoga. Assim como você abre um espaço mágico com os quatro naipes do Tarô, você pode convidar as energias dos elementos e dos naipes para ocupar os quatro lados do seu tapete, antes de começar a prática. Você pode fazer isso com o olho da mente enquanto faz uma meditação ou pode literalmente colocar os quatro Ases nas direções apropriadas.

Faça uma leitura de Tarô antes e depois da prática. Lembro-me dos meus dias de faculdade, quando aproveitava as aulas de Yoga gratuitas. Sempre me admirava ao ver o quanto meus estudos melhoravam, meu foco se tornava mais aguçado e minha memória aumentava após uma aula de Yoga. Faça uma leitura de Tarô da sua escolha antes de fazer uma aula de Yoga. Deixe as cartas expostas depois da leitura. Ao rever suas cartas e a leitura após a prática, o que você vê de novo? Que novas intuições você tem?

Tiragem do Arquétipo dos Ásanas do Yoga

As perguntas desta tiragem são baseadas nas posturas básicas do Yoga e têm o intuito de explorar o significado e a metáfora por trás delas. Essa tiragem é útil, quer você esteja familiarizada com a prática do Yoga ou não. Se você costuma praticar Yoga, pode refletir sobre essas perguntas ao realizar esses ásanas.

Lançamento das Cartas

As cartas desta tiragem são lançadas na forma da postura do cachorro olhando para baixo, um alongamento revigorante para todo o corpo.

Perguntas

1. Postura do Cachorro Olhando para Baixo: O que me ajuda a me voltar para dentro?
2. Postura da Árvore: Por que é importante ser forte e flexível?
3. Postura de Cabeça para Baixo: O que me ajuda a ver o mundo de uma perspectiva diferente?
4. Postura da Águia: Sou capaz de ver o que é verdadeiramente importante na vida?
5. Postura da Cobra: Posso me elevar acima do mundo material e prescrutar o desconhecido?
6. Postura da Criança: Como posso cultivar uma atitude juvenil?
7. Postura da Morte: Como posso me desapegar de tudo?

Dicas Para Melhorar seu Trabalho com Sonhos

Mantenha um diário de sonhos

Enquanto adormece, diga a si mesma que você vai sonhar

Reveja suas lembranças do sonho ao acordar

O Trabalho com os Sonhos

Os antigos egípcios e gregos acreditavam que os sonhos eram mensagens enviadas pelos deuses para moldar a mente de quem sonha. Sigmund Freud dizia que os sonhos são esconderijos de desejos reprimidos e uma janela para a psique. Algumas culturas não fazem distinção entre os sonhos e a vigília. Alguns cientistas afirmam que os sonhos são a maneira como o cérebro se desvencilha de informações desnecessárias, assim como um computador descarregando dados. Artistas e místicos exploram os sonhos para ter ideias e inspiração. Os sonhos proféticos são um prenúncio de lugares, eventos e acontecimentos futuros.

A mente subconsciente torna-se observável enquanto dormimos. Não estamos sujeitos às leis da física ou do tempo durante o sono, por isso podemos voar sem peso, conversar com os mortos e beijar estranhos até acordarmos suadas, ofegantes e muitas vezes cheias de emoção. Os sonhos nos ajudam a enfrentar problemas, processar ansiedades e até nos preparar para cenários com que podemos nos deparar durante a vigília.

Intensificar a recordação dos sonhos é como desenvolver a força e a flexibilidade dos seus músculos intuitivos. Quanto mais você se concentra na arte de sonhar, mais substanciais eles se tornam. Mantenha um pequeno diário ao lado da sua cama para registrar seus cenários oníricos ao acordar. Comece o processo fazendo breves anotações dos seus pensamentos e sentimentos antes de adormecer.

Os sonhos tendem a se dissipar rapidamente quando acordamos. Mantenha os olhos fechados e desperte suas lembranças ao acordar, perguntando a si mesma: "Sobre o que eu estava sonhando?". Repare se algum fragmento ou visão do sonho lhe ocorre. Em vez de tentar entender o que seu sonho significa ao registrá-lo por escrito, concentre-se em descrever os detalhes. Interprete os símbolos posteriormente, usando o seguinte método:

Desconstrua um símbolo de um sonho da mesma maneira que você avalia o significado de um símbolo do Tarô.

Selecione o símbolo mais notável que você viu num sonho recente ou recorrente.

Símbolo:

O que o símbolo significa para mim:

Como esse significado se relaciona com a minha vida atual:

Exemplo

Símbolo: Homem decapitado

O Que o Símbolo Significa para Mim: Homem decapitado: Não estar conectado ao corpo físico

Como Isso se Relaciona com a Minha Vida Atual: Eu não estou conectada ao meu corpo físico quando me sinto aflita. Preciso aprender a me reconectar durante os períodos de estresse e ansiedade.

Depois de descobrir como o símbolo se relaciona com a sua vida atual, tire uma carta de Tarô para obter conselhos sobre como resolver essa questão.

Exemplo: Tirei a carta do Seis de Espadas, que me diz para cortar os laços emocionais com dores antigas, de modo que eu possa parar de "decapitar" meu corpo e ficar num estado de desconexão. Eu preciso aprender a cortar o que é ruim e abraçar o que é bom; assim poderei avançar para tempos melhores.

O Oráculo dos Sonhos

O oráculo é um anúncio divino ou uma profecia. Considere seus sonhos como mensagens divinas dos Arcanos Maiores. Use o oráculo para descobrir qual Arcano Maior enviou o sonho para você. Depois de identificar o arquétipo responsável pelo seu sonho, você pode obter mais informações sobre a razão por que ele é importante e o que significa para a sua vida desperta. Use a fórmula abaixo e reduza os números até chegar ao Arcano Maior equivalente.

1. Dia da semana em que você sonhou (considerando o domingo como o dia 1).
2. Dia do mês em que você sonhou.
3. O mês em que você sonhou.
4. Sua idade.

Exemplo

Susan sonha que seu cachorro está fugindo dela. Ele corre por uma estrada rural e, quando chega ao alto de uma colina, ela não consegue mais alcançá-lo. Ela acorda e utiliza o oráculo para descobrir quem enviou o sonho e o que ele significa.

1. 6 (sábado)
2. +14 (14 de novembro)
3. +11 (novembro é o décimo primeiro mês)
4. +50 (idade)
81
8 = A Força
1 = O Mago
8 + 1 = 9 = O Eremita

Leitura do Oráculo: O Eremita

Interpretação

Susan se surpreende ao descobrir que a carta do Eremita lhe enviou esse sonho. Ao refletir, ela entende por quê. Susan está constantemente correndo atrás de coisas que estão fora do seu alcance. A mensagem do Eremita é para ela desacelerar e se voltar para dentro. Ele a lembra de que a resposta não está fora, mas dentro dela. Uma vez que ela desacelere e faça uma busca interior, sua ansiedade diminuirá e as respostas se tornarão mais claras.

O Tarô Está Sonhando Conosco?

Estamos sonhando com o Tarô ou o Tarô está sonhando conosco? Nosso relacionamento com o Tarô é uma via de mão dupla. Nós recorremos a ele para obter *insights*, respostas, meditação, orientação. Você sabia que a energia das cartas está nos observando? Vigiando-nos? Interpretando-nos? Com que frequência você tira uma carta e ela é o reflexo perfeito do seu estado atual — um espelho da situação em que está? As cartas sabem, elas observam e ouvem.

Você já parou repentinamente o que estava fazendo, colocou bordas imaginárias ao seu redor e perguntou: "Qual carta de Tarô eu estou incorporando agora?". Se ainda não fez isso, você deveria. Mude sua perspectiva. O que o Tarô aprende com você? Suas ações, suas emoções, seu trabalho, sua vida amorosa, suas atividades diárias? O que alguém ou algo que está olhando para você através das cartas veria?

Tire uma carta:

O que você quer de mim é...
O modo como eu posso servi-la da melhor maneira é...

Meditação com a Carta da Lua para a Hora de Dormir

Coloque a carta da Lua onde você possa contemplá-la com o olhar desfocado. Concentre-se na sua respiração. Ancore-se onde você está sentada. Deixe as bordas da carta se dissiparem, enquanto você examina o interior da carta. Assim que conseguir ver claramente os detalhes da carta com o olho da mente, apague as luzes e feche os olhos. Examine a escuridão atrás das pálpebras. Coloque a palma das mãos sobre os olhos. Penetre mais fundo na escuridão. Empurre-a como se estivesse nadando para baixo numa piscina. Retire as mãos dos olhos, coloque-as sobre o colo e, à medida que a escuridão ficar mais clara, imagine-se subindo até a superfície.

Sem abrir os olhos, imagine-se boiando na superfície de um lago e saudando a luz da Lua cheia acima de você. Sinta o ar suave da noite em suas bochechas, deixe a água pingar do seu corpo e ouça o uivo dos lobos ao longe. Você se levanta da água e vê uma trilha. Ela leva do lago até o topo de uma alta montanha a distância. Você flutua por essa trilha, os pés a poucos centímetros do chão, sabendo que algo importante a aguarda no cume da montanha. Você faz uma pausa ao se aproximar de dois lobos que uivam. Eles se acalmam à medida que você se aproxima, e você olha em seus olhos selvagens sem medo. Eles a fitam de volta com seus olhos amarelos e lhe transmitem uma mensagem.

Minha mensagem dos lobos é...

Você passa pelas feras e continua seguindo pela trilha, até chegar a duas torres. Elas se erguem acima de você de ambos os lados e você sente a presença dos seus guias espirituais a observando. Você continua sua caminhada e começa a subir a montanha até chegar ao topo. A Lua cheia está grande e brilhante. Sua essência lunar leitosa se espalha sobre você. Você olha para ela e pede sabedoria e a capacidade de sonhar de um modo que lhe ofereça clareza e iluminação. A Lua sorri de volta e concorda com seu desejo. Ela lhe transmite uma mensagem que só você pode ouvir.

Minha mensagem da Lua é...

Trabalho com a Sombra

O trabalho com a Sombra é essencial para aqueles que desejam atingir a autorrealização. Somos criaturas multidimensionais, holísticas, que estão sempre oscilando entre as polaridades. Nós oscilamos entre o sono e a vigília, a frequência alta e baixa, a responsabilidade e o prazer, e, claro, entre a escuridão e a luz. A Lua não existe sem seu lado sombrio, e você também não.

O trabalho com a Sombra torna as leituras de Tarô mais precisas, principalmente quando você está lendo para si mesma. A prática de ler o Tarô para si mesma apresenta um desafio único. Como sabemos se estamos vendo a verdade nas cartas ou simplesmente contando a nós mesmas a história que queremos ver? O trabalho com a Sombra é um antídoto para a autojustificação, pois, para realizá-lo, você é obrigada a examinar aspectos de si mesma que normalmente não gostaria de encarar. É como um filme de terror ou um conto de fadas gótico estrelado por você. Pronta para descascar uma camada de si mesma?

O Eu Sombrio é

Impulso/desejo

Força/fraqueza

Talentos/preferências

Sistemas de crenças pessoais

Criatividade infinita

A Sombra é como um monte de lixo ou um enorme porão onde você joga tudo em relação a si mesma com que prefere não lidar. Ela abriga as partes do seu ser que você gostaria de fingir que não são verdadeiras ou sobre as quais não quer pensar. A Sombra é onde você coloca o instinto e o impulso reprimidos. É onde vai parar tudo aquilo que sua mãe ou a pessoa que cuidava de você lhe disse que você não podia fazer. É onde você coloca todas as coisas que "pessoas boas" não fazem. A Sombra guarda inclinações assassinas, violentas, comportamentos egoístas, desvios e tudo o que a sociedade considera inaceitável. Ela fala sobre o que é assustador!

Talentos, amor e qualidades mágicas também compõem a Sombra. Lembra quando adorava cantar e aquele professor de teatro disse que você não era boa nisso, então você parou? Você relegou aquela linda voz à sua Sombra. Talentos e curiosidades que você tem medo de mostrar ou explorar estão guardados ali. Já se apaixonou perdidamente por alguém que você não tinha permissão para amar ou que achava que não merecia? O rosto lindo e o coração quente e pulsante dessa pessoa estão escondidos na sua Sombra, esperando mais um beijo. Qualidades, atributos pessoais, esquisitices e qualquer coisa que você teme não ser boa o suficiente em comparação com os outros e quer silenciar ficam amontoados na Sombra. Pensamentos originais, criatividade, modos de ser que são verdadeiros para você podem estar profundamente enterrados na sua Sombra. Olha só que riqueza!

Você já está lançando luz na Sombra ao ler isto. Estas palavras estão invocando uma parte maior da sua imaginação. Nós justificamos nosso comportamento e nossas ações o tempo todo. É por isso que o caminho para o inferno está cheio de pessoas com boas intenções. *Eu não queria ser cruel com minha melhor amiga quando a deixei no* shopping *sem carona, mas eu realmente queria ir para casa. Eu não queria ser rude com meu marido, mas ele não entendia como eu me sentia. Eu não queria gritar com minha filha, mas ela me interrompeu pela décima quarta vez, enquanto eu tentava pagar as contas.* Você não vai ver essas coisas enquanto não estiver disposta a sair da sua zona de conforto, mas, depois que fizer isso, pode assumir a responsabilidade por suas atitudes. Você reconhece seu comportamento ou desejo. Depois disso, você está livre para fazer as pazes consigo mesma. Essa atitude cura relacionamentos, abre caminho para o seu crescimento e, mais do que tudo, isso a liberta.

Exercício das Cinco Coisas

Este exercício leva apenas alguns instantes. Escreva cinco coisas que você não suporta nas outras pessoas. Cinco características que tiram você do sério. Cinco coisas que as pessoas fazem que a enchem de raiva. Pode ser cinco deficiências de uma única pessoa ou de várias. Pode ser algo que você observe em amigos e familiares ou algo que veja em celebridades ou figuras da mídia. Anote por escrito essas cinco qualidades que fazem você se irritar.

1.
2.
3.
4.
5.

Agora que você selecionou cinco coisas (e não se preocupe se conseguiu pensar apenas em três ou quatro, está tudo bem também), circule o atributo da lista que mais a incomoda antes de continuar a leitura.

Depois de ter circulado essa característica, olhe bem para ela. **ESSA** é a característica de Sombra que predomina no seu eu sombrio. O atributo com o qual você precisa se reconciliar.

A característica que circulei é...

Nossa experiência de vida é uma projeção. Lembre-se, o universo está dentro de nós. Aquilo em que focamos é o que precisamos trabalhar. Por exemplo, você circulou a "falta de autenticidade" porque sua amiga falsa exibe um comportamento fingido que a deixa irritada. Se a falta de autenticidade está na sua Sombra, reflita sobre de que maneiras você está sendo falsa na sua própria vida.

Você vai ver neste segundo exemplo que as pessoas seguem na direção oposta à sua questão sombria. Vamos supor que Susie tenha circulado o comportamento "rude". Primeiro, ela pensa em como ela mesma é rude com os outros. Ela nunca teria esse comportamento conscientemente. Em vez disso, ela segue na direção oposta. Coloca as necessidades dos outros na frente das suas próprias, porque tem medo de ser rude. Ela coloca os outros em primeiro lugar com tanta frequência que mal consegue falar por si mesma. Ela perdeu sua verdadeira voz e não vai conseguir ser autêntica enquanto não integrar esse aspecto da sua Sombra.

Leitura da Integração da Sombra

Observe a característica que você circulou no exercício das cinco coisas.

Carta 1: Como você reprime essa característica.
Carta 2: Como você expressa essa característica.
Carta 3: Como você pode integrar essa característica e superar essa irritação?

Romancear a Sombra é uma maneira de explorar sua Sombra através de experiências românticas. Nós nos envolvemos com alguém ou algo e nossa imaginação cria asas. Essa pessoa mágica parece ter a chave para tudo em nossa vida. O exercício das cinco coisas mostrou como aquilo que achamos irritante nos outros é o que existe dentro de nós. Quando romanceamos nossa Sombra, descobrimos que todas as coisas que sentimos pela pessoa por quem nos apaixonamos também são qualidades que existem dentro de nós.

O grande amor da minha vida é...

Infância/adolescência: Escreva o nome da pessoa, do lugar ou da coisa pela qual você se apaixonou ou sentia grande interesse quando era uma pré-adolescente. Pode ser um astro de cinema, um cantor ou colega de classe. Escreva o nome e três das qualidades que você mais adorava neles. Como eles faziam você se sentir?

Nome deles:

1.

2.

3.

Adolescência/casa dos vinte anos: Escreva o nome da pessoa, do lugar ou da coisa pela qual você se apaixonou ou tinha grande interesse quando era adolescente ou tinha vinte e poucos anos. Escreva o nome e três das qualidades que você mais adorava neles. Como eles faziam você se sentir?

Nome deles:

1.

2.

3.

Presente: Escreva o nome da pessoa, do lugar ou da coisa pela qual você está apaixonada ou tem grande interesse agora. Escreva o nome e três das qualidades que você adora neles. Como eles fazem você se sentir?

Nome deles:

1.

2.

3.

Circule uma das qualidades mais maravilhosas e empolgantes de cada uma dessas épocas da sua vida. **ESSAS** são todas qualidades que existem dentro de você. Realize a seguinte tiragem para descobrir como extrair essas qualidades de você.

Tiragem para Invocar as Qualidades da Sombra

Escreva cada uma das três qualidades numa folha de papel e tire uma única carta para cada qualidade. A carta dirá como invocar essa qualidade em sua vida agora.

Carta 1: Como invocar essa qualidade em sua vida presente.
Carta 2: Como invocar essa qualidade em sua vida presente.
Carta 3: Como invocar essa qualidade em sua vida presente.

Diário dos Pensamentos Sombrios

Você sabe que é melhor conversar com seus melhores amigos em vez de manter tudo reprimido dentro de você? Nada é melhor para exorcizar nossos demônios interiores do que expressá-los. O diário dos pensamentos sombrios é um caderno dedicado exclusivamente aos seus pensamentos e sentimentos mais negativos, mesquinhos e cruéis. Ele é exatamente o que parece: um repositório em que você é livre para expressar qualquer coisa que não seja considerada "aceitável". Depois que você reconhece seus sentimentos, há grandes chances de que eles se dissipem. Se isso não acontecer, pode ser hora de procurar ajuda profissional.

Se você quer começar um diário dos pensamentos sombrios, mas não sabe como fazer isso, siga as sugestões a seguir:

A coisa mais sombria que penso sobre outras pessoas é...
A coisa mais sombria que penso sobre mim mesma é...
Algo que eu faria se soubesse que não seria pega é...

Depois de completar uma das frases acima, tire uma carta para descobrir que espaço se abrirá dentro de você quando permitir que essa escuridão atravesse o seu ser e se dissipe. Por outro lado, se você ainda estiver se sentindo irritada, tire uma carta perguntando como pode exorcizar esses pensamentos da sua mente.

O diário dos pensamentos sombrios é especialmente útil quando você está presa num ciclo de pensamentos obsessivos ou num *looping* mental, tem a sensação de que a cabeça está girando ou se encontra numa teia de comportamentos passivo-agressivos. O truque é continuar escrevendo num formato de fluxo de consciência (sem se preocupar com pontuação ou ortografia) até que os pensamentos percam a força e deixem de ter tanta influência sobre você.

As inversões da Sombra no Tarô geralmente não são confortáveis de se trabalhar, mas são essenciais se você de fato quiser explorar sua Sombra. O trabalho da Sombra inclui trazer a luz da consciência para as áreas não reconhecidas da sua vida. Significa assumir a responsabilidade pessoal por ações e comportamentos que você preferiria deixar de lado e ignorar. Esses são momentos em que você é egoísta, cruel ou horrível com outra pessoa, lugar ou coisa. Nenhum de nós quer admitir que podemos ser horríveis com os outros, mas todos nós fazemos coisas desagradáveis e agimos de maneiras terríveis, mesmo que não seja intencional. Às vezes, nos tornamos exatamente aquilo que abominamos e, em seguida, inventamos desculpas ou ignoramos nosso comportamento em vez de enfrentar o que fizemos. Uma inversão da Sombra é uma oportunidade para explorar como você manifesta as qualidades mais sombrias do Tarô em sua vida.

Lembre-se, as cartas do Tarô são mais do que imagens impressas no papel. Elas são mundos completos e ricos de experiências, mesmo que pareçam imagens planas numa carta. A experiência arquetípica do Tarô é como um calendário de parede. Imagine que você está olhando para o quadrado da segunda-feira, 22 de junho, dentro da grade de um calendário mensal. É uma caixinha branca, talvez você tenha feito algumas anotações ou escrito lembretes nela. Agora considere sua experiência daquele dia depois que ele tiver terminado. Seu dia foi tudo menos previsível! Foi colorido, intenso e cheio de nuances. Foi cheio de experiências, pessoas, cores, sabores, sons e todas as qualidades empíricas da vida. O mesmo acontece com a carta do Tarô.

Mantenha essa qualidade em mente ao fazer uma inversão da Sombra numa carta. Contemple a carta. Observe sua paisagem e figuras, bem como o que está acontecendo. Entre na carta com o olho da mente e abrace completamente as qualidades que você descobrir. Uma vez dentro da carta, torne-se uma figura da carta. Olhe pelos olhos da carta. Sinta a essência do arquétipo enquanto você o incorpora. Olhe ao redor do cômodo em que está pelos olhos da carta. Como as coisas parecem diferentes? Como você se sente? O que você quer fazer?

Para encontrar a inversão da Sombra da carta, transforme-a em sua qualidade mais sombria. Se o cenário da carta for noturno, transforme-o num cenário diurno. Se a figura da carta estiver numa montanha, leve-a para um vale. Se o dia estiver ensolarado, observe a carta se tornar tempestuosa. Como o personagem que você está incorporando se torna o oposto do que era? Como isso muda a maneira como você se sente? Agora, o que você quer fazer? Observe essas qualidades e considere que já fez exatamente isso em sua própria vida.

Vamos fazer a inversão da Sombra da carta da Imperatriz. Pegue a carta da Imperatriz. Entre na carta com o olho da mente. Você descobre que ela irradia energia criativa e uma abundância de vida. O sol amarelo brilhante ilumina os campos dourados de trigo. A carta é quente e convidativa – um paraíso de delícias sensuais e exuberantes. Você se aproxima do seu trono para contemplar sua pele luminosa, sua coroa deslumbrante, suas almofadas de veludo e seus olhos gentis. Ela lhe dá permissão para incorporá-la e se tornar quem ela é.

Você olha através dos olhos da Imperatriz enquanto observa a paisagem e encontra campos intermináveis de oportunidades. A cachoeira atrás de você flui livremente com inspiração e ideias. Você sente abundância, prazer e amor vivificante. Você olha ao redor do cômodo em que está sentada através dos olhos da Imperatriz. Você vê oportunidade em todos os cantos. A gratidão flui pelos seus poros, e você sente um profundo desejo de nutrir a si mesma e aos outros ao seu redor.

Agora que você abraçou completamente a essência do arquétipo da Imperatriz, é hora de explorar sua Sombra. Nuvens surgem e encobrem o Sol. Ventos frios sopram pelos campos, e uma geada faz o trigo murchar. A cachoeira seca. As vestes de seda da Imperatriz tornam-se ásperas e desconfortáveis. O desejo de nutrir e amar se transforma numa necessidade de odiar e destruir. Olhe ao redor do cômodo em que está com esses olhos sombrios e note o que parece diferente. Quando foi a última vez que você sentiu esse impulso? Quando foi a última vez que tentou destruir algo? Quando feriu em vez de nutrir? Quando foi cruel e egoísta? Quando feriu outra pessoa ou a si mesma?

Depois de identificar a Sombra de uma carta e o modo como você a incorporou em outra pessoa, lugar, coisa ou em si mesma, você pode assumir a responsabilidade por isso. O poder de assumir seu comportamento significa que ficará menos propensa a repeti-lo no futuro, agora que trouxe a luz da sua consciência para isso. Digamos que a Imperatriz invertida a tenha lembrado de quando você reprimiu o impulso criativo de uma criança quando ela estava empolgada para lhe mostrar algo. Agora você pode ter uma conversa sobre aquele momento. Digamos que seu parceiro estivesse se sentindo emocionalmente vulnerável, mas você estava tão magoada pelo que ele estava dizendo sobre você que reagiu, dizendo a pior coisa sobre ele que lhe veio à cabeça. Agora você tem a oportunidade de revisitar aquele momento e esclarecê-lo com seu parceiro. É menos provável que aconteça novamente com a mesma intensidade.

Embaralhe as cartas e tire uma.

Entre na carta com o olho da mente e explore-a. Olhe pelos olhos de um personagem da carta.

Inverta a Sombra da carta.

Olhe pelos olhos do personagem e sinta o lado sombrio da carta. Quando você incorporou essa característica?

Eu incorporei essa inversão da Sombra quando eu...
A atitude que posso tomar para corrigir isso é...

Inversões da Sombra são divertidas quando você mergulha em cartas sombrias e as inverte. Digamos que você entre na carta do Nove de Espadas. Você observa a carta com o olho da mente e atravessa as bordas para incorporar o personagem dentro dela. Você sente suas pernas debaixo dos lençóis, sente a ansiedade nas têmporas, percebe a escuridão no cômodo. Paranoia e conflito percorrem seu corpo. Você rapidamente inverte a Sombra da carta e se vê numa cama luxuosa. A parede escura de espadas agora é uma arte gótica inestimável. Você agora está vestindo a mais suave camisola de seda; sua cabeça está leve com as risadas no ar; seus olhos dançam com prazer. O quarto está repleto de velas brilhantes e almofadas de penas que a embalam num sono cheio de belos sonhos. Você se sente energizada depois de uma boa noite de sono, cheia de sonhos prazerosos. O ato de imaginar isso coloca você num estado emocional que incentiva uma bela noite de sono hoje. Você acorda amanhã apenas para descobrir que incorporou a sombra do Nove de Espadas em seu contexto mais elevado e brilhante possível.

Exercício "Adore e Despreze" com Inversão da Sombra

Selecione uma carta que você adora e uma que despreza.

A carta que eu adoro é...
Eu incorporo esta carta quando eu...
Eu reflito a natureza destrutiva desta carta quando eu...

A carta que eu desprezo é...
Eu incorporo esta carta quando eu...
Eu reflito a natureza expansiva desta carta quando eu...

O cerne do trabalho da Sombra está na carta do Diabo. O Diabo é a força de repressão criada pelo ego. O ego é uma parte saudável e natural da psique humana. Os bebês não nascem sabendo que são separados das pessoas e das coisas. O ego floresce com a maturidade e o entendimento de que você está separada das outras coisas, como evidenciado quando uma criança pequena vai de encontro a uma mesa ou quando uma criança cai da bicicleta ou quando a mãe sai da sala. O ego cria a noção do "eu".

Precisamos do ego para viver no mundo material. O ego nos mantém seguros assim como o medo saudável nos impede de cair de um penhasco. Não queremos destruir o ego ou o medo. Eles nos mantêm seguros. Mas não queremos que eles nos controlem. Os medos e o ego se tornam perigosos quando crescem demais e começamos a tomar decisões e a reagir com base neles. Se conseguirmos reconhecer o ego e o medo quando eles aparecerem, eles não nos farão de reféns.

Identifique o ego respondendo às seguintes sugestões:

Gosto de projetar que eu...
Quero que as pessoas pensem em mim como...
Eu me sinto mais poderosa que os outros quando eu...
Fico tensa com...
Fico zangada comigo mesma quando eu...
Eu odeio quando...
Fico com ciúmes quando vejo...
Fico apavorada quando começo a...

A melhor parte do trabalho com a Sombra é quando você percebe que:

1. O universo está dentro de você.
2. Tudo na vida é uma projeção.
3. Você tem o poder de responder a partir do seu eu autêntico.

O eu autêntico é tudo o que está dentro de você e que emana da Sacerdotisa. Ela é o seu plano, a sua essência e a sua verdade. Sem a repressão e a interferência do ego diabólico, o subconsciente pode responder diretamente com o Eu Superior. É nesse momento que a verdadeira magia acontece.

Se você quiser ter certeza de que está respondendo a partir do eu autêntico, verifique o seu corpo. Consulte a Leitura das Três Inteligências do Corpo e sinta-se respondendo a partir da cabeça, do coração e dos intestinos. Uma vez feito isso, você saberá que essa resposta está vindo do seu verdadeiro eu.

Luz e escuridão não são equivalentes. Tendemos a ver as polaridades da nossa vida como um equilíbrio entre superior e inferior ou bom e ruim. A vida, afinal, é um ato de equilíbrio. Não deixe que essa ideia engane você, fazendo-a pensar que a luz é boa e a escuridão é má. Elas não são. "Amor e luz" oferecem apenas uma parte de um quebra-cabeça complexo.

Segundo a NASA, 68% do universo é energia escura e 27% é matéria escura, restando apenas 5% para a matéria normal. Einstein nos diz que o "espaço vazio" possui sua própria energia. Sentamo-nos ao ar livre e achamos normal desfrutar da luz do Sol, mas a verdade do universo se revela quando nos sentamos em frente a um fogo crepitante, olhando para as estrelas. A escuridão é o estado natural do universo.

A Lua tem um lado claro e um lado escuro? Sim, porque ela está perto do Sol. A Terra tem um lado claro e um lado escuro? Sim, porque ela gira em torno do Sol. Não se deixe enganar pensando que a luz do dia é "normal". É simplesmente uma construção que nos parece familiar e segura.

Temos milhares de anos de biologia da sobrevivência gravados dentro de nós. A noite costumava ser perigosa, pois deixava os seres humanos vulneráveis a roubos e ataques. Não precisamos mais desses antigos medos. A maioria de nós hoje em dia tem a sorte de viver sob um teto com eletricidade. À meia-noite, as cidades modernas brilham tão intensamente quanto o dia.

Também tememos instintivamente o que não reconhecemos. Os medos nos mantêm seguros, mas também nos impedem de viver a experiência pura de algo, especialmente quando fazemos trabalhos xamânicos e caminhamos entre os mundos. Esbarrar num arquétipo em sua forma mais verdadeira pode ser aterrorizante, mas isso não significa que devemos nos afastar dele. Tudo o que é novo é assustador. Nossa própria evolução é assustadora. É por isso que podemos ser nossos piores inimigos e lutar justamente contra as coisas que desejamos.

O estado natural do universo é escuridão e silêncio. Toda possibilidade existe dentro desse desconhecido nebuloso. Em vez de temer as partes desconhecidas de si mesma e dos outros, derrame a luz da sua consciência sobre elas. Abrace-as pela possibilidade que representam. Observe a magia se revelar de maneiras que você nunca poderia ter imaginado.

Os Contos de Fadas e o Tarô

Você provavelmente cresceu ouvindo uma série de contos de fadas que davam asas à sua imaginação. Os contos de Grimm e o Tarô compartilham um número surpreendente de semelhanças. Compreender a associação entre os contos de fadas e o Tarô a ajudará a intuir como ambas as formas de narrativa desempenham um papel importante em como vemos o mundo e a nós mesmas.

A fórmula de ambos é a mesma: um conto de fadas sempre começa com extrema escuridão e ansiedade. Cinderela é maltratada pela madrasta malvada. João e Maria estão famintos na floresta. Essas pobres criaturas infelizes encontram uma forma de encantamento: Cinderela encontra sua fada madrinha. João e Maria encontram uma bruxa malvada. Esse encantamento e essa magia levam os personagens a uma transformação: Cinderela encontra seu príncipe. João e Maria enganam a bruxa e se tornam ricos, além dos seus maiores sonhos.

As pessoas geralmente procuram o Tarô por causa de um sentimento de medo ou confusão. “Meu namorado vai voltar para mim?” “O juiz vai decidir a meu favor?” “Se eu deixar meu emprego, vou encontrar um melhor?” Os tarólogos raramente são procurados por clientes cuja vida está indo maravilhosamente bem. Em geral, há uma fonte de dor, confusão ou opressão que os leva ao tarólogo — assim como os personagens no início de um conto de fadas.

O Tarô e/ou o tarólogo é a fonte de magia e/ou encantamento. O Tarô é um dispositivo mágico e um símbolo em si mesmo. A energia e a magia vêm do tarólogo, mas as cartas em si são símbolos intensamente mágicos. Você faz a leitura e descobre a chave para a transformação.

Meu conto de fadas favorito é...

Equação do Conto de Fadas e do Tarô

Escuridão/ansiedade

+

Encantamento

=

Transformação

Os contos de fadas e o Tarô têm começos e finais únicos. Ao ouvir "Era uma vez...", cada célula do seu corpo sabe que você entrou num tipo específico de história. Você se abre, relaxa e cai no embalo que só os contos de fadas oferecem. Você sempre pode contar com um final familiar num conto de fadas, em que os personagens vivem "felizes para sempre" ou com alguma variação desse tema.

As leituras de Tarô têm seus próprios começos e finais únicos. Elas com frequência começam com o acender de velas e a criação de uma atmosfera aconchegante; preces e mantras são sussurrados, perguntas são feitas, as cartas são embaralhadas. A leitura se torna um espaço sagrado. As leituras terminam com a pergunta final, uma última carta, e ninguém sai dela sem algum tipo de esclarecimento. Você deixa as cartas com uma direção específica a seguir e um sentimento de esperança.

Eu gosto de começar uma leitura de Tarô com...

Os contos de fadas e o Tarô existem em paisagens distantes. Os contos de fadas e o Tarô habitam paisagens que são familiares para nós, mas ao mesmo tempo são fantásticas. A saga *Guerra nas Estrelas* se passa há muito tempo, numa galáxia muito, muito distante. Alice entra no País das Maravilhas, enquanto Dorothy visita Oz. As paisagens do Tarô foram criadas com base no gênero, no estilo de arte e na imaginação dos criadores do baralho. Paisagens fantásticas nos ajudam porque se tornam o lugar onde as possibilidades são experimentadas antes de realizarmos esses feitos no mundo real.

Minha paisagem imaginária favorita é...

A magia e o encantamento permeiam os contos de fadas e o Tarô. Contos de fadas nos oferecem maçãs envenenadas, carruagens feitas de abóboras e beijos que despertam princesas de um feitiço. Encontramos ajudantes encantados, animais que falam e cuidam dos seres humanos, e fadas madrinhas que aparecem justo quando precisamos delas. Um sentimento de estranheza permeia esses contos.

O Tarô está repleto de varinhas mágicas, espadas poderosas, até mesmo de mortos voltando ao mundo dos vivos. Deuses e deusas presidem a energia arquetípica, criaturas celestiais decoram as cartas, e animais como pássaros, borboletas e lagartos povoam as paisagens do Tarô. A energia é trocada à medida que as cartas são tiradas, e um forte senso de estranheza paira no ar. A sincronicidade assume o centro do palco numa leitura de Tarô.

Se eu pudesse ter um objeto mágico, seria...

Padrões recorrentes nos dão informações extras. Os contos de fadas revelam padrões por meio de números e rimas. Conhecemos a história das três cabras valentes, dos três ursos e dos famosos sete anões. Encantamentos mágicos são repetidos três vezes e sempre envolvem versos engenhosos e cheios de ritmo.

Os mesmos números recorrentes aparecerão numa leitura de Tarô e darão ao leitor dicas sobre a energia subjacente ao problema em questão. Uma série de Ases revela um começo, vários cincos revelam desafios, e dezenas indicam finais. Os tarólogos podem ser praticantes de magia que usam as cartas para lançar feitiços e entoam encantamentos compostos de versos triplos com rimas.

Meu número favorito é...

Personagens bons e malvados povoam ambos os mundos. Os contos de fadas deixam claro, desde o início, quem são os personagens "bons" e quem são os "malvados". Vemos um lobo, uma bruxa, um *troll* ou um monstro e sabemos que precisamos ficar atentos. O Tarô contém suas próprias "cartas sombrias", que são aquelas que as pessoas tendem a temer ou se sentem desconfortáveis quando aparecem. Isso inclui, mas não se limita ao Três de Espadas, ao Nove de Espadas ou ao Cinco de Copas. A vantagem dessa abordagem clara e direta é que sabemos imediatamente com o que estamos lidando. Vamos direto ao ponto e, portanto, começamos a formular um plano para amenizar o problema ou desafio.

Meu vilão de conto de fadas favorito é...

Verdades universais são encontradas em ambos os gêneros. Os contos de fadas geralmente terminam com uma verdade universal como "não há lugar melhor do que a nossa casa" ou "o amor e a bondade sempre vencem". A verdade universal do Tarô reside em seus arquétipos. Um arquétipo é um símbolo ou motivo recorrente que surge do inconsciente coletivo. Os arquétipos nos ancoram em nossa humanidade. Eles nos dão algo a que aspirar, mesmo que nos faltem essas qualidades em nossa própria vida ou precisemos trazê-las à tona em nós mesmos.

A lição que aprendo repetidamente é...

A realeza desempenha um grande papel nos contos de fadas e no Tarô. Ambos contêm reis ríspidos, rainhas deslumbrantes, cavaleiros arrojados e princesas encantadoras. A realeza serve de inspiração e oferece a celebridade. Os reis e rainhas se parecem conosco, sentem como nós, mas não são como nós. A realeza existe num mundo paralelo que é como o nosso, mas diferente. Eles desfrutam de *glamour* e privilégios especiais, que dão a todos algo a aspirar e com o qual encenar as nossas fantasias.

Se eu pudesse ser rei ou rainha de qualquer coisa, seria...

Os problemas letais se fazem conhecer imediatamente. Os contos de fadas revelam, já nas primeiras páginas, o que o protagonista está enfrentando. A Pequena Vendedora de Fósforos luta contra a pobreza, Chapeuzinho Vermelho precisa de uma passagem segura pela floresta, a Bela Adormecida enfrenta sua sexualidade. As leituras de Tarô quase sempre envolvem o maior problema que uma pessoa está enfrentando, seja amor, dinheiro, estabilidade ou caminho de vida. As pessoas não visitam tarólogos quando a vida está indo bem.

Tiragem do Problema Letal

Esta tiragem pede que você desconstrua seu conto de fadas ou história infantil favorita, desconstrua os símbolos dentro da história e, em seguida, realize uma leitura de tarô.

Seu conto de fadas/história favorita da infância:

	Três símbolos da história:		Significado dos símbolos:
1.		=	
2.		=	
3.		=	

Circule o símbolo mais poderoso que realmente existiu em sua vida durante a infância.

O que esse símbolo representava na infância:

Como esse símbolo se aplica à minha vida atual:

EXEMPLO

Seu conto de fadas/história favorita da infância: *O Mágico de Oz*

Três símbolos da história:		Significado do símbolo
Totó	=	Companheirismo/segurança
Tornado	=	Destruição inesperada
Sapatinhos vermelhos	=	Poder pessoal

Circule o símbolo mais poderoso que de fato existiu em sua vida durante a infância.

— *Tornado* circulado = *destruição inesperada*

O que esse símbolo representava na minha infância:

— *A destruição inesperada vinha do fato de nos mudarmos constantemente e eu nunca me sentir segura e protegida.*

Como esse símbolo se aplica à minha vida atual:

— *Perder a segurança e a estabilidade são meus maiores medos, e eu resisto a mudanças de todas as maneiras, mesmo quando são mudanças positivas.*

Faça uma tiragem de três cartas que representem passado/presente/futuro para entender como essa questão se manifesta e o que você pode fazer para integrá-la, de modo que não afete você de maneira letal e adversa.

CAPÍTULO 7

Os Sete Pilares Sagrados da Magia Constante do Tarô

Há alguns anos, eu estava numa viagem de ônibus, em alta velocidade indo das Montanhas Catskills para a cidade de Nova York, quando meu celular tocou. Era um velho amigo. Ele estava entrando em contato porque tinha notado algo diferente na minha vida.

"Qual é o seu segredo?", ele escreveu. "Algo está acontecendo com você."

Fiquei particularmente feliz que ele tivesse entrado em contato. Eu estava num momento de transição, mas não havia contado isso para ninguém até aquele momento, enquanto o ônibus virava à esquerda em direção à interestadual. Nossa troca de mensagens se tornaria a base dos Sete Pilares Sagrados da Magia Constante. Isso evoluiu para um curso que eu viria a ministrar no mundo todo.

Expliquei uma descoberta empolgante. Embora eu amasse a sensualidade e o ritual de lançar feitiços, também percebia a futilidade disso. Meus feitiços são ornamentados e detalhados. A verdade é que havia muitas coisas que eu estava interessada em fazer e alcançar. Eu não tinha tempo ou energia para lançar feitiços o tempo todo. Eu havia descoberto uma maneira de simplificar o processo. Por que não transformar a minha vida inteira num feitiço?

Eu já utilizava metáforas mágicas diariamente. Decidi que tudo o que eu fizesse — cada atitude que eu tomasse, cada intenção que eu estabelecesse — se tornaria um ato de magia. Eu sabia como estava fazendo isso, mas precisava descobrir se poderia ser aplicado à estrutura do Tarô. Por que nossa vida inteira não pode ser o feitiço? Como seria se ela fosse assim e como eu me sentiria? Daria certo?

Sete Estados de Magia Constante

A Imperatriz = Trabalho Correto
A Sacerdotisa = Presença
Os Enamorados = Gratidão
A Torre = Rendição
A Roda da Fortuna = Intenção
O Mundo = Integração
O Diabo = Ego

A resposta é sim! Os Sete Pilares Sagrados é uma fórmula baseada na carta do Sete de Copas, desenhada por Pamela Colman Smith para o *Tarô Waite--Smith*. A carta do Sete de Copas é como um raro talismã que contém a chave simbólica da magia. Cada cálice se relaciona a uma carta dos Arcanos Maiores. Cada Arcano Maior se sintoniza com um estado de magia. Cultive um desses espaços e você viverá num estado de magia constante.

Cálice Um

Estátua = A Imperatriz = Trabalho Correto

O primeiro cálice está no canto superior esquerdo da carta do Sete de Copas. O busto dentro do cálice é esculpido na forma clássica de beleza grega. Ele está em sintonia com a carta da Imperatriz, que é associada a Vênus e às qualidades da beleza e do amor. A Imperatriz é o arquétipo da mãe e a personificação da criatividade pura. Criatividade implica trabalho, porque é preciso estar ativo para ser criativo. A criatividade é definida como "o uso da imaginação ou de ideias originais, especialmente no que se refere ao trabalho artístico".

A primeira pedra fundamental da magia constante é o trabalho correto. Trabalho correto é o trabalho para o qual você nasceu. É a utilização dos seus talentos, instintos e paixões inatas. O dom do trabalho correto é que ele é prazeroso. Com frequência, exige total concentração, o que permite que a consciência pura flua através de você enquanto o realiza.

Não se engane pensando que fazer o trabalho para o qual você foi destinada sempre a deixa imersa num eterno fluxo criativo. Todo trabalho tem seus altos e baixos, momentos entediantes e emocionantes. A chave para o trabalho correto é ter comprometimento e fazê-lo.

O trabalho correto não é definido pela quantidade de dinheiro ou de reconhecimento que você recebe. Não tem nada a ver com o ego. Tem tudo a ver com permanecer num estado de presença e consciência. O trabalho correto não é necessariamente aquele que rende um salário. Pode ser um *hobby* ou uma paixão. Você tem sorte se esse for também o trabalho da sua vida.

Para aprofundar a definição de trabalho correto, pegue sua carta da Imperatriz. Observe a carta enquanto responde às seguintes perguntas:

Você está a serviço dos outros? A Imperatriz é com frequência retratada gestante. A gravidez é um símbolo de qualquer ato criativo, seja o nascimento literal de um filho, uma nova ideia ou um novo projeto. A Imperatriz é o arquétipo da mãe. As mães, em sua forma mais elevada, estão a serviço das crianças sob seus cuidados. Elas as ajudam a crescer com incentivo, ensinamento e nutrição. Quando você usa seus talentos inatos em benefício dos outros através do trabalho que faz, a magia acontece.

Eu estou a serviço dos outros quando eu...

Você expressa o que está no seu coração? As cartas da Imperatriz geralmente incluem um símbolo do coração porque a Imperatriz simboliza o amor puro. O amor é a fonte de poder de tudo no universo. As pessoas geralmente agem a partir de duas coisas, ou do medo ou do amor. Reflita se você está agindo por medo ou por amor ao tomar uma decisão ou ao responder a algo. Qual lado do espectro é preferível? Como agir com medo se compara a agir com amor? Qual é a energia expansiva e qual é a energia contrativa?

A energia do amor é...
A energia do medo é...

O coração tem razões que a própria razão desconhece; não há como negar seu canto de sereia. Para viver uma vida com o coração, você precisa estar disposta a ser vulnerável e se abrir por completo. Nem sempre é fácil e raramente é confortável, mas quando você é corajosa em seu amor, a verdadeira magia acontece.

O trabalho que amo e sonho em fazer é...

Seu trabalho é uma prática espiritual? O trabalho se torna uma prática espiritual quando é feito com consciência e intenção. Não importa como o trabalho pareça na superfície. Você pode ser coveiro ou delegado das Nações Unidas. São as metas espirituais que você define no contexto do seu trabalho que fazem toda a diferença. O jardineiro cultiva uma conexão espiritual com a natureza. O *chef* de cozinha transforma seu espaço de trabalho para que a comida se torne uma prática sensual, tântrica. O estudante busca conhecimento e excelência em seus trabalhos.

Meu trabalho se torna uma prática espiritual quando eu...

Você está marcando presença? O trabalho da Imperatriz (como todos os arquétipos do Tarô) nunca cessa. Todo ato criativo no mundo carrega sua impressão digital e brilha com seu toque. A chave para a sua magia é que, no final do dia, através de altos e baixos, não importa o que aconteça, ela marca presença. Ela segue em frente. Ela investe tempo e esforço.

Eu estou marcando presença porque, se eu não marcar presença, então...

Cálice Dois

Véu = A Sacerdotisa = Presença

A figura velada e radiante corresponde à carta da Sacerdotisa. Presença é a capacidade de existir no momento, sem apego a pensamentos e emoções. É a habilidade de permanecer alerta e responsiva, sem agir com base no passado ou no futuro. É ter uma mente clara. É perceber pensamentos e distrações, mas não reagir a eles nem a partir deles. A segunda pedra fundamental da magia constante é a presença.

Depois que você estiver enraizada num estado de presença sem distração, você se torna uma observadora ativa. Você fala, age e se locomove a partir da verdade pessoal e da autenticidade. O ego se dissipa. A habilidade de manter a presença pode ser a mais poderosa de todas as magias.

Onde está o seu foco? O estado de presença significa observar a si mesma e a vida enquanto ela acontece ao seu redor. Em que você pensa a maior parte do tempo? Seus pensamentos se voltam para o futuro, pensando sobre o que deve ser feito e o que deve ser alcançado? Você costuma revisitar conversas passadas, acontecimentos e resultados na sua cabeça? Depois que você toma consciência da direção para a qual seus pensamentos se voltam, pode observá-los e trazer sua consciência de volta ao momento presente, expandindo assim o tempo.

Meus pensamentos geralmente se voltam para...

Que dádivas cercam você? Uma das coisas mais belas de viver num estado de presença constante é que isso é como tirar uma venda dos olhos. Podemos focar em uma coisa de cada vez. Se vivemos pensando num relacionamento passado ou fantasiando sobre o futuro, podemos estar ignorando um presente que está bem diante dos nossos olhos.

Estou desviando os olhos deste livro, olhando o cômodo ao meu redor e algo que eu nunca havia notado antes é...

Você já fez um voto de silêncio? Um exercício simples para ajudar a cultivar uma sensação duradoura de presença é fazer um voto de silêncio. Quando paramos de dar opiniões, de nos expressar e de nos fazer ouvir, observamos coisas que normalmente teríamos deixado passar despercebidas. Faça um voto de silêncio de seis a doze horas. Escolha um momento conveniente. Informe seus amigos e familiares sobre seu plano. Um voto de silêncio requer que você se abstenha também de *e-mails* e mensagens de texto.

Eu me sinto alerta e presente quando...

Cálice Três

Cobra = Os Enamorados = Gratidão

A cobra que se ergue conecta-se à carta dos Enamorados. Apaixonar-se é como um narcótico. Traz um intenso prazer à vida. O novo amor torna as cores mais vibrantes, aguça os sentidos e infunde energia em tudo. Nunca estamos tão felizes e animados por estarmos vivos como quando acabamos de nos apaixonar. A carta dos Enamorados se conecta à terceira pedra fundamental da magia constante, que é a gratidão.

A gratidão é um portal porque ela gera espaço. Ficamos vulneráveis quando nos apaixonamos. Nós nos abrimos. O espaço da gratidão é como um livro aberto repleto de páginas em branco, nas quais você pode escrever qualquer coisa. É uma plataforma de lançamento. O espaço permite a manifestação.

O que você ama? O amor é a natureza da expansão. O que a fascina? O que você considera mais? O que a deixa feliz por existir?

Se eu pudesse levar duas pessoas para uma ilha deserta, seriam...
Se eu pudesse levar duas coisas para uma ilha deserta, seriam...
Se eu pudesse levar dois animais para uma ilha deserta, seriam...

Você consegue ser grata pelas coisas difíceis? O truque da gratidão é a capacidade de mantê-la mesmo nos tempos difíceis. É aí que ela realmente compensa. Em momentos desafiadores, de estresse e de dificuldade, o cultivo da gratidão mudará a maneira como você reage a eles. Você é capaz de ser grata pelas coisas decepcionantes e angustiantes que aconteceram na sua vida?

O momento mais difícil da minha vida foi...
Sou grata por esse tempo porque ele me ensinou...

Você tem uma prática de gratidão? Comece uma prática de gratidão escolhendo alguém para ser seu parceiro. Todas as manhãs (ou no horário da sua preferência), envie a essa pessoa um *e-mail* rápido, relacionando tudo pelo que você é grata. Sua gratidão pode ser por coisas grandes ou pequenas; não importa pelo que você é grata, desde que seja uma gratidão verdadeira. Você pode ser grata pela saúde do seu corpo, pela maciez do seu pijama ou pela luz do sol na sua pele.

A importância e o desafio da prática da gratidão estão em mantê-la durante os tempos difíceis ou quando você está sob pressão. É fácil ser grata quando as coisas estão indo bem. É bem diferente ser grata quando passa por tempos de dificuldade ou quando está sofrendo. No entanto, se tem gratidão, é nos momentos de desafio que seu mundo muda e você dá a volta por cima muito mais rápido.

Sou grata por...

Cálice Quatro

Torreta = A Torre = Rendição

A carta da Torre assusta as pessoas. É a reviravolta na trama, o susto repentino. É um estado desafiador, mas essencial, de magia intensa. A Torre, na verdade, oferece liberdade completa e total. Ela é um divisor de águas, um momento de "eureca", o momento singular em que tudo se desfaz. Desfazer não é necessariamente algo ruim. Abrir mão de resultados predeterminados, controle e apegos equivale a se render. A rendição do controle é a quarta pedra fundamental da magia constante.

Você consegue abrir mão das expectativas? Não é tarefa fácil, principalmente quando há tantas coisas a almejar, querer, desejar e amar na vida. A única coisa que podemos controlar é nossa reação pessoal aos acontecimentos à nossa volta. Não podemos decidir com antecedência como as coisas vão ser. Não temos escolha a não ser aceitar como são. Se não fizermos isso, sofremos. Só temos controle sobre nós mesmas. Não podemos controlar outras pessoas, o que elas fazem ou como se sentem. Certamente não podemos controlar os eventos que acontecem ao nosso redor. Quando tentamos controlar outras pessoas ou coisas e não conseguimos, ficamos com raiva. Sofremos.

Preciso abandonar o desejo de controlar...

Quais são seus apegos? Apegos são as coisas que acreditamos que precisamos ter ou manter para sermos felizes. Achamos que precisamos que certas pessoas, amigos e entes queridos nos tratem da maneira específica que queremos. Acreditamos que precisamos ter um estilo de vida específico e alcançar uma lista de conquistas. Olhamos para tudo que está fora de nós mesmas e determinamos como isso deve ser.

Desapegar não significa *não* buscar a excelência ou o amor. Na verdade, é o oposto disso. Ele permite que você ame mais, que conquiste mais, porque quando não está apegada a nada, você percebe que não tem nada a perder.

Estou muito apegada a...

Você consegue se render? Nós nos rendemos permitindo que antigos estados de ser passem, sem nos apegarmos demais a eles. Todas as pessoas criam sistemas para se manter seguras, especialmente na infância. A ideia de rendição não significa deixar que os outros nos machuquem. Significa que deixamos de lado sistemas e estratégias quando eles já não são mais úteis. Por exemplo, uma jovem sofre abuso sexual constantemente de um parente. Ela se enrijece quando ele busca intimidade com ela e aprende a se afastar do próprio corpo para escapar da dor que aquelas ações lhe provocam. Esse sistema é muitas vezes descrito por pessoas que passaram por abusos. No entanto, à medida que a jovem chega à idade adulta, ela transfere essa resposta automática e mecanismo de defesa para os relacionamentos adultos e maduros. O que a salvou e preservou sua sanidade quando criança agora inviabiliza os relacionamentos românticos. Esse é um exemplo extremo de algo que precisa de rendição. Deixar de lado qualquer comportamento desnecessário libertará você.

Qual sistema, maneira de ser ou reação você aprendeu na infância ou adolescência e continua a usar ainda hoje? O que aconteceria se você deixasse de lado esse comportamento?

Eu me rendo quando deixo ir...

Cálice Cinco

Joias = A Roda da Fortuna = Intenção

O cálice cinco transborda de joias cintilantes e nos conecta ao fluxo de energia e movimento da Roda da Fortuna. Trata-se de fluxo e refluxo, altos e baixos. A única maneira de não se perder na fúria de atividades da roda é permanecer centrada. O que nos leva a atravessar o portal para um centro sereno é a intenção. A quinta pedra fundamental da magia constante é a intenção.

A intenção é como uma bússola. Estabelecer uma intenção é como selecionar um destino num mapa. Você aponta para Nova Orleans como seu objetivo. Existem muitas maneiras de chegar a essa cidade. Você poderia pegar uma carona; ir de ônibus, de trem, de avião; rastejar ou dançar até lá, mas no final do dia, você sabe que é para lá que está indo. A intenção não revela o caminho; revela o destino.

Como você torna suas intenções claras? As intenções, assim como as perguntas do Tarô, não precisam ser muito específicas. Elas descrevem uma maneira de ser. Você pode estabelecer uma intenção para que a sua magia, por exemplo, seja para o seu bem maior, para o bem de todos ou para algo tão simples quanto ter paz interior.

Minha intenção neste momento é...

Você pode tornar as ações simbólicas? Coloque uma intenção por trás de simples ações cotidianas para que a sua intenção e a sua ação estejam em sintonia. Essa é a essência de uma metáfora mágica. Elimine a negatividade pessoal enquanto lava a louça. Desabroche enquanto estiver sentada ao sol. Entre no seu carro e decida que a sua intenção será cumprida quando você chegar ao seu destino. As possibilidades são infinitas. Quanto mais você aplicar a riqueza das intenções por trás de ações simples, mais a vida se tornará mágica.

Posso criar uma ação mágica simbólica hoje ao...

O que você sonha? As intenções surgem da combinação da imaginação e do desejo. Tudo o que os seres humanos criaram existiu primeiro na mente de alguém. Descreva como seria a sua vida dos sonhos daqui a um ano. Como ela seria? Como se sentiria?

Eu me vejo, daqui a um ano...

Cálice Seis

Coroa de louros = O Mundo = Fluxo

O cálice seis revela uma coroa de louros e, portanto, associa-se à carta do Mundo. Esta carta incentiva a magia quando você está se integrando à natureza e acessando seus cinco sentidos: tato, paladar, olfato, audição e visão. A sexta pedra fundamental da magia constante é o fluxo.

O fluxo é o estado ideal de prazer no qual todos os seus sentidos estão envolvidos no que você está fazendo. O fluxo produz uma sensação de vitalidade e alerta no corpo físico. O estado de fluxo está sempre ao seu alcance quando você ativa seu corpo interior. Isso geralmente acontece automaticamente quando você está dançando, se movimentando, caminhando ou fazendo trilhas.

Como você se move? Onde e qual é a sua atividade ao ar livre favorita? Você gosta de andar de bicicleta ou caminhar em meio à natureza ou até mesmo pela cidade? Você é uma dançarina ou alguém que sente que caminhar na praia é a maneira de se conectar com o ambiente externo? Você nada, faz trilhas ou corre?

Minha atividade ao ar livre favorita é...

Você cultivaria um novo hábito? Selecione uma atividade física para realizar sozinha. Pode ser qualquer coisa, até mesmo uma simples caminhada, mas certifique-se de que possa focar nos cinco sentidos. Até onde você consegue ver?

Que cheiro você sente? O que você ouve? Que gosto sente na língua? O que você pode tocar?

Eu tentei uma atividade que engloba os cinco sentidos e foi...

Cálice Sete

Lagarto = O Diabo = Ego

A última essência da magia chega até nós através do lagarto, que se conecta à carta do Diabo. O Diabo é a repressão e o ego, que se consolida à medida que amadurecemos. Depois que nos tornamos conscientes do ego, não o destruímos. Aprendemos a reconhecê-lo. O desmantelamento do ego rouba seu poder e coloca seu eu autêntico no centro de todas as respostas e tomadas de decisões. A sétima pedra fundamental da magia constante é o ego.

Começamos a construir o ego na primeira infância. Bebês e crianças pequenas não percebem a diferença entre eles mesmos e o mundo exterior. Só quando aprendemos a andar, tocar, provar, ver e sentir cheiros, quando começamos a esbarrar nas coisas, é que descobrimos que estamos "separados" do mundo exterior. É assim que se inicia o "eu" e o ato de nos colocarmos no centro do nosso mundo. Junto com a construção do "eu", começamos a contar histórias sobre nós mesmas. Essas histórias são o que os outros dizem sobre nós e o que acreditamos a nosso respeito.

Quem é o seu "eu"? O ego sempre vem na forma de "eu" ou "meu". É a maneira como você se identifica, e são todas as histórias que você inventa sobre si mesma. Quem você é transcende os rótulos que coloca em si mesma. Somos muito mais do que estudantes, professores, cônjuges e amigos. Somos o infinito, mas o ego quer nos prender. Ele nos manterá presas na energia que se mostrar mais poderosa, mesmo que seja a negatividade e o medo.

Eu me considero como...

O que você teme? Escreva numa folha de papel cinco pensamentos sombrios ou temores recorrentes. Esses são pensamentos que a estressam, são prejudiciais, mantêm você acordada à noite, a fazem sentir raiva ou se vitimizar.

Eu simplesmente não sou boa o suficiente para...
Eu odeio quando...
Eu simplesmente não consigo...
A vida é injusta quando...
Por que eu não posso ter...

Agora, jogue essas coisas fora, queime-as e descarte-as, liberando esses pensamentos para sempre. Se algum deles reaparecer, perceba-o e continue seguindo em frente, rumo a uma vida feliz e cheia de magia.

A magia constante é um estado de ser inerentemente mágico. Transforme sua vida em encantamento, escape da armadilha do mundo material, integre-se com a natureza, pratique a intenção e incorpore a presença completa. Busque o trabalho certo para você, cultive o apreço e a gratidão. Liberte-se do controle e dos resultados predeterminados. Acima de tudo, sacrifique e destrua o ego para poder saborear as partes mais proveitosas de cada situação possível.

XIX
O SOL

CAPÍTULO 8

Os Significados das Cartas

As Chaves dos Arcanos Maiores

Chave 1: Compreensão do Arquétipo

Os arquétipos são a base que fundamenta os Arcanos. São as formas ou os conceitos originais que aparecem em diferentes culturas, de modo que todos compreendem. Eles ancoram você na origem e no significado básico das cartas.

Chave 2: Significado Oculto

O Tarô possui uma história espiritual e mágica intensa, e aqui você descobrirá os segredos das cartas, detalhados por ocultistas de séculos passados.

Chave 3: Significado Adivinhatório

Há muito tempo, o Tarô tem sido associado à adivinhação cigana, a tendas de feirinhas de artesanato e a mulheres misteriosas, cobertas de lantejoulas, que leem a sorte para ouvidos ansiosos, em salas iluminadas por velas. Aqui você encontrará os significados divinatórios tradicionais das cartas.

Chave 4: O Lado Sombrio (Inversão)

As inversões do Tarô (uma carta que aparece de cabeça para baixo) costumam significar o oposto do significado tradicional da carta. Os significados das inversões contêm o lado mais sombrio dos Arcanos. Isso significa que vemos como o arquétipo pode ser usado contra nós mesmas, a natureza ou outras pessoas. Leia mais sobre a Sombra na página 193.

Chave 5: Magia

O Tarô é, acima de tudo, o objeto ideal para as práticas mágicas. Descubra uma ação mágica que você pode realizar com a sua carta.

Chave 6: Influência Astrológica

Cada carta foi associada a um elemento do zodíaco. Utilizarei as associações astrológicas da Ordem Hermética da Aurora Dourada para ajudar aqueles que têm um olhar voltado para as estrelas e que gostam de Astrologia a descobrir como podem encontrar os arquétipos brilhando no Cosmos.

Chave 7: Exercícios de Escrita

Aqui é onde você dá vida aos elementos das cartas. Essa é a parte mais importante do aprendizado dos Arcanos: o modo como eles se relacionam com você!

Para realizar um exercício de escrita clássico — e isso é algo que eu recomendo com veemência —, em vez de simplesmente anotar uma resposta rápida, execute a seguinte ação. Escreva sem tirar a caneta do papel ou os dedos do teclado, num verdadeiro fluxo de consciência. Esse exercício não é para ser organizado e sem rasuras; você pode fazer um resumo das partes mais importantes depois, se desejar. Continue escrevendo sem se censurar, até preencher uma página inteira ou por um tempo determinado (sugiro três minutos). Convenhamos, três minutos não é *realmente* muito tempo quando você está tentando descobrir algo profundamente enraizado em sua consciência.

Chave 8: Seu Significado

A parte mais importante da sua prática de Tarô é o que a carta significa para você!

O Modo como Cada Carta Atua é...

um momento de aprendizado ou crescimento?

uma experiência passada, presente ou futura?

uma expressão da sua alma?

uma sugestão, ideia ou solução?

0 – O Louco

Compreensão do Arquétipo: "Criança"

Uma alma caminha por uma trilha, o vento assobiando em seus ouvidos. Uma criança inocente brinca numa planície de flores do campo e olha sem medo diretamente nos olhos de um urso pardo. Um louco perambula pela cidade. Um bobo da corte dança diante do rei e da rainha de uma corte medieval. Um homem aleijado está sentado num asilo de loucos, murmurando para si mesmo. Um homem joga fora sua fortuna em nome de um amor que nunca será seu.

O Louco é infantil porque está aberto a todas as experiências com que se depara. Ele carrega numa bolsa suas lições anteriores, sem nublar seu julgamento enquanto avança. Seu cão reflete o princípio criativo do universo. É o companheirismo e a consciência de que você nunca está realmente sozinha; você está conectada a todas as coisas. Esse conhecimento lhe dá força e capacidade para avançar com mais facilidade e enfrentar qualquer coisa que apareça no caminho que escolheu. O Louco, em busca de experiências, permanece aberto às possibilidades inesperadas.

Significado Oculto

O começo é o fim, o fim é o começo. O Louco é atribuído ao número zero. O zero conecta-se, assim como o fecho de um colar, à carta do Mundo, geralmente retratada dentro de uma grinalda oval. Ao descrever o Louco no início de sua jornada, Arthur Waite diz que "ele retornará [ao Sol atrás dele] por outro caminho depois de muitos dias". Para o ocultista, o Louco começa seu caminho em direção ao mundo material, a partir do plano espiritual mais elevado. Ele paira como uma consciência anímica antes do seu nascimento humano. Para o yogue, o Louco reflete o corpo da bem-aventurança. Ele é um espírito em busca de forma e estrutura.

Significado Adivinhatório

Insensatez. Comportamento tolo. Imaturidade. Comportamento ridículo. Bobo. Cabeça nas nuvens.

Lado Sombrio (Inversão)

Recusa em começar de novo. Falta de disposição para deixar o passado para trás. Ficar preso numa rotina. Não estar disposto a se arriscar. Prejudicar a si mesma por teimosia. Agir com infantilidade quando sabe que deveria agir com mais sabedoria. Fingir ignorância propositalmente para evitar responsabilidade.

Eu evito a responsabilidade quando...

Magia

Novos começos, novas luas, primeiro dia da primavera. É a capacidade de se surpreender e de se encantar com a vida. Virar uma nova página.

Uma aventura que sempre desejei é...

Influência Astrológica

A originalidade brilhante de Urano infunde à carta do Louco um espírito ferozmente independente. Tudo é possível.

Sugestões de Escrita

Quando estou nas montanhas, eu me sinto como...
A experiência do ano passado me ensinou...
Posso deixar o passado para trás se...

O Modo como o Louco Atua é...

- um momento de aprendizado ou crescimento?
- uma experiência passada, presente ou futura?
- uma expressão da sua alma?
- uma sugestão, ideia ou solução?

1 – O Mago

Compreensão do Arquétipo: "Magia"

O Mago realiza magia cerimonial sobre um altar que contém todos os quatro símbolos do Tarô. Em plena Las Vegas, um mágico estranho e sedutor corta sua assistente ao meio e ela grita. Um mentalista lê a mente da mulher sentada na terceira fileira do teatro. Um mágico tira coelhos da cartola na festa de aniversário de uma criança de 5 anos. Sybil Leek, uma famosa bruxa inglesa, realiza um ritual em Stonehenge sob o luar de agosto. O Mago deslumbra as multidões, mas também é conhecido como um prestidigitador astuto. Ele reflete carisma e maestria. Os naipes do Tarô sobre sua mesa lembram que você tem tudo de que precisa ao seu alcance, sempre. Sua postura é ativa, lembrando-a de que você é um canal puro de energia.

Significado Oculto

O Mago canaliza energia de cima (do potencial espiritual mais elevado) com a mão direita, que se estende em direção ao céu. Ele direciona sua atenção, seu chi, sua força de vontade, e utiliza em si mesmo como um para-raios. Direciona a energia do mundo espiritual para o plano físico (nosso dia a dia e existência normais) com o braço esquerdo, que aponta para o chão. Ele é o conduíte. Ele é sua atenção, pois o que você foca é o que ilumina no mundo. Ele traz a energia do Louco para o Tarô ao iluminá-la com essa ação poderosa.

Significado Adivinhatório

Carisma. Maestria. Enigma. Charme e poder. Exibicionismo. Talento para se apresentar em público. Domínio das ilusões. Cativante.

Lado Sombrio (Inversão)

Ele é um monstro que usa seu carisma e energia para alimentar seu ego, cada vez maior. Um Mago invertido sobe ao palco e exibe seu talento por uma profunda necessidade de aprovação dos outros. Ele nunca tem atenção suficiente para alimentar o buraco negro da falta de sinceridade dentro de si. Falta-lhe confiança para ser autêntico e ele se envolve em comportamentos falsos.

Eu uso mal a minha energia quando eu...

Magia

A magia está infundida no próprio nome do Mago. É a capacidade de trabalhar com forças naturais visíveis e invisíveis para criar e moldar uma realidade que você concebeu em sua mente. Use a energia dessa carta para se destacar numa entrevista ou causar uma impressão duradoura.

Influência Astrológica

Mercúrio oferece sua capacidade de desmontar e remontar as coisas. Mercúrio se manifesta na capacidade do Mago de se recriar com *finesse*, arte e virtuosismo ao se exibir para o público.

Sugestões de Escrita

Eu me sinto viva quando...
Meu maior talento é...
Eu me surpreendi quando...

O Modo como o Mago Atua é...

- um momento de aprendizado ou crescimento?
- uma experiência passada, presente ou futura?
- uma expressão da sua alma?
- uma sugestão, ideia ou solução?

2 – A Sacerdotisa

Compreensão do Arquétipo: "Alma"

A luz do luar irradia através de uma criatura feminina feita de névoa e sombra, sentada entre duas colunas. A Sacerdotisa é seu eu autêntico. Ela é o que a faz ser *você mesma*. Suas esperanças, seus sonhos, seus desejos e suas inclinações estão guardados dentro dela. A Sacerdotisa é a parte mais profunda de você, seu plano psíquico, seu estado interior. Ela é com frequência descrita como virginal, embora isso não deva ser interpretado literalmente. A metáfora da virgem existe porque os pensamentos, opiniões e ideias dos outros não têm efeito sobre ela. Nada pode tocar quem ela é e sempre será. Ela é o silêncio e a sabedoria que habitam em você.

O véu da Sacerdotisa (também visto atrás do Hierofante e da Justiça) oculta a verdadeira natureza de uma pessoa. Seu mistério é o seu conhecimento esquecido. Ela é a verdade da sua vida, a chave para o seu karma. A Sacerdotisa detém a resposta para todas as perguntas. Essas respostas estão dentro de você.

Significado Oculto

O ocultista se interessa pelo modo como as coisas se transferem do mundo invisível para o mundo visível. Como o eu se manifesta na Terra? Sob a magia e a energia, como algo se concretiza? O Tarô ajuda a explicar o processo. O Louco (um fragmento de consciência, como um ser humano, um pensamento, um impulso) emerge em busca de experiência. O Mago traz a energia do Louco para o mundo material a partir do espiritual. É como chamar um anjo ou espírito para descer à Terra. A Sacerdotisa marca o surgimento do Louco no reino terreno ao infundir nele todas as qualidades intrínsecas; nesse caso, é quem você é, única como um floco de neve e presente aqui para experimentar e expressar os prazeres terrenos e se deleitar com eles.

A Sacerdotisa é associada à Lua, que é a luz refletida do Sol. O Sol reflete a divindade (a natureza expansiva de todas as coisas). A Sacerdotisa é marcada pela Lua porque a energia lunar é a luz refletida do Sol. Assim como a Lua reflete o Sol, a Sacerdotisa reflete você como um reflexo da divindade aqui na Terra.

A função sagrada da Sacerdotisa existe em tudo, não apenas nas pessoas. Ela é a inteligência única presente em cada criatura senciente, de um girassol a um gatinho. Ela é o que faz uma rosa ser diferente de um narciso. Ela é a diferença entre um zangão e um morcego. A diferença entre você e a sua melhor amiga. É por isso que ela é a essência mais profunda e verdadeira de quem você é. Ela é o que Arthur Waite chamou de "o mais elevado e sagrado dos Arcanos Maiores".

Significado Adivinhatório

Intuição. Silêncio. Presença. A mulher dos seus sonhos. Energia psíquica. Terceiro Olho. Presságios misteriosos. Conhecimento oculto.

Lado Sombrio (Inversão)

Mentir para si mesma sobre quem você é. Vergonha e desprezo por si. Deixar de reconhecer a presença divina na sua existência na Terra. Ignorar seus dons e talentos. Deliberadamente fechar o Terceiro Olho. Distração interminável.

Algo que ninguém sabe sobre mim é...

Magia

Magia lunar. Feminino divino. Deusa Tríplice. A mais pura energia mágica dentro de você. Palavras sagradas. Espaço sagrado. O pacto, contrato e acordo entre você e você mesma.

Meu segredo mais profundo é...

Influência Astrológica

A Lua reflete a psique sempre misteriosa da Sacerdotisa. As águas lunares fluem à medida que você evolui para ser quem sempre foi destinada a ser.

Sugestões de Escrita

Sempre desejei...
A única verdade que sei com certeza é...
O livro da minha vida se lê como um... porque...

O Modo como a Sacerdotisa Atua é...

- um momento de aprendizado ou crescimento?
- uma experiência passada, presente ou futura?
- uma expressão da sua alma?
- uma sugestão, ideia ou solução?

3 – A Imperatriz

Compreensão do Arquétipo: "Mãe"

A luz dourada do Sol irradia às costas de uma deusa, num campo de trigo. Uma sereia sensual reclina-se numa *chaise longue* de veludo, vestindo um robe de seda. Uma futura mãe acaricia sua barriga protuberante. Um bebê aconchega-se ao calor suave do pescoço da mãe. Essa é a essência feminina da sua primeira lembrança de infância. Considere a expressão "Mãe Terra" ou "nave mãe". Mãe é o conceito que nos carrega e sustenta neste mundo.

A Imperatriz expressa todas as formas de criatividade e expansão, pois a metáfora do nascimento e da maternidade vai além da relação entre mãe e filho. A sensual Imperatriz marca todos os atos criativos que você realiza ao se expressar. Ela é seu trabalho, suas atitudes, sua marca. O ato criativo definitivo é a vida que você vive. A Imperatriz é a expressão exterior do nosso eu interior.

Significado Oculto

O holograma da sua alma aparece na Terra como a Sacerdotisa. A Imperatriz é o modo como seu corpo físico se manifesta e se torna real. Waite a chama de "a porta ou portal pelo qual se entra nesta vida". O portal da Imperatriz é o seu corpo. São seus olhos enquanto leem e suas mãos enquanto seguram este livro. A Imperatriz é como você se expressa, se move e habita o espaço físico e dimensional deste mundo.

Significado Adivinhatório

Fertilidade. Gravidez. Maternidade. Sensualidade nutriz. Mão criativa e gentil. Luxo e beleza. Charme feminino.

Lado Sombrio (Inversão)

Reprimir o potencial criativo de outra pessoa. O desejo de destruir. Expressar ideias e opiniões onde não são bem-vindas. Cruel e distraída. Sempre ocupada com outra coisa. Repressão do impulso criativo interior.

Quando criança, quem cuidava de mim feriu meus sentimentos quando...

Magia

A Imperatriz é uma explosão florescente de manifestação. Ela é a energia da reinvenção, do sexo, do amor e da beleza. Ela é a imaginação se desdobrando, exposta para que todos possam ver em forma de som e cor.

Se eu pudesse criar qualquer coisa, seria...

Influência Astrológica

Vênus é a estrela da manhã, que oferece esperança a todos que a contemplam em meio à escuridão, antes do amanhecer. É o amor, a beleza e a paixão que nos dão uma razão para saudar o dia — a energia do amor e da atração, infundida com um charme delicioso e inegável.

Sugestões de Escrita

Eu ajo como minha mãe (ou figura materna) quando...
Eu amo minha mãe (ou figura materna) por...
Eu me sinto mais criativa quando...

O Modo como a Imperatriz Atua é...

- um momento de aprendizado ou crescimento?
- uma experiência passada, presente ou futura?
- uma expressão da sua alma?
- uma sugestão, ideia ou solução?

4 – O Imperador

Compreensão do Arquétipo: "Pai"

O Imperador senta-se, mais poderoso do que um rei, no ponto mais alto do seu domínio. Ele é o contraponto masculino da Imperatriz. Um homem de negócios volta para casa, joga sua valise de lado e abraça os filhos. O caçador retorna da floresta. O noivo contempla, hipnotizado, a noiva caminhando pela nave da igreja em sua direção. Uma masculinidade viril emana do Imperador. A Imperatriz é uma explosão de criatividade e o Imperador é o princípio organizador que coloca tudo em seu devido lugar, para que possa tomar forma. O Imperador constrói a casa que a Imperatriz imagina. Por isso, o Imperador representa estabilidade e regras, forma e função.

O Imperador é a capacidade de realizar coisas e de estabelecer, criar e implementar limites. Por isso, ele reflete figuras paternas, questões familiares e autoridade.

Significado Oculto

O Imperador marca a força opositora da Imperatriz. Arthur Waite estabelece um contexto sexual poderoso na relação entre o Imperador e a Imperatriz ao dizer "ele é o poder viril ao qual a Imperatriz reage". Ela é o yin para o yang dele. A Imperatriz é o nascimento e a criatividade, e o Imperador é a força que dá limites e forma aos talentos e expressões dela. Em termos práticos, todas as coisas que se expandem precisam de parâmetros. Caso contrário, expandiriam-se infinitamente. Um pintor precisa das bordas da tela. Um escritor precisa de um final para sua história. O bolo não pode ficar muito tempo no forno, senão queima. Assim, o Imperador proporciona limites que sustentam a criação no mundo material.

Significado Adivinhatório

Figura paterna. Dominador. Controle. Limites. Pulso firme. Construtor de reinos. Resultados baseados na ação. Efetividade.

Lado Sombrio (Inversão)

Relutância em impor limites a si mesma. Abandono negligente da responsabilidade. Fora de controle e girando com energia mal direcionada. Doença mental e incapacidade de pensar ou ver com clareza. Transtorno obsessivo--compulsivo. Um indivíduo obcecado por poder e controle, que impõe limites e força todas as coisas a se curvarem à sua vontade.

Eu ultrapasso meus limites quando...

Magia

A magia do Imperador reside na capacidade de realização. É cumprir metas e listas de afazeres. É ser eficaz e estar disposto a se controlar. É construir reinos e fazer mapas e planos. É um comportamento habitual que pode ser adotado ou alterado para atender às suas necessidades.

Eu sou eficaz quando...

Influência Astrológica

Áries revitaliza o Imperador com a energia da confiança borbulhante e o conhecimento de que tudo é possível, uma vez que você se dedique a isso.

Sugestões de Escrita

Eu ajo como meu pai (ou figura paterna) quando...
Eu amo meu pai (ou figura paterna) por...
Eu me sinto mais capaz quando...

O Modo como o Imperador Atua é...

- um momento de aprendizado ou crescimento?
- uma experiência passada, presente ou futura?
- uma expressão da sua alma?
- uma sugestão, ideia ou solução?

5 – O Hierofante

Compreensão do Arquétipo: "Autoridade Religiosa"

Bênçãos são concedidas numa catedral antiga. Uma figura vestida com uma túnica faz uma pregação sobre o pecado e a punição divina dentro da nave de uma grande catedral. Um televangelista fornece um número 0800 para doações, numa TV em preto e branco. Um ministro batista do sul está diante de uma congregação vibrante, com a banda da igreja tocando atrás dele. Um guru se senta em posição de lótus diante de seus alunos, no norte da Índia. Um lama se senta num salão repleto de monges de capuz vermelho, nas altas montanhas do Himalaia. Um rabino lê a Torá. Um padre católico é levado algemado.

O Hierofante é o símbolo que reflete o conhecimento espiritual em qualquer sociedade. Ele é o símbolo externo da religião, que nos dá chaves e portas para o pensamento espiritual. Além de ser a entidade simbólica da religião e do dogma, ele também reflete a relação entre professor e aluno. Ele representa o elemento de aprendizado na sua vida, bem como a maneira como você transmite o que aprendeu ou como você é verdadeira com os outros.

Significado Oculto

Assim como o Imperador e a Imperatriz formam um par, podemos associar a Sacerdotisa e o Hierofante como aspectos masculino e feminino do sagrado. Ambos estão, por tradição, posicionados entre dois pilares. Cada um tem um véu atrás de si, marcando a fronteira entre o eu interior e o eu exterior. Ambos se relacionam com forças misteriosas invisíveis a olho nu.

Arthur Waite nos diz que o Hierofante é "o poder dominante da religião externa, assim como a Sacerdotisa é o gênio prevalecente do poder esotérico (oculto), retirado". Não se engane: a Sacerdotisa governa o reino interior, enquanto o Hierofante carrega todos os marcadores externos da religião. Ele é a igreja, a escritura, o dogma, o incenso e os hinários sagrados. Ele é a catedral com suas torres apontando para o céu, o mosteiro nebuloso nas altas montanhas dos Alpes. Ele é as contas do japamala, as estátuas da deusa, os livros e as aulas de filosofia espiritual. O Hierofante requer uma congregação, um rebanho e seguidores, ao passo que a Sacerdotisa é completamente autossuficiente. Ela precisa apenas de si mesma.

Significado Adivinhatório

Dogma religioso. Cerimônia. Conformidade com os padrões da comunidade. Sacerdote. Papa. Guru. Expectativa cultural. Moral e valores. Ritos espirituais.

Lado Sombrio (Inversão)

O sombrio Hierofante surge quando a filosofia e o conhecimento espiritual são usados para controlar e manipular indivíduos e sociedades. É a arrogância espiritual usada como poder sobre os outros. Seu objetivo é se sentir superior aos outros, como nas ocasiões em que missionários tentam doutrinar "selvagens". É quando a religião é usada como desculpa para justificar comportamentos (exemplo: "Nós a matamos em nome de Deus"). O sombrio Hierofante também é o sacerdote, o guru ou o mestre espiritual que abusa sexualmente dos fiéis ou rouba dinheiro da igreja e o utiliza em benefício próprio.

Uma vez, eu impus minhas crenças sobre outra pessoa quando eu...

Magia

A magia do Hierofante vem na forma de rituais e na sua capacidade de abrir os sentidos. São as roupas, velas e itens belos e sensuais usados para criar um espaço sagrado.

Meu objeto sagrado favorito é...

Influência Astrológica

Touro infunde o Hierofante com as qualidades sensuais do ritual e da arte sagrada, e dos artigos religiosos devotos. Pense em joias amadas, acariciadas e usadas para a meditação, a fumaça sagrada das fogueiras indianas e a queima de ervas e incenso em cerimônias religiosas. Todas essas coisas são usadas para ativar os sentidos.

Sugestões de Escrita

Minha primeira lembrança religiosa é de...
Minha criação espiritual foi...
Minha primeira lembrança espiritual é...

O Modo como o Hierofante Atua é...

- um momento de aprendizado ou crescimento?
- uma experiência passada, presente ou futura?
- uma expressão da sua alma?
- uma sugestão, ideia ou solução?

6 – Os Enamorados

Compreensão do Arquétipo: "Amor"

Adão e Eva estão nus em meio às árvores frutíferas e à folhagem do Jardim do Éden, enquanto são ungidos por um anjo e observados por uma serpente astuta. Romeu e Julieta. Eros e Psiquê. Sansão e Dalila. Tristão e Isolda. Duas almas se tornam uma só no ato de amor.

É o auge da atração. Suas bochechas ruborizam quando você pensa na pessoa que ama. O toque das pontas dos dedos dela lhe causa uma vertigem.

Podemos considerar a carta dos Enamorados pelo valor superficial e não ver mais do que dois amantes, um encontro casual, um momento de prazer. Mas se arranharmos a superfície e olharmos mais profundamente, examinamos o amor não apenas como a qualidade unificadora do universo, mas também como a capacidade de ter intimidade com algo ou alguém, e mantê-lo perto, com total vulnerabilidade. Podemos considerar as implicações sexuais dessa carta, lembrando que o sexo, assim como o amor, pode ser terapêutico e belo ou destrutivo e cruel.

A carta dos Enamorados aparece para simbolizar o amor na sua vida, mas também aparece como um convite para você se abrir à vida. Há tanta beleza ao seu redor!

Significado Oculto

O significado oculto dos Enamorados é tão simples e complexo quanto o "amor humano". O amor é a força mais poderosa do planeta, a razão pela qual estamos aqui e escolhemos continuar. O amor erótico e apaixonado é como a vida tal como a conhecemos e se perpetua.

Significado Adivinhatório

Amor verdadeiro. Flecha do Cupido. Romance. Atração. Dois como um. Doces palavras. Paixão. Escolha.

Lado Sombrio (Inversão)

Os Enamorados sombrios aparecem quando o desejo de ter, manter e controlar outra pessoa é tão forte que você sufoca o outro com apego e ciúmes. É colocar o próprio desejo acima das necessidades dos outros. É a afeição sufocante. É o apego do desejo a uma única pessoa ou coisa, pensando que isso é a chave para a felicidade e o amor, quando, na verdade, o amor permeia todas as coisas.

Lembro-me de estar obcecada por...

Magia

A força que cria nova vida na terra. O desejo mais profundo de criar. Todos os atos que levam à manifestação e à nova vida. A força de onde toda a magia surge.

Minha alma gêmea é...

Influência Astrológica

Gêmeos traz sua energia geminiana enquanto os Enamorados refletem almas gêmeas unidas na chama do amor erótico.

Sugestões de Escrita

A maior lição de amor que aprendi foi...
Minha conexão romântica mais profunda foi com...
Quando estou nua, sinto...

O Modo como os Enamorados Atuam é...

- um momento de aprendizado ou crescimento?
- uma experiência passada, presente ou futura?
- uma expressão da sua alma?
- uma sugestão, ideia ou solução?

7 – O Carro

Compreensão do Arquétipo: "Herói/Heroína"

O condutor surge com o trote dos cavalos e o barulho das rodas. O herói parte em sua jornada. Um vitorioso soldado romano corre pelas ruas em sua biga, ao retornar da batalha. Nancy Drew investiga seu primeiro mistério. Alice cai na toca do coelho em direção ao País das Maravilhas. Dorothy prepara Totó e foge de casa. Luke Skywalker deixa seu planeta desértico para iniciar seu treinamento Jedi.

O Herói é cada um de nós em nossa busca pela vida. O Louco reflete o potencial da consciência, enquanto o Carro/Herói reflete o ser humano encarnado partindo para uma aventura. Sua aventura é determinada pelas suas circunstâncias de vida, esperanças, sonhos e predileções. O Carro reflete você tomando as rédeas da sua vida e avançando na direção que escolher. É ter seu objetivo e destino em mente, mesmo que o caminho seja sinuoso e inesperado.

Significado Oculto

O Carro, descrito por Arthur Waite como "o triunfo da mente", reflete a capacidade mental de uma pessoa para se guiar no mundo físico. Para o ocultista, o invisível é tão importante, senão mais, que o mundo material. Assim, o Carro reflete o momento em que o indivíduo usa seu poder de agir para deixar sua marca no mundo. O Carro é o que nos leva através das aventuras nesta vida. O carro quadrado e concreto retratado no *Tarô Waite-Smith* não pode de fato se mover porque, para o ocultista, é a ascensão espiritual que importa, não a material.

Significado Adivinhatório

Movimento. Velocidade. Ganhar terreno. Seguir na direção certa. Impulso. Viajar com conforto. Triunfo.

Lado Sombrio (Inversão)

O Carro sombrio surge quando você faz tudo para impedir o progresso de outra pessoa. Isso inclui dar sua opinião quando não é solicitada ou insistir em dizer que você sabe o que é melhor para outra pessoa ou situação.

Eu tento controlar os outros quando...

Magia

A magia do Carro pode ser invocada quando você precisa de uma dose de energia para atingir um objetivo ou seu destino numa jornada específica. Ela infunde rapidez e poder.

Influência Astrológica

Câncer permite que a carta do Carro vá direto ao ponto, literalmente.

Sugestões de Escrita

Eu anseio pela aventura de...
Minha jornada de vida foi determinada por...
A grande aventura que está por vir é...
O maior desafio da minha vida foi...
Estou ansiosa por...

O Modo como o Carro Atua é...

- um momento de aprendizado ou crescimento?
- uma experiência passada, presente ou futura?
- uma expressão da sua alma?
- uma sugestão, ideia ou solução?

8 – A Força

Compreensão do Arquétipo: "Não Violência"

Uma mulher gentil comanda o poder de um leão feroz enquanto a magia do infinito circula acima da sua cabeça. A caneta é mais poderosa do que a espada. Você pega mais moscas com mel. Mantenha os amigos por perto e os inimigos mais perto ainda. Depois que eles estiverem bem próximos, perdoe e liberte-os, assim libertará a si mesma.

Você partiu no Carro. Agora descobrirá do que você é feita. A Força marca o momento em que você precisa invocar suas reservas interiores de poder. A carta da Força reflete como você reage e responde aos elementos externos de estresse, oportunidade e desafio. O ícone da Força no antigo Tarô italiano refletia um homem espancando uma besta com um porrete. Refletia a suposta dominação e poder do homem sobre a natureza. Mais tarde, baralhos franceses retratavam uma mulher abrindo delicadamente a boca de um leão. Esse ícone de poder feminino se opõe diretamente ao uso da força e da vontade sobre fatores externos. Aqui vemos o significado oculto e divinatório se mesclando. O leão pode representar fatores externos com os quais entramos em conflito, ou a besta pode refletir nossos próprios impulsos animalescos. Nossa vida e nosso caráter são revelados e moldados no modo como enfrentamos e superamos cada desafio que se apresenta a nós.

Significado Oculto

Para o ocultista, a Força está intimamente ligada à virtude da Fortaleza (as duas podem ser até intercambiáveis). Enquanto o Carro está relacionado à jornada no nível material, é encontrando e cultivando a força interior que o indivíduo se conecta com sua própria natureza divina. Os momentos de estresse e dificuldade, e aqueles em que precisamos buscar profundamente dentro de nós a força para superar a adversidade, são aqueles em que percebemos que caminhamos de mãos dadas com algo maior. Esse é o vínculo entre o eu e a natureza divina do eu e o vínculo entre o eu e a magia e o mistério.

Significado Adivinhatório

Poder. Vencedor valente. Comando sobre os outros. Força e controle, mas usados com gentileza.

Lado Sombrio (Inversão)

A força sombria surge quando alguém reage a qualquer coisa de maneira automática. Esse é o reflexo automático da raiva e do desafio, sem a capacidade de ser reflexiva ou autêntica consigo mesma.

A coisa que mais me irrita nos outros é...

Magia

Use a carta da Força para ser mais vulnerável e gentil consigo mesma ou com relação a uma situação.

Eu encontro poder em...

Atividade

Escreva uma carta, mensagem de texto ou *e-mail* pedindo perdão a alguém com quem você está zangada. O truque para fazer esse exercício é realmente sentir o que você está dizendo. O perdão não funciona se não for autêntico. Você pode voltar à raiva ou ressentimento, e tudo bem. O perdão nem sempre é um caminho reto.

Influência Astrológica

O signo de Leão infunde a carta da Força com qualidades de liderança e a capacidade de brilhar com vitalidade interior.

Sugestões de Escrita

É importante que eu perdoe...
A coisa mais forte que já fiz foi superar...
Meu corpo se sente forte e poderoso quando eu...

O Modo como a Força Atua é...

- um momento de aprendizado ou crescimento?
- uma experiência passada, presente ou futura?
- uma expressão da sua alma?
- uma sugestão, ideia ou solução?

9 – O Eremita

Compreensão do Arquétipo: "Sábio"

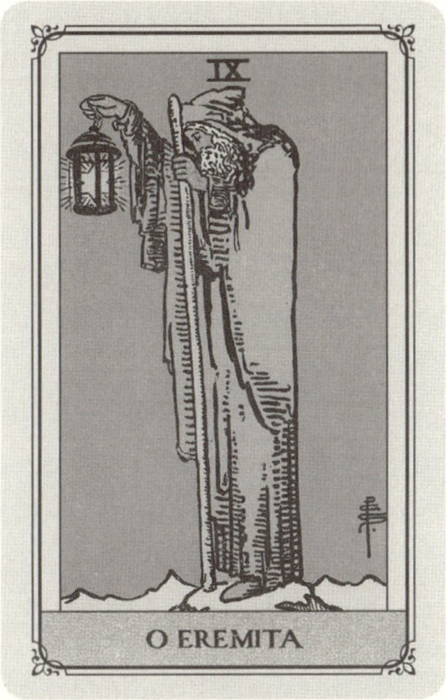

Ele está no topo de uma montanha e sua luz interior brilha para todos verem. Um monge de manto vermelho se retira para sua caverna no Himalaia, onde passará o próximo ano em solidão. Uma yogue senta-se em contemplação imóvel, em Bali. Um mosteiro é preenchido com o silêncio coletivo dos monges que fizeram votos de silêncio. Ben Kenobi emerge no deserto para encontrar Luke Skywalker.

A carta do Eremita reflete o arquétipo do "sábio", que se isola da sociedade para encontrar sua sabedoria interior. A Sacerdotisa reflete a essência interior de uma pessoa e o Hierofante reflete a natureza da espiritualidade conforme expressa por outras pessoas. O Eremita é onde você se aventura para explorar seu próprio relacionamento com o mistério, o divino e a magia. O Eremita é o espaço que só você pode ocupar. É onde você se torna aquele que experimenta e chega às conclusões que só você pode alcançar. É a verdade interior, o espaço sagrado encontrado dentro de si mesma. Inteligência e autorreflexão proporcionam ao Eremita a capacidade de encontrar soluções e inovações.

O Eremita também é você brilhando como um exemplo para os outros, por meio de suas ações e abordagem da vida e do mundo. Assim como o Eremita está no ponto mais alto de uma montanha, brilhando com sua luz, você também brilha como um exemplo para todos ao seu redor.

Significado Oculto

A chave para o entendimento oculto está na lanterna, um símbolo poderoso da luz. O Eremita segura sua lanterna, que é sua luz, para que todos possam ver. A resposta está bem diante de você, tão clara quanto o livro em suas mãos.

As respostas sempre estiveram diante de você. Você é capaz de ver a verdade? Consegue deixar pensamentos, emoções e ideias ao seu redor como folhas espalhadas e descobrir a verdade diante de você? Waite nos diz: "Os Mistérios Divinos se protegem daqueles que não estão preparados". A resposta está diante de você. Você tem olhos para ver?

Significado Adivinhatório

Solidão. Compreensão espiritual. Afastar-se da confusão. Compartilhar a luz da sabedoria com os outros. Retirar-se. O guru interior.

Lado Sombrio (Inversão)

O Eremita sombrio emerge quando você tem medo de ficar sozinha consigo mesma. É a necessidade obsessiva de ser social para evitar lidar com questões interiores. Isso leva ao exagero em todas as coisas, especialmente comida, álcool e tecnologia, num esforço para encobrir e evitar as verdades do seu eu interior.

Eu preciso fazer uma pausa para lidar com...

Magia

A magia do Eremita é especial no sentido de que você pode invocar para si um espaço e um tempo especiais. Use a carta do Eremita para cultivar um espaço sagrado para si mesma. Isso pode incluir um retiro agradável, um tempo passado em meio à natureza ou simplesmente uma noite na sua própria companhia, dedicando-se a atividades que alimentam a sua alma.

Eu deixo brilhar minha luz interior quando...

Atividade

Faça um minivoto de silêncio. Decida com antecedência não falar por no mínimo doze horas num dia específico.

Influência Astrológica

A criatividade de Virgem preenche esta carta com a capacidade de criar algo a partir do nada, porque o nada reflete, na verdade, o potencial.

Sugestões de Escrita

Eu amo passar um tempo na minha companhia porque...
Eu sinto que compartilho minha luz quando...
A vida é preciosa para mim porque...

O Modo como o Eremita Atua é...

- um momento de aprendizado ou crescimento?
- uma experiência do passado, presente ou futuro?
- uma expressão da sua alma?
- uma sugestão, ideia ou solução?

10 – Roda da Fortuna

Compreensão do Arquétipo: "Destino, Fortuna, Sorte"

A roda gira. A Roda da Fortuna gira na calçada iluminada pelo neon. Todos fizeram suas apostas e observam, sem fôlego, para ver onde a roleta vai parar. Quem será o grande vencedor? O *show* de prêmios não pode começar até que os concorrentes girem a grande roda. O destino intervém: assim que a atriz está prestes a ficar sem dinheiro, ela consegue um papel numa série de TV e ganha um salário polpudo.

A Primavera escorre até se tornar Verão, que se transforma em Outono, que congela no Inverno, que derrete de volta na Primavera. O nascer do sol persegue o pôr do sol ao redor da Terra num jogo infinito de pega-pega que não será vencido até que o Sol se apague. Um bebê cresce e se torna um adolescente musculoso que se transforma num homem de meia-idade e, depois, na velhice, volta a se parecer com seu eu infantil. É o círculo da vida.

O símbolo é poderoso e encontrado em todos os lugares, desde mandalas budistas até os chakras e o mapa astrológico. É o labirinto de meditação, os círculos sagrados, é Stonehenge. Estamos, todos nós, no planeta girando em círculo ao redor do Sol. É repetição, como o refrão de uma música, e o dom de recomeçar sempre. A Roda da Fortuna é a esfera giratória do espaço e do tempo, e nossa vida se passa dentro dela. É o *momentum* cósmico e o tempo quantificável.

Significado Oculto

Waite nos diz especificamente: "A imagem simbólica representa o movimento perpétuo de um universo fluido e o fluxo da vida humana". A roda, em seu centro oculto, é a força interna e externa da vida em movimento. É o sangue correndo por nossas veias, a natureza do sistema solar, a velocidade com que os dias da nossa vida voam no calendário. É o tempo interior e exterior e o modo como viajamos através dele.

Significado Adivinhatório

Ventos de mudança. Forças além do nosso controle. Sorte mudando para melhor. Sucesso. Fortuna. Destino.

Lado Sombrio (Inversão)

A roda sombria surge sempre que você luta contra o tempo, sem estar presente no momento atual. Você acredita que as coisas só melhorarão no futuro se "isso ou aquilo" acontecer, sem perceber que tem a capacidade de estar presente agora. É ser escrava do relógio e do calendário. É sobrecarregar-se de compromissos e usar o tempo como agente de pressão.

Magia

A magia da roda reside na capacidade de se soltar. É a capacidade de se sentar e observar a natureza do universo se desenrolando diante dos seus olhos. Uma vez que você entende seu ritmo, como uma dançarina, pode começar a se mover junto com ele e ver a vida se desenrolar com facilidade. É a capacidade de viver conforme as estações, de seguir o fluxo sem retaliar.

Influência Astrológica

A prosperidade de Júpiter preenche esta carta com riqueza e deleite. Ela irradia sucesso e glória.

Sugestões de Escrita

Eu sempre acreditei que meu destino seja...
A sorte geralmente está ao meu lado quando eu...
Eu abraço os ciclos da minha vida e da natureza quando eu...

O Modo como a Roda da Fortuna Atua é...

- um momento de aprendizado ou crescimento?
- uma experiência passada, presente ou futura?
- uma expressão da sua alma?
- uma sugestão, ideia ou solução?

11 – A Justiça

Compreensão do Arquétipo: "Lei"

O juiz de todas as questões olha para você com olhos atentos. Ele bate o martelo e declara alguém culpado. O prisioneiro vestindo um macacão laranja é levado à sua cela. Uma mulher é estrangulada pelo pai por perder a virgindade antes do casamento. Uma bruxa é queimada na fogueira. O divórcio é concedido. Contratos são resolvidos. As meninas maldosas da cantina do colégio expulsam a novata da mesa; ela almoça no banheiro. A estátua da Justiça está esculpida em mármore enquanto segura a espada da verdade e a balança. A Roda da Fortuna refletia as leis e o movimento do universo. A Justiça reflete todas as leis e movimentos da justiça literal, assim como a resolução de contratos e de todas as questões legais, mas também a justiça de suas próprias ações. Você vê como as coisas funcionam na Roda da Fortuna; a carta da Justiça trata das ações que você toma. É como você se apresenta para si mesma e para os outros. Você colhe o que planta.

Significado Oculto

A carta da Justiça equivale aos talentos naturais com os quais nascemos e à aparente ideia de que esses talentos são influenciados pelo divino. Waite afirma que os talentos e dons são um mistério que nunca será resolvido: "Isso opera como a respiração do espírito onde ele deseja", ou seja, nem nós temos controle sobre onde nossos talentos estão. Ele afirma que talentos são como "dons de fadas", mas como trata-se de dádivas, é do nosso interesse deixar que esses dons nos guiem. Dessa maneira, encontramos o que estamos destinados a fazer neste mundo, e os pratos da balança da Justiça se equilibram. É por isso que essa carta imita a Sacerdotisa com uma figura sentada entre dois pilares e com um véu atrás deles. A carta da Justiça é sobre o que você faz com o que recebeu.

Significado Adivinhatório

Processos judiciais vitoriosos. Balança da Justiça. Equidade. Todas as questões legais. Regras e regulamentos da sociedade. Karma.

Lado Sombrio (Inversão)

A Justiça sombria aparece quando você se esquiva e se afasta da responsabilidade. É não cumprir sua palavra. É cancelar planos e se esconder porque prefere não encarar a verdade de uma situação. É agir sem pensar nas consequências para os outros ao seu redor. É enterrar propositalmente seus talentos. É a sensação de expectativa, como se o mundo lhe devesse algo quando, na verdade, o mundo não lhe deve nada. Você está aqui, e isso é tudo. O resto depende de você.

Magia

A magia da Justiça pode ser invocada em questões legais, quando você busca o resultado mais elevado. Use para imóveis, acordos contratuais e todas as questões relacionadas à lei.

Influência Astrológica

Libra infunde a carta com a energia de equilíbrio dos dois pratos da balança, e com a sinergia de energias num esforço para alcançar o equilíbrio.

Sugestões de Escrita

Sempre fui boa em...
É importante estar presente para mim mesma porque...
Me sinto equilibrada quando eu...

O Modo como a Justiça Atua é...

- um momento de aprendizado ou crescimento?
- uma experiência passada, presente ou futura?
- uma expressão da sua alma?
- uma sugestão, ideia ou solução?

12 – O Pendurado

Compreensão do Arquétipo: "Místico"

Ele se pendura com prazer numa cruz em forma de T e sonda profundamente a natureza da sua alma. O artista vê um mundo que ninguém mais pode ver e o pinta em sua tela. O escritor imagina novos mundos e perspectivas que ganham vida. O compositor organiza as notas para que uma orquestra leve o público a um novo patamar musical. O visionário conduz as pessoas por um caminho rumo à liberdade.

O Pendurado está de cabeça para baixo, mas está longe de se manter imóvel. A dádiva do Pendurado é a capacidade de olhar de frente para uma situação. Essa é a carta dos artistas e dos buscadores. É a capacidade de ver as coisas de uma perspectiva completamente diferente. Esse é um dom, porque é apenas deixando de lado as noções preconcebidas que se pode ver o mundo com novos olhos. O Pendurado pode indicar um sacrifício digno. É fazer uma pausa por um instante, abrir espaço para as possibilidades e, ao mesmo tempo, usar esse espaço para olhar mais a fundo a sua situação atual. Uma coisa é certa: a carta do Pendurado, quando aparece, é como uma placa na estrada e sempre lhe dá um aviso de que as coisas estão prestes a ficar extremamente interessantes.

Significado Oculto

O Pendurado reflete o momento em que o mago prescruta diretamente a fonte. Trata-se da interconexão de todas as coisas na natureza unificadora da energia e da magia. Nada acaba. A energia nunca morre; ela apenas se transforma. Essa carta descreve a relação entre o divino e o universo. Note que o divino e o universo estão interconectados, mas são coisas separadas ("Assim em cima, como embaixo"). Assim como o Louco se afasta do Sol à medida que avança, o universo se afasta do divino à medida que se estende. O universo é o divino experimentando a si mesmo, assim como você é um universo em si mesmo e uma parte do divino experimentando a si mesmo. O Pendurado marca o momento em que você incorpora e entende essa interconexão. Essa é a chave de tudo.

Significado Adivinhatório

Sacrifício. Pausa. Quietude. Transe. Enxergar a partir de uma nova perspectiva. Consciência em expansão. Transformação interior.

Lado Sombrio (Inversão)

O Pendurado sombrio surge quando você se recusa a ver alguma coisa a partir de outra perspectiva. Ele também surge quando você está tão apegada às suas ideias e opiniões que não consegue considerar e aceitar o ponto de vista de outra pessoa. Ou quando está fechada para as ideias dos outros e, em seu pior aspecto, está causando danos a todos ao seu redor porque não percebe que o que inflige aos outros, na verdade, inflige a si mesma.

Magia

O Pendurado pode ser utilizado em práticas contemplativas e deve ser invocado no início de qualquer projeto criativo ou quando uma solução criativa é necessária. Os olhos do Pendurado encontrarão soluções no universo ao seu redor.

Influência Astrológica

Netuno infunde a carta do Pendurado de qualidades que remetem ao estado de sonho e fantasia.

Sugestões de Escrita

Eu consigo desanuviar minha mente quando...
Eu experimento a transcendência quando...
Eu consigo ver as coisas de uma perspectiva diferente quando...

O Modo como o Pendurado Age é...

- um momento de aprendizado ou crescimento?
- uma experiência passada, presente ou futura?
- uma expressão da sua alma?
- uma sugestão, ideia ou solução?

13 – A Morte

Compreensão do Arquétipo: "Morte"

O esqueleto se move pelo campo do potencial eliminando o que é obsoleto para que o Sol possa nascer ao longe. Uma figura encapuzada emerge das sombras. A Morte avança, foice na mão, para destruir tudo em seu caminho. A carta da Morte é tipicamente a mais temida de todo o baralho por aqueles que não entendem o Tarô. Esse medo vem da adivinhação preditiva, onde tirar a carta da Morte (insira agora uma música dramática) indica uma morte real. A morte é inevitável, como deveria ser, mas a carta da Morte raramente anuncia uma morte real — basta perguntar a qualquer tarólogo que tira muitas cartas por dia. A Morte aparece quando algo termina para sempre e o fim está à vista. O trabalho está concluído.

Significado Oculto

A Morte ocupa um lugar único e raro na prática do ocultismo por duas razões especiais. O praticante usa a morte como uma metáfora para o entendimento oculto. A iniciação no ocultismo requer que o iniciado morra metaforicamente para renascer dentro da ordem, algo não muito diferente de um batismo espiritual. Esse é o motivo pelo qual a venda é usada, para que, quando removida, o mundo seja visto através de novos olhos.

A Morte também é profundamente emblemática da prática oculta no Tarô porque marca o ponto em que o ocultista compreendeu por completo (tanto quanto pode) a capacidade da consciência de se manifestar no plano terreno, entendendo assim a manifestação da própria alma na Terra. Agora que isso é conhecido, o ocultista pode trilhar o caminho de volta à Árvore da Vida em seus próprios termos. Isso é consciência crística. É entregar o espírito. É a verdadeira ressurreição. Você se eleva para encontrar a divindade em seus próprios termos.

Significado Adivinhatório

Mudança. Entropia. Morte, embora não literal. Finais que levam a novos começos.

Lado Sombrio (Inversão)

A Morte sombria surge quando você se recusa a deixar as coisas para trás. É a identificação do eu com pessoas, lugares e coisas que não são mais importantes nem relevantes. São todos os apegos humanos e ressentimentos. É a recusa em deixar ir.

Magia

A magia da Morte se manifesta em finais eloquentes e quando você se liberta do que sua alma implora para descartar. Trata-se de mergulhar na parte mais profunda de quem você é, entrar naqueles lugares que esconde de si mesma e do resto do mundo, e deixar ir o que não serve mais.

Influência Astrológica

Escorpião exerce sua influência intensa e oculta sobre o arquétipo da Morte.

Sugestões de Escrita

Estou pronta para parar de...
Eu consigo deixar ir...
Estou pronta para aceitar que...

O Modo como a Morte Atua é...

- um momento de aprendizado ou crescimento?
- uma experiência passada, presente ou futura?
- uma expressão da sua alma?
- uma sugestão, ideia ou solução?

14 – A Temperança

Compreensão do Arquétipo: "Complexidade"

Um ser místico paira sobre o lago cintilante de diversidade biotecnológica, um microcosmo da nossa vida na Terra. Uma bailarina pratica exercícios na barra às 7h da manhã. O alquimista medieval mistura compostos químicos fumegantes à luz de velas.

Você pode considerar o significado literal da palavra "temperança", que significa abster-se de qualquer comportamento que não seja aquele que a beneficia. Essa pode ser a carta do equilíbrio e da garantia de que você está abrindo espaço para tudo em sua vida — e mais importante, para você mesma. Também é equilibrar o seu lado espiritual com o seu lado prático do mundo real. É o sagrado e o mundano, a mudança das estações e como você encara os altos e baixos da vida. É a carta da complexidade, que é a capacidade de sustentar dois pensamentos opostos ao mesmo tempo.

Significado Oculto

O anjo retratado com frequência na carta da Temperança lembra a nossa aparência na Terra: criaturas celestiais aqui, mas por um curto período. Waite diz que "é chamada de Temperança de forma fantástica, porque, quando sua regra prevalece em nossa consciência, ela tempera, combina e harmoniza as naturezas psíquicas e materiais. De acordo com essa regra, sabemos em nossa parte racional algo de onde viemos e para onde estamos indo". Em certo sentido, isso reflete uma maturidade espiritual e a capacidade de se equilibrar entre o visível e o invisível (usando para isso o verbo "temperar").

Significado Adivinhatório

Aprimoramento de habilidades. Maestria energética. Equilíbrio. Harmonia natural. A prática leva à perfeição. Combinação vencedora.

Lado Sombrio (Inversão)

A Temperança sombria surge quando não há respeito pelos ritmos naturais da vida.

Magia

Se você deseja aprimorar suas habilidades, use a Temperança para ajudá-la em tudo, desde equilibrar sua vida diária até melhorar a habilidade da sua escolha, seja pintura, leitura ou desenho.

Influência Astrológica

Sagitário infunde a Temperança com uma energia aventureira e otimista.

Sugestões de Escrita

Eu me torno mais receptiva aos outros e às suas opiniões quando...
Eu integro minha própria energia negativa e a transformo em algo bom quando...
Eu consigo lidar com a complexidade quando pratico...

O Modo como a Temperança Atua é...

- um momento de aprendizado ou crescimento?
- uma experiência passada, presente ou futura?
- uma expressão da sua alma?
- uma sugestão, ideia ou solução?

15 – O Diabo

Compreensão do Arquétipo: "Sombra"

Uma figura malévola, semelhante a um morcego, paira sobre um casal de amantes acorrentados. O Diabo reflete poder e controle. Ele é o comportamento egoísta e a incapacidade de regular pensamentos ou ações. Ele reflete vícios sórdidos e os pensamentos e atitudes capazes de nos destruir. O Diabo é o receptáculo em seu subconsciente que guarda tudo o que você não quer aceitar ou admitir sobre si mesma.

Significado Oculto

O Diabo é a chave para a transformação. Ele é conhecido como o "Guardião do Umbral". Ele se mantém na parede do seu ego como um personagem de *vídeo game* furioso que deve ser destruído. Vaporize seu Diabo como um vampiro antigo. Ilumine sua sombra abordando o que se esconde dentro dela.

Significado Adivinhatório

Ilusão. Abuso, poder e controle. Comportamento viciante. Relações destrutivas. Ódio de si mesma. Sadomasoquismo. A incapacidade de dizer não. Crueldade para consigo mesma e para com os outros.

Lado Sombrio (Inversão)

Qual é a sombra da sua Sombra? A chave para a Sombra é a repressão e a tensão que ela causa. Portanto, a Sombra do Diabo pode ser imaginada como a criança pequenina e trêmula dentro da criatura furiosa que criou a máscara de um monstro para se proteger. Derrote seu Diabo interior, mas seja gentil ao transformar o poder e a energia que ele exerce numa força de geração. Assim como convivemos com o medo sem deixá-lo governar nossa vida, podemos convidar a criança dentro do Diabo a vir brincar. Podemos libertá-la removendo as restrições.

Magia

O Diabo nos concede permissão para ultrapassar limites anteriores. Seu poder intenso, talvez apenas inferior à energia da Morte, pode ser usado para infundir qualquer área da sua vida. A Temperança nos ensina a usar o que temos, não a destruir. É a alquimia de transformar todo o poder que você já possui. Considere a energia que você dedica a um ato inútil ou autodestrutivo. Aproveite o poder do Diabo para canalizar essa energia em algo positivo.

Influência Astrológica

Capricórnio infunde a carta do Diabo com uma energia ambiciosa, semelhante à de um bode.

Sugestões de Escrita

Eu fico louca quando outras pessoas...
(No final da página e de cabeça para baixo, escreva a principal coisa sobre os outros que enlouquece você; essa é exatamente a qualidade da sua Sombra que você precisa abraçar e integrar.)
O ódio é alimentado em mim quando eu...
A coisa que mais me irrita sobre a minha infância é....

O Modo como o Diabo Atua é....

- um momento de aprendizado ou crescimento?
- uma experiência passada, presente ou futura?
- uma expressão da sua alma?
- uma sugestão, ideia ou solução?

16 – A Torre

Compreensão do Arquétipo: "Destruição"

O raio cai. Enxofre. Após a destruição, não resta nada além de se render. A arte de se render é uma das mais refinadas qualidades espirituais que levam à evolução e à liberdade suprema.

No momento em que a carta da Torre aparece, não há mais nada a fazer além de aceitar as circunstâncias que se desenrolam ao seu redor. Trata-se de uma convulsão massiva contra a qual você não pode lutar. Pode ser um momento "eureca", quando um pensamento, intuição ou *insight* ocorre com força suficiente para mudar tudo. Pode ser o telefonema, a mensagem de texto ou a notícia que muda sua vida para sempre. É a destruição completa de tudo o que pensava saber, tão forte que você precisa mudar, se adaptar ou sofrer consequências graves.

Significado Oculto

Você derrotou o Diabo. A Torre reflete as consequências da sua vida, do seu comportamento e de hábitos antigos caindo por terra. Sua vida inteira é reinventada agora que sua escuridão foi iluminada. Nada jamais será igual. Trata-se da liberdade suprema. Além disso, Waite nos diz que o raio é um símbolo oculto "do poder que está eternamente buscando o mundo". Esse poder é a iluminação e a revelação da alma.

Significado Adivinhatório

Destruição. Choque. Caos. Ilusões despedaçadas. Revolta. Mudança.

Lado Sombrio (Inversão)

A sombra da Torre aparece quando uma pessoa acha que todos têm de sofrer quando ela sofre. É a necessidade de levar os outros consigo numa montanha-russa emocional. É a personalidade que acha que, se ela sente algo, então todos os outros também têm de sentir. Se ela está triste, não ficará feliz até que todos estejam tristes. Em seu pior extremo, isso é abuso físico e emocional infligido contra si mesma e os outros.

Influência Astrológica

A Torre é influenciada pela energia caótica e bélica do planeta Marte.

Sugestões de Escrita

Eu me rendo ao fato de que...
Eu aceito que...
Eu libero o controle sobre...

O Modo como a Torre Atua é...

- um momento de aprendizado ou crescimento?
- uma experiência passada, presente ou futura?
- uma expressão da sua alma?
- uma sugestão, ideia ou solução?

17 – A Estrela

Compreensão do Arquétipo: "Cura"

A ferida se cura como que por milagre. A mulher nua se mostra ao artista. Quando se abre para a inspiração — e às vezes abrir-se é a parte mais difícil —, você avança para algo tangível. Você encarna a Estrela.

A Estrela representa a bonança após a tempestade. É a paz, a calma e o espaço tranquilo que aparece após a turbulência da Morte, da Torre e do Diabo. É cura e inspiração. Novas possibilidades são recebidas com deleite. É abertura e vulnerabilidade. Acima de tudo, é beleza e lucidez.

Significado Oculto

Waite a chama de "verdade desvelada". Esse é o momento em que há comunicação entre o inconsciente e o superconsciente. Essa metáfora é geralmente concebida como artista e musa. A musa é um poder semelhante a um anjo que visita o artista de cima. É como a luz das estrelas que nos alcança do céu noturno. É a mais elevada inspiração.

Significado Adivinhatório

Renovação. Inspiração. Novo começo. Nova esperança. Limpeza e clareza. Liberação.

Lado Sombrio (Inversão)

A sombra da Estrela aparece quando estamos tão presas aos nossos devaneios que nos colocamos acima de todas as outras coisas. São ideias de grandeza que superam as responsabilidades diárias, ações bondosas e comportamentos generosos. É pensar que alguém é marcado pelo gênio para beneficiar apenas a si mesmo.

Magia

Coloque a carta da Estrela na sua mesa de cabeceira ou debaixo do travesseiro como um lembrete de que milhões de estrelas num universo infinito brilham ao seu redor o tempo todo. O universo está conspirando a seu favor. Faça um pedido e saiba que ele se realizará.

Influência Astrológica

Aquário infunde a carta da Estrela com suas águas de cura e sua bondade devota.

Sugestões de Escrita

Eu me sinto inspirada quando...
Eu sinto que inspiro os outros quando...
Eu fui colocada aqui na Terra para...

O Modo como a Estrela Atua é...

- um momento de aprendizado ou crescimento?
- uma experiência passada, presente ou futura?
- uma expressão da sua alma?
- uma sugestão, ideia ou solução?

18 – A Lua

Compreensão do Arquétipo: "Mistério"

O mistério nos cativa. São todas as coisas incognoscíveis em nossa vida, e ele está perfeitamente encapsulado na carta da Lua. Um lobisomem uiva durante sua transformação numa besta peluda, enquanto a Lua emerge de trás de uma nuvem. Uma paisagem de inverno brilha sob um céu noturno iluminado pela Lua. Viramos e reviramos na cama nas noites de Lua cheia, enquanto prontos-socorros e delegacias registram um aumento nas ligações telefônicas. Um casal se aconchega mais, enquanto contempla um raio de luar dançando e brincando no rosto um do outro.

A carta da Lua aparece quando algo novo e desconhecido surge na vida. Pode aparecer como um sonho, uma intuição. Reflete inquietação pessoal e fases misteriosas da vida. Elas simbolizam o desconhecido. É o elemento do crepúsculo e o caminhar entre mundos. A Lua muitas vezes reflete um súbito lampejo mediúnico. Como é influenciada pelo mutável e inconstante satélite, ela nos lembra que tudo na vida está em constante mudança e, independentemente da questão em mãos, logo se transformará em outra coisa.

Significado Oculto

Considere a jornada do ocultista de volta à Árvore da Vida. Ela conquistou o Diabo, incentivou a Torre a desmoronar ao seu redor, sentiu a lucidez da Estrela e agora a jornada para o Mistério começa. "O caminho entre as torres é a entrada para o desconhecido", diz Arthur Waite.

Significado Adivinhatório

Loucura. Sonhos. Ilusão e engano. Poder mediúnico e profético. Verdade que vem à tona.

Lado Sombrio (Inversão)

A linha tênue entre a realidade e a imaginação sagrada se desfaz, e uma descida para a loucura ocorre. Histeria. Doença mental.

Magia

Olhe para a carta da Lua. Beba um chá de lavanda com mel. Visualize-se entrando na Lua. Cumprimente as sombras à luz do luar. Dê um mergulho para descobrir o que deseja vir à tona. O mundo se agita, as árvores farfalham e o luar projeta sombras enquanto você encontra o desejo do seu coração na escuridão.

Influência Astrológica

A carta da Lua é influenciada pela Lua da Terra, retratando uma atração magnética forte o suficiente para controlar as marés.

Sugestões de Escrita

Um sonho que sempre lembrarei é...
A Lua cheia me faz sentir...
O momento sobrenatural mais forte que já tive foi...

O Modo como a Lua Atua é...

- um momento de aprendizado ou crescimento?
- uma experiência passada, presente ou futura?
- uma expressão da sua alma?
- uma sugestão, ideia ou solução?

19 – O Sol

Compreensão do Arquétipo: "Manifestação"

O Sol é a fusão nuclear responsável por toda a vida como a conhecemos na Terra. É plasma e gás, explodindo com fogo e labaredas. Essa é a fonte de toda luz e a metáfora da nossa consciência. É nossa própria estrela pessoal, a bola de fogo brilhante que aquece nossa pele, faz crescer as colheitas e as flores. Nossa vida depende do Sol e, embora ele contenha todas as propriedades vitais, quando aparece numa leitura, ele também representa a expansão da manifestação. O Sol é evolução. É sua vida avançando, seu projeto se concretizando. É romper os limites que o contêm. Os portais se abriram.

Significado Oculto

Revelação da verdadeira natureza do eu. A luz da verdade é radiante. A consciência é brilhante e desperta porque a obscuridade do ego e da sombra, do Diabo e da Torre, foi vencida. Ascensão espiritual. Amor divino e compreensão em todos os níveis. Interconexão da verdadeira visão. É o ouro do alquimista.

Significado Adivinhatório

Gravidez e saúde. Expansão e crescimento. Exuberância e saturação. Energia e atenção. Prazer.

Lado Sombrio (Inversão)

Escuridão anormal. A necessidade de se esconder e obscurecer a verdade. Sentir-se sem brilho e sem esperança.

Magia

Energize seu Tarô e seus chás à luz do Sol, assim como faria à luz da Lua. Infunda qualquer objeto ou a si mesma com energia solar. Lance feitiços ao nascer do Sol para aumentar suas possibilidades. Lance magia ao pôr do sol para dormir bem e sonhar.

Influência Astrológica

Como era de se esperar, a carta do Sol é influenciada pela energia solar de manifestação e crescimento. Cada um de nós é como um sol. Somos o centro de nosso próprio sistema solar, com amigos, família e trabalho orbitando ao nosso redor.

Sugestões de Escrita

A luz do Sol me faz sentir...
Férias na praia e climas quentes são...
Eu me sinto saudável quando...

O Modo como o Sol Atua é...

- um momento de aprendizado ou crescimento?
- uma experiência passada, presente ou futura?
- uma expressão da sua alma?
- uma sugestão, ideia ou solução?

20 – O Julgamento

Compreensão do Arquétipo: "Transformação"

A terra treme sob seus pés. Nuvens pesadas e assustadoras se abrem, revelando a luz divina. O trem sai da estação, o avião decola do solo, e não há como voltar ao modo como as coisas costumavam ser. Trata-se de uma mudança monumental e uma revelação do que sempre foi destinado a ser. Você é o universo que reconhece o universo dentro de si. Velhos hábitos caem por terra. A verdade é ouvida e respondida em todos os níveis do seu corpo e ser. É a sua salvação e uma avalanche de evolução.

Significado Oculto

É a imagem bíblica do julgamento, o momento de transformação em que a vida eterna começa. Você vê a divindade, e a divindade vê você contemplando-a. É reconhecimento, surgimento. A trombeta toca para cada parte da alma. Você se eleva.

Significado Adivinhatório

Chamado para despertar. Ressurreição. Novos começos radiantes ao alcance da mão. Tudo muda. Não há retorno. A vida nunca mais será a mesma.

Lado Sombrio (Inversão)

A incapacidade de se levantar para a ocasião. Atrasos. Colocar as próprias necessidades à frente das dos outros de um modo que impede seu crescimento e aparecimento. Ouvir o chamado, mas se recusar a responder.

Magia

Use a carta do Julgamento para invocar mudanças profundas ao lançar magia para impulsionar o movimento e a evolução.

Sugestões de Escrita

Um momento importante da minha vida foi...
Minha vida mudou quando...
Nada foi igual depois que eu...

O Modo como o Julgamento Atua é...

- um momento de aprendizado ou crescimento?
- uma experiência passada, presente ou futura?
- uma expressão da sua alma?
- uma sugestão, ideia ou solução?

21 – O Mundo

Compreensão do Arquétipo: "Integração"

A Dançarina do Mundo reflete a integração suprema de todas as coisas na vida de alguém, incluindo encerramentos e inícios. É o momento em que você se solta e experimenta conexão e transcendência em seus relacionamentos e propósitos. Todas as energias criam uma união extática dentro de você. Equilíbrio perfeito e alegria desenfreada. Viver no presente. O mundo é o seu parquinho, e ninguém o aproveita mais do que você. Satisfação completa em si mesma.

Você para de perguntar, ansiar e questionar. O anseio diminui à medida que você se sente realizada, perfeitamente satisfeita; alcançou o desejo do seu coração e está em paz consigo mesma e com sua alma inquieta. Os momentos são vividos com um senso de plenitude. Você passeia pela névoa de um castelo escocês com seu melhor amigo, rindo, enquanto caminha pela história. Você se infiltra numa balsa veneziana no agitado mar Adriático, percebendo com prazer tudo o que a trouxe até o momento presente.

A consciência preenche sua tela ou a tela do computador. Suas ações estão cheias de graça e significado. Sincronicidade sem esforço se desdobra diante de você.

Significado Oculto

Arthur Waite chamou a carta do Mundo de "o estado do mundo restaurado quando a lei da manifestação é levada ao mais elevado grau de perfeição natural". A carta do Mundo, portanto, representa a realização de todo o trabalho oculto e alquímico. É o equilíbrio perfeito dos elementos, intenções e magia. Ocultistas buscam a integração do masculino e do feminino e encontram isso no hermafrodita retratado nessa carta. Não é uma metade masculina e outra feminina iguais, mas a mistura, a aceitação e a expressão únicas da composição de qualquer pessoa.

A consciência orgásmica é alcançada quando o praticante retorna para saudar a divindade em seus próprios termos. É a sua dança com a consciência universal. O universo responde a você vendo-o. Este é o *big bang*, o objetivo do ocultista, e o padrão da sua vida é alterado para sempre.

Significado Adivinhatório

Vivenciar o desejo do seu coração. Sucesso. A carta mais forte do baralho. Viagem, excitação e vitória. O grande final. Confiança total no que está à sua frente.

Lado Sombrio (Inversão)

Deixar que o mundo a sobrecarregue com possibilidades. Ofuscada pela empolgação. Reprimir a verdade profunda de quem você é. Não se permitir sentir prazer.

Magia

A carta perfeita para qualquer objetivo mágico.

Influência Astrológica

Saturno derrama seu limite perfeito sobre a carta do Mundo.

Sugestões de Escrita

Eu perco a noção do tempo quando...
Eu me sinto livre quando...
Minha coisa favorita no mundo é...

O Modo como o Mundo Atua é...

- um momento de aprendizado ou crescimento?
- uma experiência passada, presente ou futura?
- uma expressão da sua alma?
- uma sugestão, ideia ou solução?

Ás de Paus

O Ás de Paus reflete a centelha inicial de desejo, a explosão ígnea provocada pela atração romântica. É a energia da obsessão apaixonada, o instante de encantamento e deslumbramento, e o seu coração acelerando de zero a cem em questão de segundos. O Ás de Paus é o que a tira da cama pela manhã. Ele a enche de empolgação assim que seus olhos se abrem.

O Ás de Paus é a semente, o broto, e o início do elemento Fogo. Reflete um desejo ardente. O Fogo marca nosso sangue, nossas paixões, nossos desejos. É o naipe da carreira, do desejo e da espiritualidade. É energia pura. A energia das chamas do fogo aquece e nutre quando usada com segurança. O fogo contém o poder de chamuscar ou queimar quando usado de modo displicente ou quando sai do controle. Se não for contido, ele carrega o potencial de consumir, devorar e incinerar tudo. O Ás de Paus é o fogo interior que os yogues alimentam durante sua prática física. É o espírito sentido pelos pregadores fervorosos que falam sobre fogo e enxofre às suas congregações espiritualmente famintas. O Fogo é o elemento combustível, inevitável, que torna a vida digna de ser vivida. Ele com frequência nos coloca em apuros. E, no final, define quem somos.

Significado: Centelha de paixão. Desejo. Intenção. Inspiração. Excitação masculina.

Significado Sombrio: Reprimir seus desejos por nunca permitir que eles vejam a luz do dia.

Dois de Paus

O Dois de Paus transmite a vibração eletrizante que desperta a alma para a ação e a contemplação. Ele reflete a dualidade de se banhar numa luz penetrante. O fogo interior foi alimentado e os planos são traçados. Interprete a imagem do Dois de Paus literalmente: o mundo está em suas mãos. Agora é o momento de traçar planos. A energia da paixão dobra de intensidade e se inclina a seu favor. Faça alianças, liste metas, crie um painel visionário e anote por escrito o seu plano de ação. Escreva o romance que você sempre quis. Faça um plano de negócios para a sua empresa. Essa é a carta que a aconselha a avaliar as suas opções com cuidado. Bifurcações surgem no seu caminho. Escolha entre dois envolvimentos românticos. Encontre um parceiro cuja paixão seja igual à sua. Essa é a carta da esperteza e da ousadia, não da insensatez. Um plano bem executado combina paixão, conhecimento e senso de oportunidade. Segure esses elementos com firmeza em suas mãos enquanto avança.

Significado: Empreendimento. Planejamento. Dualidade. Encarar seu desejo de frente. Planeje para o futuro imediato.

Significado Sombrio: Recusa em agir. Letargia e tédio.

Três de Paus

As chamas saltitantes e resplandecentes do desejo são persuadidas a participar da dança hipnótica do fogo. A feiticeira lança o seu feitiço. Oferendas são feitas. Uma oração é sussurrada. Encantamentos não faltam. O botão de enviar é pressionado. Mensagens e comunicações voam em direção ao seu alvo, invocando o poder do três. A energia é lançada no mundo. Pessoas com pensamentos semelhantes se reúnem para ajudá-la em seu objetivo. Se o Dois de Paus sugere um planejamento cuidadoso, o Três de Paus reflete as primeiras etapas da execução do seu plano. Os planos estão em movimento. As marolas de causa e efeito são visíveis.

A ajuda chega de maneiras surpreendentes e inesperadas: um velho amigo reaparece, um patrono surge para financiar seu projeto criativo, um membro da família se oferece para lhe emprestar dinheiro, ou a sincronicidade surge do nada para ajudá-la. A Ordem da Aurora Dourada chamou essa carta de o "Senhor da Força Estabelecida", o que sugere que a proteção e o poder estão garantidos. Trata-se de uma carta forte e estável. Assim como o bastão da figura oferece apoio, você se manterá firme em suas convicções. Suas ações refletem força. A postura do Três de Paus reflete a resistência e a fortaleza à sua disposição.

Significado: Colaboração. Parcerias nos negócios. Avanço. Comércio.

Significado Sombrio: Recusar-se a colaborar com os outros e achar que pode seguir em frente por conta própria.

Quatro de Paus

O Quatro de Paus reflete um lar feliz, casamento e celebração. Centelhas de magia da fertilidade lançadas no meio do verão, festivais do fogo e a estabilidade quádrupla da paixão irradiam dessa carta. A aparência dela marca um retorno ao mundo natural e ao contato com a terra, no auge do seu poder radiante. A estabilidade apaixonada do fogo não consome, mas acende. O fogo cultiva prazer para todos que buscam seu calor. A carta significa folias, festivais de verão, festas e casamentos. Por fim, você tem algo a celebrar. O trabalho está feito; você trabalhou duro. Agora é hora do júbilo.

A alegria compartilhada é mais gratificante do que a felicidade vivida a sós. O Quatro de Paus reflete o desejo de compartilhar felicidade e sorte. Essa carta sugere que você inspire os outros presenteando-os com os mesmos tesouros e qualidades que lhe deram alegria.

Significado: Celebração. Festivais do fogo. Dança e riso. Família e amigos. Prazer.

Significado Sombrio: Não se permitir um pouco de diversão para provocar as pessoas ao seu redor.

Cinco de Paus

Cinco jovens erguem seus bastões uns contra os outros. Cada um está pensando em si mesmo. Todos assumem uma postura firme, com os pés plantados no chão. É a natureza incendiária das faíscas se acumulando, prestes a passar pela combustão. Isso é visto quando multidões estão à beira da violência, quando um protesto pacífico se torna perigoso ou quando conflitos inesperadamente irrompem. É o ponto num relacionamento de longo prazo em que as chamas do desejo são substituídas pela intensidade da agitação e do conflito. O Cinco de Paus aparece quando você tem a impressão de que todos ao seu redor estão querendo briga, seja no trabalho ou em casa.

O lado mais leve do Cinco de Paus revela um desafio prazeroso, uma disputa amigável ou um debate animado. A paixão pessoal muda mentes e influencia acontecimentos e outras pessoas. Um segredo dessa carta é revelado quando se olha para o futuro. As cinco figuras se juntam e formam a figura de um pentagrama mágico com seus bastões. Para aqueles que não desejam se envolver em brigas e que evitam conflitos, um momento de verdade pode estar chegando. Você vai defender o que é certo? É capaz de expressar suas opiniões e pensamentos sem atacar aqueles que se opõem a você? Consegue não se tornar parte do problema?

Significado: Conflito. Obstáculo. Disputa pelo poder. Luta por diversão. Drama. Energia. Ação. Conflito que leva a novas ideias.

Significado Sombrio: Brigar só pelo prazer de brigar.

Seis de Paus

Você tem motivo para celebrar. Uma figura carrega um bastão e cavalga num desfile jubilante. A multidão acena com cinco bastões no ar. Desfiles de vitória evocam o sucesso e o júbilo de países, de equipes e de indivíduos. Eventos esportivos culminam em marchas da vitória para as equipes vencedoras de suas respectivas cidades. O fogo é a essência vital usada em celebrações em todo o mundo. O Seis de Paus reflete a imagem de uma marcha da vitória. O sucesso é seu. Missão cumprida. O movimento para a frente começa.

Essa é a carta da realização, mas, como em todos os seis dos Arcanos Menores, a história está longe de terminar; há mais pela frente. Esse é o espaço da compaixão, da bondade e do amor infinito. Os seis trazem recompensas pela experiência e superação dos tempos difíceis, refletidos em cartas anteriores. Eles também lembram que é apenas por meio da experiência que descobrimos de que somos feitos. O número seis conecta-se à carta do Carro, que avança sobre todos nós em seu percurso. A aparência de qualquer seis pede ao leitor que considere se está dando ou recebendo.

Significado: Triunfo. Boas notícias. Adulação. Férias inesperadas. Liderança pelo exemplo.

Significado Sombrio: Ser muito duro consigo mesma a ponto de não aproveitar os frutos do próprio trabalho.

Sete de Paus

O Sete de Paus é a carta da confrontação. A natureza animada do Fogo nos ajuda a defender o que acreditamos, mesmo que nos sintamos sozinhas em nossas batalhas. Instintos vêm em nosso auxílio quando defendemos causas apaixonadas e políticas. O atrito aquece a situação. Inchamos como um balão ou um baiacu, ganhando força no momento em que é necessário. Precisamos estar atentas à sede de sangue do Fogo, mesmo com as melhores intenções. Se cedermos aos nossos instintos mais primitivos, poderemos vencer a batalha, mas teremos perdido a guerra.

A figura na carta do Sete de Paus planeja uma emboscada para arruinar o desfile da vitória do Seis de Paus, que passa abaixo dele como Robin Hood? Ele luta contra invasores? Está defendendo seu terreno elevado de uma multidão enfurecida, como o Frankenstein de Mary Shelley? Ele imaginou toda a cena? Ele é como Dom Quixote atacando os moinhos de vento na sua mente? Os setes dos Arcanos Menores são cartas carregadas de energia. Uma situação se desenvolveu. Vale a pena lutar pelos objetos e ideais em jogo. Incorporamos o Sete de Paus quando nos sentimos ameaçadas e defendemos nossas ações ou trabalho criativo.

Significado: Defesa. Ser colocada no centro das atenções. Terreno elevado. Apagar incêndios. Um plano é necessário.

Significado Sombrio: Iniciar brigas propositalmente para evitar o trabalho que deveria estar fazendo.

Oito de Paus

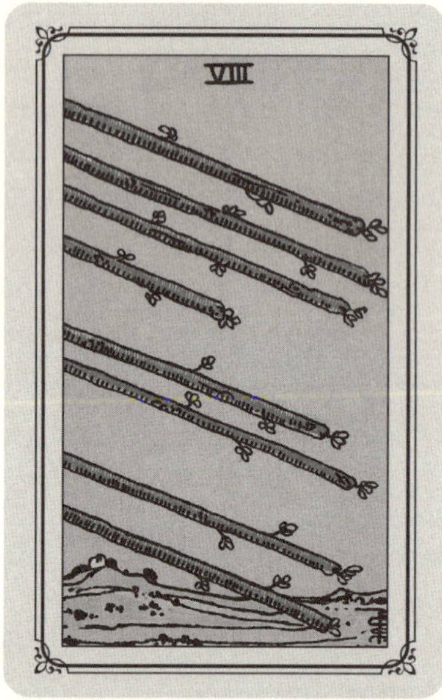

Oito bastões voam pelo céu. Uma terra fértil jaz abaixo. Um rio serpenteia e uma casa se ergue no topo de uma colina. O poder da intenção se manifesta, visível e vivo no Oito de Paus. Essa carta ecoa o chamado e a resposta do universo. Uma intenção é revelada por meio de uma invocação, oração ou feitiço. Outros a chamam de sincronicidade ou coincidência, mas o leitor sabe que é o universo agindo em perfeita conformidade com suas leis. O Oito de Paus nos informa que escolhemos bem. Essa é a carta da ação kármica. As intenções enviadas ao mundo retornam ao remetente triplicadas.

Visualizamos nosso desejo com o olho da mente, assim como a mitológica Ártemis tensiona e aponta seu arco e flecha. O arqueiro Sagitário, a associação astrológica da carta, conecta-se à intuição e à sabedoria. Os bastões estão em pleno voo, seu destino final é desconhecido. O Oito de Paus ecoa o espaço entre o desejo e a culminação. O Oito de Paus frequentemente significa mensagens de amor. Você está vulnerável às flechas do amor? Você é o remetente ou o destinatário? A natureza fálica de um bastão penetrante buscando seu alvo é multiplicada por oito, o número da sincronicidade. Ela sugere grande velocidade e acontecimentos se desenrolando com rapidez. Planos, ideias e diretrizes estão em andamento, como um raio em pleno curso, mas o destino final é desconhecido.

Significado: Intenções. Ação. Mensagens de amor. Resultados rápidos. Acontecimentos imprevistos. Ramificações.

Significado Sombrio: Medo de se expor. Relutância em correr riscos.

Nove de Paus

O Nove de Paus é um limiar. O limiar marca a passagem entre aqui e ali, no tempo, no espaço e no lugar — uma linha divisória entre o interior e o exterior, entre um e outro. É o véu que separa mundos, realidades e possibilidades. O número nove é o número da realização de desejos e dos resultados concretos. Oito bastões estão pintados no cenário como uma cerca, enquanto uma figura os atravessa segurando o nono bastão. Ele olha para o lado. O que está procurando?

Essa é uma carta de superação de barreiras, da quebra de tetos de vidro e do uso de reservas energéticas para entrar num espaço de transformação. Ela reflete a mudança da casa dos pais, o início de uma faculdade, o começo de um novo trabalho, a gestação do primeiro filho. O Nove de Paus é você se forçando a ir além de todas as zonas de conforto. O risco vale a pena. A ação traz consequências reais e verdadeiras em sua vida. É a coragem de se afirmar no lugar onde antes você se encolhia. É uma experiência criativa emocionante. Você vê ou faz algo completamente novo. É o momento em que você recebe aquilo pelo qual lutou por tanto tempo e com tanto empenho.

Significado: Quebra de barreiras. Território desconhecido. Coragem. A vontade de ter sucesso contra todas as probabilidades.

Significado Sombrio: Intrometer-se deliberadamente em assuntos que não são seus, especialmente nos negócios dos outros.

Dez de Paus

Os bastões são vertiginosos. Deslumbrantemente eletrizados, refletem a essência do amor erótico. A natureza dinâmica dos bastões não arderá para sempre. A alma está exausta à medida que a energia dos bastões se esgota. O indivíduo devastado e exaurido pela intensidade dos bastões é exibido no Dez de Paus.

O Dez de Paus retrata a etapa final das reservas de energia. Um ciclo é concluído. O indivíduo se afasta. Essa carta reflete o ato de reunir o que resta e partir. Ele agarra dez bastões com as mãos e os braços, assumindo a responsabilidade por suas ações. É a limpeza do que se acumulou. Suas costas estão curvadas e sua cabeça cai na direção dos bastões, sinalizando a necessidade de descanso. Um céu azul paira sobre uma pequena propriedade e um conjunto ordenado de árvores; um refúgio seguro está à espera. Um campo arado, pronto para o plantio e rico em possibilidades, sinaliza novos começos à medida que o naipe se renova no Ás. Por ora, o ciclo e a situação chegaram a uma culminação. Novas perspectivas logo surgirão no horizonte.

Significado: A história está concluída. Um descanso merecido é necessário. Tempo para descansar.

Significado Sombrio: Prolongar uma situação que precisa ter fim. Ferir-se sem necessidade. Recusa em abandonar o que não serve mais. Pare de se esconder atrás da dor e da angústia.

Ás de Copas

O Ás de Copas transborda com emoção, amor e intimidade. A água batismal transbordante reflete um coração aberto. Cinco fluxos d'água semelhantes a uma fonte jorram de dentro do cálice e deságuam no lago. A pomba, símbolo da paz, desce com a dádiva da inspiração. Ela marca a capacidade de dar e receber. Essa é a carta do rejuvenescimento; a água nos purifica do ponto de vista físico e metafórico. A energia irrompe, refletindo sentimentos renovados, uma cachoeira ou até mesmo um bom choro. A carta evoca o som de água borbulhante, caindo em cascata. O Ás de Copas é a carta que abre o coração e está conectado ao chakra cardíaco, o lugar onde cada um de nós experimenta e expressa amor, vulnerabilidade e paz.

O elemento Água, refletido pelo naipe de Copas, é o naipe das emoções, dos sentimentos e da arte. A natureza das emoções percorre um espectro completo, da luz à escuridão. A raiva e o medo pairam por trás da alegria e da expansão. Nem toda emoção é maravilhosa; algumas delas são desconfortáveis e estranhas. Uma carta de Tarô é como uma foto única de você. Ela toca apenas a superfície do que habita o espaço abaixo.

Significado: Excesso de emoção. Fluxo. A abertura do coração. Expressões de amor e gratidão. Receptividade. Nutrição. Alegria.

Significado Sombrio: Colocar expectativas em tudo que lhe desperta emoção. Emoções ligadas a expectativas.

Dois de Copas

O Dois de Copas é a carta da alma gêmea. O encantador Dois de Copas ecoa o reconhecimento emocional do coração em outra pessoa. Trata-se de um encontro de mentes afins e da cara-metade, da dualidade da alma e da descoberta do desejo refletido do coração. Você encontra alguém pela primeira vez, mas parece que vocês se conhecem há muito tempo. Por outro lado, velhos amigos se reencontram, não importa quantos meses ou anos tenham passado, e parece que se viram no dia anterior. Os dois retomam a conversa exatamente de onde pararam. Às vezes, o Dois de Copas é você se encontrando com um coração receptivo.

O Dois de Copas também pode ser interpretado como a carta do compromisso. Às vezes ele fala de casamento e cerimônias românticas para poucas pessoas. Os cálices refletem sentimentos genuínos; a casa atrás do casal é o que eles buscam construir juntos. A pureza da emoção é primordial. É afeição generosa um pelo outro.

Significado: Amizade. Adoração. Reflexão. Dualidade. Espelho. Saudação sincera. Prazer profundo. Almas gêmeas.

Significado Sombrio: Recusar-se a reconhecer a interconexão que existe entre todos nós.

Três de Copas

O Três de Copas tem uma interpretação simples e direta. A celebração é sua, mas é compartilhada com amigos. Essa carta reflete os laços profundos de amizade e a harmonia com outras pessoas. O Três de Copas nos mostra a natureza criativa da emoção e do amor em seu elemento mais elevado. A felicidade é maior quando compartilhada com os outros. A Lei Tríplice afirma que aquilo que você irradia para o mundo retorna para você com uma força três vezes maior. Compartilhe com os outros o que você espera receber. Dê aos outros o que gostaria de ter. Quanto mais você dá, mais recebe.

O abundante Três de Copas reflete a triplicidade do prazer e do fluxo. A criatividade aumenta à medida que as consortes da deusa dançam, rodopiam e brincam de roda. As três donzelas se apoiam mutuamente. O campo fértil explode com a colheita enquanto a manifestação se multiplica. As três bruxas de *Macbeth* se entregam à embriaguez do verão, numa dança circular. As três Graças fazem um ritual de verão com sua coreografia graciosa.

O Três de Copas é um lembrete para que você se cerque de pessoas que a elevam. Toda vida é uma troca energética. Pare para refletir sobre como você gasta e conserva suas reservas energéticas pessoais. Você está cercada por pessoas que a apoiam ou que a deixam se sentindo esgotada? Faça os ajustes necessários. A alegria, a diversão e a felicidade são suas para você desfrutá-las.

Significado: Laços profundos de amizade. Companhia e camaradagem. Conexão. Redes de apoio. Diversão.

Significado Sombrio: Derrubar os outros em vez de incentivá-los. Ciúmes e desconfiança.

Quatro de Copas

O Quatro de Copas reflete a mente contemplativa, porque a estabilidade das emoções é expressa pelo número e pelo naipe. O quatro oferece estrutura emocional. Pensamentos calmos prevalecem. A mente tranquila dá espaço para a descoberta e a possibilidade. A figura senta-se sob uma árvore. Uma mão mágica segurando um cálice materializa-se do nada. Dizem que o Buda, fundador do Budismo cujo nome em sânscrito significa "aquele que despertou", estava sentado sob a Árvore Bodhi (Bo) quando atingiu a iluminação. Ele a atingiu por meio do silêncio mental. Para silenciar a mente e meditar, o praticante permite que as emoções e os pensamentos passem pela sua tela mental, sem se apegar a eles. Essa é a carta de quem se torna o observador ativo da sua própria existência.

O reflexivo Quatro de Copas é com frequência interpretado como uma carta de complacência. Uma mensagem simples passa pela carta, que lembra o consulente de olhar para a frente. Note o que está bem diante de você. Uma oportunidade está ao seu alcance, mas pode ser perdida. É impossível observar tudo ao seu redor ao mesmo tempo. Convém nos concentrar em apenas algumas coisas por vez para evitar uma sobrecarga sensorial. No entanto, podemos escolher em que nos concentrar. Somos nós que decidimos o que merece nossa atenção e energia. O Quatro de Copas oferece uma oportunidade para você reexaminar os potenciais ao seu redor. Permaneça aberta ao inesperado.

Significado: Tédio. Perder-se em pensamento. Estabilidade emocional. Fazer uma pausa para ver o que se desenvolve. Conexão com a natureza.

Significado Sombrio: Ignorar propositalmente todas as dádivas e oportunidades que você recebe para poder ficar de mau humor.

Cinco de Copas

O Cinco de Copas está impregnado de uma presença sombria e perturbadora. Desafios emocionais reverberam dessa carta. O Cinco de Copas é considerado com frequência a carta da dependência, devido à base emocional e química da dependência. Três cálices estão caídos, representando uma perda. Deles se derrama um líquido misterioso. Dois cálices estão em pé ao lado direito da figura. Não está claro o que eles contêm. A figura, trajando vestes negras e melancólicas, contempla o abismo. Suas costas estão voltadas para os cálices em pé. A figura pegará os cálices ou seguirá em direção à ponte que atravessa o rio? A salvação está do outro lado? Quantos de nós já vestiram o manto da tristeza e das lágrimas? A figura vai aceitar a transformação e escolher a luz em vez da escuridão, ou vai preferir passar pela mesma lição novamente? Se formos sábios e aprendermos com nossas mais profundas tristezas, elas proporcionarão um contexto para a felicidade. Vamos voltar para sofrer mais ou dar um basta? A luta é aparente em todas as cartas de número cinco dos Arcanos Menores, porque o cinco marca o ponto intermediário. A luta continua. Surge o desafio.

Os rios marcam limites distintos; com frequência, marcam as fronteiras entre terras e países. Os rios e as pontes são dispositivos metafóricos que oferecem a oportunidade de "atravessar" ou transpor algo, como uma "ponte sobre águas turbulentas". Eles proporcionam movimento entre territórios, dos vivos para os mortos, entre o consciente e o inconsciente, do ruim para o bom e vice-versa. As pontes nos ajudam a seguir para uma nova forma de ser, à medida que nos movemos do conhecido para o desconhecido. Uma ponte, assim como uma porta ou um portão, oferece a possibilidade de deixar algo ou alguém para trás.

Significado: Perda. Desilusão. Depressão. Tristeza. Predisposição para desenvolver vícios. Melancolia.

Significado Sombrio: Sentir que seus problemas são piores do que os dos outros. Assumir o papel de vítima.

Seis de Copas

Após a escuridão e o desespero do Cinco de Copas, a esperança renasce no Seis de Copas. Duas figuras infantis trocam presentes de coração, e o calor da alma floresce como flores. Cálices, antes vazios, agora transbordam de beleza. A natureza tangível das flores e da folhagem sugere a manifestação do desejo e os resultados com que você pode contar. O Seis de Copas contém o antídoto para a melancolia e o desespero implícitos no Cinco de Copas. Dê aos outros o que você deseja receber. Que o primeiro gesto seja seu; dê o primeiro passo.

Por tradição, o que se vê é separação e hierarquia entre as duas figuras, assim como em todas as cartas de número seis dos Arcanos Menores. A figura masculina se destaca sobre a figura feminina, menor. Seu posicionamento indica separação, autoridade e a presunção que o poder provoca. Os Arcanos Menores demonstram uma progressão numérica, na qual cada um deles vai ficando mais elevado, maior e mais próximo do seu objetivo final, de completa manifestação, na décima carta. A maturidade, as lições e a história estão agora evoluindo entre as cartas superiores. A dádiva inesperada é o poder e a sabedoria.

Significado: Nostalgia. Uma caminhada pela alameda da memória. Óculos cor-de-rosa. Presentes de natureza sentimental para outra pessoa. A bondade do coração.

Significado Sombrio: Pensar que as coisas nunca serão tão boas quanto foram um dia. Apegar-se a acontecimentos passados.

Sete de Copas

O Sete de Copas oferece uma ampla variedade de interpretações. A imagem pode lembrar um cinema, onde a silhueta de um homem está projetada contra a tela. A produção cinematográfica ainda estava em seus primórdios quando o *Tarô Waite-Smith* foi criado. O primeiro cinema de Londres abriu treze anos antes da publicação desse baralho, em 1896. Ele exibia curtas em preto e branco, silenciosos e granulados. Em vista do título esotérico da carta, "Senhor do Sucesso Ilusório", e da descrição que Waite fez dela ("imagens de reflexão, sentimento e imaginação"), convém ver essa carta como um filme em movimento. Trata-se de uma projeção cinematográfica ou o leitor está projetando os cálices a partir da sua imaginação? Ele desenhou esses cálices na frente dele, como as cartas numa leitura? A imagem vem da figura ou de um poder superior? Estamos nos concentrando no que queremos para nós mesmas ou ouvindo os outros, que acham que sabem mais do que nós?

Começando do canto superior esquerdo e seguindo para a direita:

Cálice nº 1: A cabeça feminina corresponde à Imperatriz e se conecta ao planeta Vênus (lembre-se do símbolo de Vênus nas vestes da Imperatriz).

Cálice nº 2: A figura velada e luminosa é a Sacerdotisa e se conecta à Lua (lembre-se da coroa de Lua da Sacerdotisa).

Cálice nº 3: A cobra que escapa do cálice é o Mago e se conecta a Mercúrio (lembre-se do cinto de cobra do Mago, que devora a si mesma, ao redor da cintura dele).

Começando no canto inferior esquerdo e seguindo para a direita:

Cálice nº 4: O castelo nos altos rochedos reflete a carta da Torre e se conecta a Marte (lembre-se de que a Torre fica no pico de uma montanha).

Cálice nº 5: Joias brilhantes refletem a Roda da Fortuna e conecta-se a Júpiter (lembre-se de que a Roda representa sorte, fortuna e destino).

Cálice nº 6: A guirlanda reflete a carta do Mundo e se conecta a Saturno (lembre-se da coroa da Dançarina do Mundo). Um crânio está gravado no cálice para refletir os aspectos yin e yang da vida e da morte.

Cálice nº 7: O dragão agachado reflete a carta do Sol e se conecta ao próprio Sol (lembre-se de que o sopro do dragão possui o poder incendiário do Sol).

Significado: Opções. Seleções. Sonhos. Fantasias.

Significado Sombrio: A incapacidade de tomar uma decisão por medo de fazer a escolha errada.

Oito de Copas

O Oito de Copas carrega uma poderosa magia e um silêncio evocativo. Uma figura move-se trilha acima. A água silenciosa ondula sob um Sol e uma Lua. Um raro eclipse solar ocorre quando a Lua passa diante do Sol, bloqueando a luz e projetando estranhas sombras duplas na paisagem. A figura materializou-se de um cálice? Duas pilhas de cálices estão em primeiro plano. A figura se afasta delas. Uma observação mais atenta revela a linha da tela de fundo. O Oito de Copas é uma carta de palco. Estamos olhando para um fundo pintado, não para uma figura real. A situação é uma ilusão ou reflete a realidade?

A figura da carta conecta-se à do Eremita, retratando-o no início de sua jornada montanha acima. Com o cajado na mão, ele avança em direção a um cume elevado e distante do que foi conquistado. Trata-se da essência da peregrinação, a jornada sagrada de devoção religiosa. Ele se move em direção a alturas espirituais, afastando-se dos bens mundanos. É o caminho elevado e menos percorrido, com tudo que essas frases implicam. Que caminhos você percorreu? Qual é o seu caminho atual? Para onde você está indo? Você traçou seu curso? O que você deve fazer neste exato momento? O que pode deixar para trás?

A figura se afasta do que não é mais necessário, mesmo que tenha sido algo pelo qual tenha lutado. Você está satisfeita com o que criou? Estaria disposta a abandonar tudo? Você buscará algo novo ou permanecerá do mesmo jeito? O risco inerente que existe quando se abandona tudo requer uma certa bravura. O número oito conecta essa carta à carta da Força. O poeta Rumi diz: "Não se entristeça: tudo o que você perde retorna de outra forma". É um ato de coragem afastar-se de uma situação, pessoa ou coisa que você valoriza e se sentir segura de que algo semelhante ou melhor surgirá na sua vida. No entanto, quando temos coragem e testamos esse princípio, descobrimos que ele é verdadeiro. Encontramos o amor novamente. A felicidade retorna. Deixamos o que é confortável, com a certeza de que podemos fazer melhor, demonstrar mais empenho e criar algo extraordinário. Nossa fé e nosso trabalho árduo são recompensados. O Oito de Copas implora para que nos libertemos das amarras do medo e da desesperança para abrir novos caminhos.

Significado: Deixar para trás o que você não precisa mais. Abandonar todas as coisas em busca de um futuro melhor e mais brilhante.

Significado Sombrio: Ter o hábito de fugir do que assusta.

Nove de Copas

O alegre Nove de Copas diz: "Seu desejo se tornará realidade!". Seu sonho é concedido. Um gênio está sentado, com os braços cruzados, dando uma piscadela e prometendo transformar sua fantasia em realidade. Nove cálices, o número da realização dos desejos, estão enfileirados em arco, atrás do gênio. Eles prenunciam a forma de arco-íris que aparece na carta do Dez de Copas, à medida que o ciclo se aproxima do fim. Os nove cálices estão sobre uma toalha azul que cobre uma mesa. Haveria algum significado oculto numa carta aparentemente tão simples?

Essa carta também lembra o consulente de que ele precisa ter cuidado com o que deseja. Por que essa pessoa precisaria ter cuidado? Porque a realização de desejos com frequência causa consequências imprevistas. O antigo ditado é verdadeiro, a grama é muitas vezes mais verde do outro lado da cerca. Achamos que uma coisa imaginada é melhor, sendo que a coisa real está bem diante de nós o tempo todo.

A contemplação final dessa carta vem na forma da nona posição da tiragem da Cruz Celta, que reflete esperanças e medos. Como a esperança e o medo podem ser os dois lados da mesma moeda? Se esperamos algo, por que ainda não temos isso? A carta torna-se um marcador da evolução espiritual e humana final e de um trabalho bem-feito, quando superamos nossos medos, e nossos desejos mais profundos são atendidos.

Significado: Seu desejo se tornará realidade. Resultados aparecem. Desejos são concedidos.

Significado Sombrio: Recusa em se sentir feliz e satisfeita mesmo quando você consegue o que deseja.

Dez de Copas

O deslumbrante Dez de Copas é a carta do "felizes para sempre". O ciclo de copas atinge seu clímax. Uma família alegre aparece sob um arco-íris colorido e de traços antiquados. O arco-íris evoca sentimentos do coração e harmonia. O sonho se torna realidade e algo de grande valor aparece. Uma casa pitoresca é vista ao lado de um rio sinuoso. O casal aponta para o céu como se tivesse evocado o arco-íris ou o estivesse apresentando. É a cereja do bolo da sua história.

O Dez de Copas reflete a típica família nuclear. Essa é a única carta no *Tarô Waite-Smith* que contém todos os quatro títulos ou categorias familiares das Cartas da Corte: o Rei/Pai, a Rainha/Mãe, o Cavaleiro/Adolescente do sexo masculino, o Valete/Pré-adolescente do sexo feminino. As quatro figuras representam o *Tetragrammaton*, ou o nome quadruplo da divindade hebraica. As figuras femininas, vestidas de azul, simbolizam o elemento Água. As figuras masculinas, vestidas de vermelho, simbolizam o elemento Fogo.

Coloque o Dois de Copas ao lado do Dez de Copas para ver o ponto culminante da narrativa. O casal cresceu e amadureceu, chegando à idade adulta, e formou uma família. A mesma casa de telhado vermelho permanece, e as árvores cresceram junto com os filhos.

Significado: Felizes para sempre. Contentamento familiar. Ter o que você sempre quis. Bem-aventurança divina.

Significado Sombrio: A realidade não corresponde à ilusão. Falsa aparência de felicidade. Desintegração de uma família. Perda de alegria. Problemas em casa.

Ás de Espadas

O Ás de Espadas é a essência da mente. Com execução rápida e inteligente, representando uma excelente ideia, instintos intelectuais e acuidade mental, o Ás de Espadas aconselha o indivíduo a agir de acordo com seu primeiro impulso ou intuição. Sugere um momento de total clareza. Um problema é resolvido. Você sabe que é a verdade. Esse momento acontece antes que outros intervenham para nos convencer do contrário ou que permitamos que as circunstâncias nos influenciem. A definição de intenções claras a cada dia ajuda a colocar o Ás de Espadas firmemente na mão. Ele direciona a vontade e foca a consciência. As intenções, sejam elas inerentes ou intencionais, informam tudo na vida.

As espadas são um instrumento à nossa disposição. Aqueles que têm a sorte de possuir uma mente sã, sem desequilíbrio químico ou doença mental, têm a capacidade de escolher seus pensamentos. A escolha dos pensamentos permite que emoções destrutivas ou os devaneios flutuem para longe, sem causar uma reação em nós. A atenção é como um feixe de laser: aquilo em que focamos se infunde de poder. O Ás de Espadas nos lembra de que já estamos de posse do instrumento mais transformador da vida.

Para dominar o "grandioso poder" do Ás de Espadas, precisamos apenas assumir o controle da mente. Controlar a mente significa escolher os pensamentos em que vamos nos concentrar e aqueles que é melhor deixar ir. Esse é o trabalho dos mestres zen. A oportunidade existe a cada momento, todos os dias, até mesmo agora. Ao adquirir controle sobre a mente, nós operamos o computador, em vez de permitir que o computador nos opere.

Significado: Um lampejo intuitivo. Uma ideia genial. Um acerto. Vitória.

Significado Sombrio: Descartar uma ideia antes que ela ganhe forma. Algo está pedindo sua consideração.

Dois de Espadas

O Dois de Espadas representa tranquilidade e calma. Ele sugere que você bloqueie o mundo lá fora e mantenha tudo o que é intrusivo a distância. Essa é a carta que sinaliza o momento de se afastar de distrações, tarefas, pais invasivos, casas cheias de crianças, responsabilidades e colegas de trabalho, chefes ou clientes exigentes. Ela reflete uma prática espiritual proveitosa ou atenção concentrada durante um momento de resolução de problemas. O Dois de Espadas também pode ser compreendido como a carta da negação, uma recusa em olhar para fatos óbvios que estão bem diante do seu nariz. Assim como o Pendurado, o Dois de Espadas é um momento suspenso no tempo, em que acontecimentos, sentimentos e observações são processados.

A dualidade da carta reflete a capacidade de manter dois pensamentos contrários ao mesmo tempo. Sugere uma ampla gama de pensamentos e a vantagem intelectual de entender verdades essenciais da natureza humana. Reflete a empatia de se colocar no lugar do outro. Sugere a compreensão da existência de uma área cinzenta, onde nenhum problema é preto e branco, mas apresenta uma variedade de tons. A decisão de se elevar acima de uma situação dá a você uma visão panorâmica.

As reações intuitivas a essa carta variam. Alguns consulentes ficam inquietos com a imagem. Outros a acham pacífica. Os primeiros sentem o medo do perigo ou do aprisionamento ao observar a venda e as espadas. Os últimos acham que a figura mantém uma postura protetora. Eles veem um indivíduo que se vendou voluntariamente para bloquear o mundo externo, como uma máscara de dormir. A carta enfoca sua vida interior e a meditação como a do yogue, que se concentra em silêncio no início da sua prática e define sua intenção.

Significado: Reflexão. Pausa. Observação interior. Não olhar para o que está diante de você. Fazer uma pausa para considerar o modo como você realmente se sente.

Significado Sombrio: Não articular o modo como você se sente devido à baixa autoestima. Incapacidade de se expressar porque não consegue encontrar sua verdade interior sobre o assunto em questão.

Três de Espadas

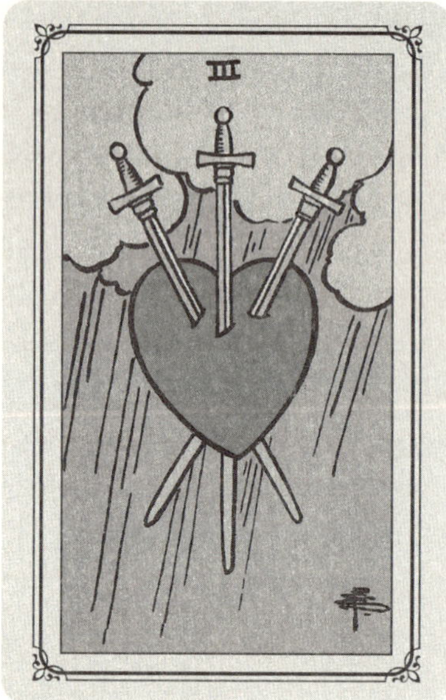

O Três de Espadas é uma carta simples, mas poderosa, que expressa a simetria do coração partido. Ela apresenta uma imagem impressionante, que é muito usada como tatuagem. Um coração vermelho-sangue flutua no ar. Três espadas o transpassam com exatidão e precisão cirúrgica. Nuvens de tempestade cercam o coração. A chuva cai em grossas cortinas. O Três de Espadas é uma das cartas mais assustadoras do baralho. Ele pode despedaçar o coração, e geralmente o faz.

Em relação à vida pessoal, ele sugere a descoberta de um triângulo amoroso, que envolve traição ou a participação nele. A traição de um amigo devasta o coração. Membros da família atacam nossa jugular. Espadas brilhantes mergulham num coração escarlate de perfeita simetria. A precisão cirúrgica do ferimento sugere que o golpe no coração é intencional, o que o torna ainda mais doloroso. Essa é a carta da traição, especialmente em termos de um triângulo amoroso. A beleza dessa carta reside na ferida que deixa entrar a luz. É a capacidade de sentir dor e desconforto, o que é marcado por um profundo amor e compaixão holísticos em contraparte.

Significado: Coração partido. Angústia. Traição. Crueldade de todos os lados. Dor emocional e mental. Agonia aguda. Abertura do coração.

Significado Sombrio: Um coração tão duro e insensível que se recusa a se mostrar vulnerável.

Quatro de Espadas

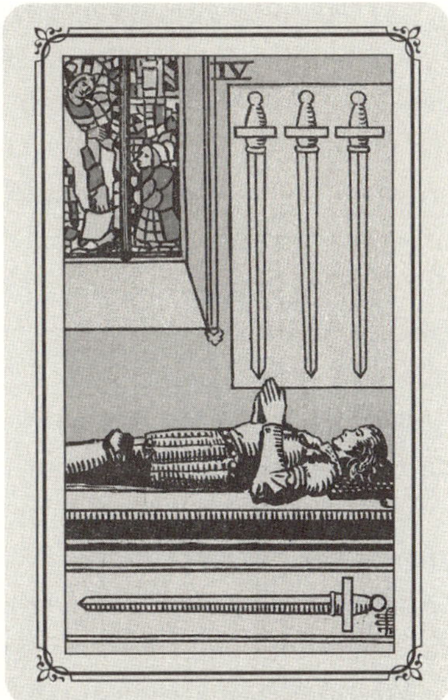

O Quatro de Espadas representa descanso, repouso e o calmo santuário interior da mente. O espaço dessa carta oferece refazimento e refúgio para a alma cansada. O conselho da carta é relaxar, não se preocupar. O coração fervoroso pode fazer uma pausa. Durma. As coisas vão melhorar e parecer mais fáceis amanhã. O equilíbrio e a estabilidade estão em total oposição ao Nove de Espadas. São pensamentos cuidadosamente organizados e ordenados.

O silêncio predomina num túmulo pacífico situado em uma capela cinza-pedra. Uma única espada está esculpida no caixão. Três espadas pendem acima da figura que descansa em efígie. Um vitral colorido deixa a luz entrar. O Quatro de Espadas é uma efígie, ou escultura funerária, de um cavaleiro caído. Ele descansa dentro de um túmulo ou num canto de uma catedral sagrada. Esse posicionamento sugere um sono tão profundo quanto a morte — um sono pleno e profundo, como diz Shakespeare em *Hamlet*, "Morrer, dormir, nada mais; e dizer que pelo sono se findam as dores, como os mil abalos inerentes à carne. É a conclusão que devemos buscar". As dores mencionadas nesse trecho de Hamlet podem ser vistas em correlação direta com a dor do Três de Espadas anterior. As nuvens de tempestade passaram, os sentimentos foram vividos: agora é o momento do doce refazimento. A carta evoca o *savasana* do Yoga, a postura do cadáver, uma posição restauradora. A postura do cadáver é tão importante quanto as posturas extremamente desafiadoras do ponto de vista físico, pois equilíbrio e regeneração são tão importantes quanto flexibilidade e força.

Significado: Estabilidade dos pensamentos. Descanso. Sono. Restauração. Paz. Calma. Mente tranquila.

Significado Sombrio: Esconder-se na cama ou atrás de dispositivos tecnológicos para evitar as responsabilidades.

Cinco de Espadas

O Cinco de Espadas é a crueldade entre pessoas. Uma terrível briga irrompeu. Um vencedor, um perdedor e um mediador estão presentes. As consequências são reais, os acontecimentos estão em curso, os sentimentos foram expressos. Não há como retroceder. Talvez você tenha sido excessivamente verdadeira ou simplesmente cruel. Talvez tenha sido vítima de agressão. Uma mensagem desagradável foi enviada para a pessoa errada e agora você está em apuros. A natureza grupal dessa carta sugere intimidação em grupos ou pessoas se unindo contra outra. O homem que coleta as espadas possui uma vantagem diabólica. Ele se deleita com o que foi tomado à força e causou dor ao outro. Ele se alegra com a dor alheia.

O Cinco de Espadas nos lembra do poder das palavras e do impacto que elas podem ter sobre os outros. Nessa carta, é como se as três espadas perfurantes se tornassem humanas. A metáfora sugerida torna-se literal. A figura menor ao fundo prenuncia o desespero do Nove de Espadas. A superfície da água e as nuvens refletem uma energia agitada. As implicações kármicas da carta lembram ao consulente que a participação em atos agressivos resultará inevitavelmente na obrigatoriedade de estar no lugar de cada um dos personagens. Por que passar por essas etapas? Siga pelo caminho mais elevado, libere o ego e dissipe qualquer energia que leve a tais desentendimentos.

Significado: Crueldade. Causar dor. Trapaça. Não jogar limpo. Intimidações. Um jogo sem vencedores. Drama excessivo.

Significado Sombrio: Automutilação.

Seis de Espadas

O Seis de Espadas é a carta das jornadas literais ou metafóricas. Passagem, travessia e movimento são os conceitos que irradiam da carta, enquanto duas figuras são transportadas pela água. Seus rostos estão ocultos. Seis espadas estão cravadas na frente do barco. Uma costa distante é visível. A aparência dessa carta geralmente sugere que tempos melhores virão. As águas agitadas à direita do barco e as águas calmas à esquerda refletem a transição de uma situação desafiadora para o alívio. A suposta profundidade da água e do rio pode ser vista como a profundidade emocional do relacionamento. Essa carta reflete um movimento literal, como a compra de uma casa nova ou a mudança para uma outra cidade, estado ou país. Ela pode refletir o avanço e o progresso com uma criança. A aparência da carta também sugere viagens e férias.

Uma atmosfera mística envolve a carta. Ela suscita a transição para um novo plano de existência ou para o mundo subterrâneo, o mundo inferior ou o Outro Mundo. Caronte, o espírito barqueiro grego que transporta almas mortas pelo rio Estige em direção ao reino de Hades, assombra a imagem dessa carta. Segundo o mito, as almas mortas pagavam a Caronte uma única moeda por sua travessia. Nos ritos funerários, colocava-se uma moeda na boca do cadáver durante o enterro. Cadáveres sem dinheiro ou atormentados por ritos funerários inadequados estavam condenados a vagar pelo leito do rio. A mensagem implícita lembra o consulente de se preparar para um movimento rumo ao desconhecido. Não permaneça num só lugar por muito tempo. O Seis de Espadas é uma carta profunda e eloquente, seja a viagem implícita metafórica, alegre ou dolorosa.

Significado: Tempos melhores estão por vir. Jornada. Relacionamentos evocativos. Passagem. Movimento.

Significado Sombrio: Recusar-se a se afastar de uma situação negativa. Não aceitar a ajuda dos outros, embora se necessite. Insistir em permanecer num só lugar.

Sete de Espadas

O Sete de Espadas reflete engano ou traição. O que você está tentando esconder? Economizar tempo, sacrificando a qualidade no trabalho ou nos estudos? Levar uma vida secreta no mundo do crime? Espiar pelas costas de alguém? Um homem usando um fez carmesim carrega cinco espadas na mão. Atrás dele, barracas festivas com abas abertas exibem bandeiras alegres. Um grupo de indivíduos ou soldados se aglomera ao redor de uma fogueira numa silhueta distante. O homem olha para trás enquanto se afasta na ponta dos pés.

A figura avança por vontade própria. Seu movimento sugere que você se mexa, sem esperar a validação ou a opinião dos outros. Você não busca mais a aprovação de ninguém. Pode se sentir tímida e com uma necessidade instintiva de esconder seus atos. Espere para contar aos outros só depois que sua ação estiver completa. Essa carta sugere que você se mova silenciosamente, sem alarde, divulgação ou ostentação. Tudo o que você faz precisa ser anunciado ou atualizado? Busque sua própria aprovação. Esqueça o resto.

A natureza mística do número sete revela um pensamento mágico e original. Você vê algo que os outros não veem. Você tem uma vantagem exclusiva. Você ultrapassa rapidamente qualquer concorrente. É hora de coletar o que é importante para você e seguir em frente, enquanto presta atenção à medida que avança. Não deixe rastros.

Significado: Elaborar um plano. Editar. Mover-se silenciosamente sob o radar.

Significado Sombrio: Enganar os outros, mas também enganar a si mesma. Mentiras e esquemas. Engano com consequências graves para você e para os outros.

Oito de Espadas

Para muitos, o Oito de Espadas é uma carta assustadora. Uma mulher está vendada, o que exprime uma intensa vida interior e uma experiência xamânica. Ela está amarrada à beira-mar, o que marca a convergência do espaço elemental limítrofe. Seus pés pontudos pairam acima da areia e da água; ela está desconectada da terra e de todas as preocupações mundanas. Uma prisão oval feita de espadas a circunda. Um castelo com torres ergue-se de penhascos distantes, como se o passado se dissipasse na névoa do oceano. A mulher parece estar sendo mantida refém. Você pode estar aprisionada por um relacionamento dominador, um membro da família ou até mesmo ser escrava de sua própria vida interior tumultuada. Essa carta sugere um código religioso ou moral opressor, que a impede de expressar sua individualidade. Talvez uma situação pareça restritiva: as contas estão se acumulando, você enfrenta uma confusão avassaladora ou sente que não tem boas opções. Assim como o Três de Espadas, a ilustração não dá margem à imaginação. Uma figura feminina está vendada num cativeiro. A figura está em apuros — não está?

Numa leitura esotérica dessa carta, a venda, assim como ocorre no Dois de Espadas, significa transformação e iniciação. Esse é um ato voluntário. Ela é como a lagarta no casulo, transformando-se em borboleta. As espadas não são uma prisão, mas marcam os limites do espaço ritual sagrado. A mulher verá o mundo com novos olhos quando sua venda for removida. Uma interpretação sexual dessa carta (em sintonia com a carta do Diabo) marca uma propensão para práticas sadomasoquistas, *bondage*, poder e controle. O que você ganha ao abrir mão de todo controle?

As oito espadas dessa carta têm uma natureza mágica, como na carta do Sete de Espadas, na qual as lâminas não cortam de fato, ou, como no Dois de

Espadas, são leves como uma pena. Essas oito espadas se erguem da areia e têm pouco suporte. O realismo mágico que existe em qualquer Tarô pode ser usado como um lembrete do encantamento, do *glamour* e das forças invisíveis que atuam na sua vida. Nada é realmente como parece. Toda a vida é uma interpretação, uma história, assim como o Tarô. Uma carta carrega significados infinitos. Um dia da sua vida tem mil possibilidades. Uma única experiência tem múltiplas interpretações.

Significado: Restrição. Prisão. Escuridão. O passado se desvanece. Iniciação. Casulo.

Significado Sombrio: Impor limites aos outros. Crueldade. Restrições sobre outras pessoas. Deixar a atmosfera pesada.

Nove de Espadas

O Nove de Espadas é uma carta de intenso desespero, ou da "noite escura da alma". Ele reflete a escravidão perpétua aos pensamentos que dão voltas caoticamente na sua cabeça. Você se sente impotente para deter esses pensamentos. Mergulhando mais fundo na escuridão, acordada às 3h30 da manhã com o alarme programado para tocar às 6h30, você se critica, repreende-se, questiona-se, fica obcecada por situações passivo-agressivas e perde o sono. Essa carta significa insônia, pesadelos e depressão. Também reflete um indivíduo que está se impondo padrões impossíveis. Quando o Nove de Espadas aparece numa leitura, ele nos lembra de tratar a nós mesmas com bondade e compaixão, não com julgamento e crítica.

Um pesadelo de proporções épicas envolve a mulher em perigo, que está sentada na cama. Todos nós já estivemos nessa situação. A cabeça dela está entre as mãos. O que é tão terrível que você não deseja encarar? Nove espadas empilhadas erguem-se acima dela na escuridão. Você tem uma rota de fuga? Seu cabelo é tão branco quanto um lençol. Uma colcha colorida cobre suas pernas. As Espadas são o "naipe" mais "assustador" do baralho porque refletem a mente. Refletem o diálogo interior. Muitas vezes você fala consigo mesma de maneiras que nunca falaria com outra pessoa.

Significado: Terror. Angústia. Aflição mental. Comportamento passivo--agressivo. Cegueira temporária.

Significado Sombrio: Usar o passado e o presente para atormentar a si mesma. Recusar-se a procurar uma resposta quando a resposta está bem diante de você.

Dez de Espadas

O naipe de Espadas representa a mente. O Dez de Espadas aparece quando a mente já está decidida, após calcular a situação e ficar irredutível. De muitas maneiras, essa carta também reflete coisas que não podemos mudar nas outras pessoas. Representa as ações, opiniões e princípios morais dos outros. O naipe de Espadas é um lembrete do poder da mente individual; somos livres a cada segundo para escolher nossos pensamentos. Podemos mudar a maneira como abordamos a tarefa em mãos ou como reagimos a acontecimentos inevitáveis, mesmo que não seja possível mudá-los ou mudar as outras pessoas. As dez espadas também sugerem a acupuntura, o trabalho concentrado com os chakras, os problemas de coluna e os temas relacionados ao suporte do corpo.

Uma aurora dourada irrompe contra um céu noturno escuro e nuvens cinzentas. Um homem jaz no chão, perto de uma praia, com uma cadeia de montanhas ao fundo. Dez espadas prateadas perfuram a coluna, o pescoço e o rosto do homem. Sangue escorre da sua cabeça. Sua mão direita faz um gesto estranho e secreto com os dedos e polegar. A natureza sangrenta do Dez de Espadas muitas vezes inspira medo no consulente; no entanto, a carta não é tão sombria quanto se imagina. O dez sugere o fim de ciclos e histórias. Um teatro silencioso, um instante antes de a cortina cair. O último ato. A situação em questão acabou, seja ela prazerosa ou dolorosa.

A figura faz um gesto com a mão que corresponde ao sinal de bênção do Hierofante. A bênção com a mão aparece em representações de Cristo na arte bizantina antiga. Ela é feita com a mão direita e com os dois últimos dedos curvados para baixo. Gêmeos também rege as mãos. Uma leitura subversiva dessa imagem sugere que a figura transpassada pelas lâminas é o

Hierofante. Essa leitura implica que as religiões antigas estão mortas e são irrelevantes. Como você vai se reinventar?

Significado: Último ato. Fim. Morto. Concluído. Acabado.

Significado Sombrio: O ato metafórico de tirar uma crosta até não restar mais nada.

Ás de Ouros

No Ás de Ouros, o pentáculo que representa esse naipe repousa numa palma aberta. Trata-se de um presente, de dinheiro ou de uma herança. O Ás de Ouros reflete o milagre da manifestação física no reino material. O jardim é o mundo aperfeiçoado de harmonia e desenho cósmico. Ele carrega o poder revigorante do Sol. Essa carta é um lembrete de todo o poder natural que já está ao seu alcance. É o poder gerador que provê energia para o crescimento. São os ciclos sazonais. O Ás de Ouros é a margarida crescendo através do concreto. O que você vai cultivar no jardim da sua vida?

Os pentáculos são partes do mundo material, assim como as células ou as moléculas. O pentáculo é o círculo, o mesmo formato de tudo em que o mundo material consiste. É um símbolo adequado para refletir as coisas que podemos ver, sentir e tocar. O pentáculo é a forma do Sol, o centro do nosso sistema solar. Ele reflete a forma de cada planeta e da Lua, que giram dentro do sistema solar. O pentáculo é a forma da Terra. É a forma dos olhos humanos. É a forma das moedas, o dinheiro humano, e do naipe original nos baralhos de Tarô mais antigos. É a forma das moléculas humanas. Isso nos lembra que, quando estudamos algo pequeno, também estamos examinando algo muito grande. Ouros são os blocos de construção da vida e de todas as coisas do mundo material.

O portão é um limiar que leva para fora do jardim. O Ás de Ouros marca a passagem de um plano de realidade para outro. A segurança do jardim é deixada para trás, em favor da aventura e do entusiasmo suscitados pela estrada aberta. A menina se torna uma mulher. É o verdadeiro portal da manifestação. Todas as coisas são possíveis. O que se inicia como um pensamento torna-se realidade no mundo material. Uma ideia se concretiza, um caminho é revelado, uma possibilidade é encorajada.

Significado: Herança. Dinheiro. Oportunidade. Começos. Origem. Potente.

Significado Sombrio: Recusar-se a usar os valores à sua disposição devido a orgulho ou preconceito.

Dois de Ouros

O ágil Dois de Ouros é a carta de se fazer escolha e ponderar opções. É uma carta ativa e física. As ondas atrás da figura ecoam a natureza cheia de altos e baixos das opções, das escolhas e dos resultados. O Dois de Ouros pode ser entendido como uma carta da Temperança em menor escala, e ele tem a capacidade peculiar de aparecer em tiragens e situações em que escolhas importantes estão sendo feitas. Isso inclui questões importantes com relação à vida amorosa, familiar e financeira.

Além de remeter à escolha, o Dois de Ouros também se refere a um equilíbrio delicado. Ouros representam nossas coisas materiais: nossos sapatos, nosso carro, até mesmo os ácaros do nosso colchão qualificam-se como Ouros. Ouros são coisas que podemos tocar, sentir e provar. Seu animal de estimação, seu cobertor favorito e o sanduíche que você comeu no almoço — todos são Ouros. O naipe de Ouros representa nosso corpo — nossos músculos, gordura, ossos e sangue. Ele também representa as "verdinhas", ou seja, o dinheiro. Pode ser a necessidade de equilibrar dois amantes ou gerenciar suas finanças em tempos turbulentos. O Dois de Ouros é sobre administrar o que você tem, então lembre-se, quanto mais coisas você possui, mais equilíbrio é necessário.

Significado: Escolha. Brincadeira. Diversão. Oportunidade. Ponderar duas opções agradáveis.

Significado Sombrio: Não abordar o cerne de uma questão porque você teme as implicações das suas escolhas.

Três de Ouros

O empreendedor Três de Ouros é a carta da colaboração. As pessoas se reúnem, unidas por uma visão ou objetivo comum. Ele reflete construção, manifestação e invocação da criatividade no mundo material, com ajuda ou conhecimento especializado externo. Pode-se embarcar em projetos ou modernizações de jardins, casas ou empresas. Ajuda é solicitada para um projeto criativo. Um fotógrafo monta uma equipe para lhe dar assistência. Um casal busca conselhos e orientação para cuidar das finanças. Parcerias comerciais se formam. Essa carta implica crescimento em todas as áreas.

O Três de Ouros destaca-se pelo seu teor visceral. Com um olhar mais profundo, pode-se praticamente ouvir os ecos da câmara, sentir a pedra fria da capela e perceber o leve cheiro de incenso. As figuras vestem trajes coloridos e teatrais, em especial a figura encapuzada. Pamela Colman Smith criou uma imagem enganosamente simples, carregada de um rico simbolismo histórico e pistas secretas.

Significado: Escolha. Colaboração. Projetos criativos. Início de uma construção.

Significado Sombrio: Destruir o que você criou para prejudicar a si mesma ou aos outros. Tirar o que é útil para os outros.

Quatro de Ouros

O Quatro de Ouros reflete estabilidade no mundo material. É a carta que indica uma base sólida de recursos. Um cavalheiro agarra-se com ganância aos pentáculos que parecem protegê-lo. Ele usa uma coroa e roupas que denotam uma posição social elevada. Uma cidade cosmopolita atrás dele reflete sua riqueza de recursos. Pouco importa se ele trabalhou para ganhar seu dinheiro ou o herdou. O ponto principal dessa carta é o fato de que é hora de se soltar.

Você não pode construir um futuro enquanto se agarra ao passado. Você trabalhou diligentemente. Tem tudo o que precisa ao seu alcance e está em terreno sólido. O Quatro de Ouros aparece para lembrar que o desapego é importante. O ato de se desapegar abre potenciais e possibilidades para um novo golpe de sorte.

O Quatro de Ouros também pode ser interpretado como alguém que se sente excluído ou afastado da sociedade regular. A separação entre a figura e a cidade torna-se literal nessa leitura. A natureza material dos pentáculos é a causa da separação. Alguém pode usar as questões financeiras (seja por ter dinheiro demais ou de menos) como uma maneira de se diferenciar dos outros. O sentimento de separação pode se manifestar como uma manipulação obsessivo-compulsiva de objetos e coisas. O conselho, em qualquer caso, é o mesmo: é hora de afrouxar um pouco seu controle firme.

Significado: Fundação. Estabilidade. Segurança. Crescimento. Conquista. Avareza.

Significado Sombrio: Agarrar-se a tudo com tanta força a ponto de fazer com que isso se desfaça.

Cinco de Ouros

O Cinco de Ouros reflete a ocasião em que surgem desafios intransponíveis. Tudo parece perdido. Trata-se de um momento de angústia e sofrimento, enfrentado não apenas pelo viajante solitário, mas por um par. O desafio é enfrentado pelos dois. Essa carta com frequência reflete os altos e baixos dos relacionamentos duradouros, casamentos, amizades e a natureza turbulenta da paternidade e da maternidade. A paisagem invernal iluminada pela Lua, evocada como na ópera *La Bohème* de Puccini, é representada pelos flocos de neve caindo com uma beleza sombria.

A beleza e a esperança presentes no Cinco de Ouros são transmitidas por meio da luz brilhante que cintila através do vitral que se vê acima do casal. A salvação é possível, caso eles escolham buscá-la. Se o Cinco de Ouros aparecer para você quando estiver passando por um momento difícil, deixe que ele sirva como um lembrete de que as coisas vão melhorar. Você sairá dessa mais forte, mais resistente e mais sábia.

O Cinco de Ouros relembra os altos e baixos dos nossos relacionamentos. Todos os casais têm seus biorritmos. Quando o Cinco de Ouros aparece, é uma indicação de que as coisas estão difíceis, mas você é capaz de enfrentar a tempestade. Essas lutas são precisamente os momentos que definem vocês como casal. Com o gosto amargo vem o doce. O que não mata deixa você mais forte.

Significado: Tempos difíceis. Dificuldades financeiras. Má administração de ativos. Altos e baixos nos relacionamentos.

Significado Sombrio: Agarrar-se ao ressentimento e à raiva. A recusa em perdoar mantém você prisioneira dos ciclos do passado.

Seis de Ouros

Todos os seis do Tarô se encontram no centro da Árvore da Vida. Esse centro é chamado Beleza, e sintoniza-se com o nosso coração. O naipe de Ouros diz respeito ao mundo material: coisas físicas, dinheiro, nosso corpo, casas, carros, flores — tudo o que podemos tocar, sentir e ver. Assim, o Seis de Ouros é a beleza do mundo físico. É a energia de dar e receber.

Observe o Seis de Ouros. Qual figura ou objeto você é na carta agora? Você está dando ou recebendo agora? Você costuma gastar ou receber? Se está doando (para a caridade, por exemplo), você faz isso por uma preocupação genuína ou porque isso faz com que se sinta superior? Se você está na posição de receber, como é buscar ajuda? O que você pode fazer para se levantar do chão?

Como conferimos valor e importância ao que pagamos? Ampliamos aquilo em que focamos nossa atenção. Quando gastamos dinheiro em algo, estamos direcionando a nossa atenção para isso. Em que você gasta a maior parte da sua renda? Meu palpite é habitação e alimentação. Você está valorizando o seu dinheiro? Não se trata de ter prestígio, comprar marcas de luxo ou poder pagar uma mansão multimilionária. Trata-se de qualidade. Você provavelmente gasta uma boa quantia com seu aluguel ou com o financiamento da sua casa. Sua casa é um oásis, um refúgio? Você gasta muito dinheiro com comida? Se a resposta é sim, ela é fresca e nutritiva? O ponto é, quando você estiver investindo seu dinheiro e atenção em algo, faça disso a expressão mais clara e generosa de quem você é. Você honra a si mesma com as suas escolhas financeiras.

Essa também é a carta de cobrar e receber o que você vale. Não se subestime. É fácil pedir o que você quer e merece?

Significado: Beleza. Doação. Recebimento. Atos de caridade. Receber o que você vale. O modo como você costuma gastar o seu dinheiro.

Significado Sombrio: Usar o dinheiro para definir quem você é e exercer um poder imaginário sobre os outros.

Sete de Ouros

Sete pentáculos se tornaram realidade. Um jardineiro faz uma pausa para se apoiar em sua ferramenta e observa a colheita, perdido em pensamentos. Uma gavinha se projeta do arbusto. O jardineiro reflete sobre seu trabalho. Essa carta trata dos resultados que você obteve e da pausa que faz para planejar o seu próximo passo.

Agora é o momento de fazer um balanço e avaliar o caminho que você escolheu e as sementes que plantou. Reexamine motivações e os resultados que obteve. O Sete de Ouros reflete o momento em que seus resultados são vistos. Essa carta faz com sucesso a pergunta: "Para onde eu vou a partir daqui?". Propostas românticas são aceitas. A pessoa é o que você esperava? Uma promoção é recebida, mas o que vem a seguir? Você pode fazer algo melhor, mais rápido ou de maneira mais eficiente? Há mais pela frente. Você está disposta a usar métodos persuasivos para conseguir o resultado ideal? Que pequenos ajustes podem ser feitos agora para você alcançar um sucesso arrebatador?

Significado: Resultados. Pausa para reconsiderar planos. Avaliação.

Significado Sombrio: Estagnada, porém fingindo trabalhar.

Oito de Ouros

O Oito de Ouros é a carta do mestre artesão e da produtividade. Um jovem com cabelo encaracolado trabalha sentado num banco. Ele segura um martelo na mão direita, uma ferramenta para esculpir na esquerda e usa um avental. Exemplos do seu trabalho estão expostos na parede de madeira ao seu lado. Uma cidade pode ser vista a distância, enquanto o artista cria seu próprio espaço criativo único.

Existe algo melhor do que fazer o que se ama? Estar imerso no ato da criação? É disso que se trata o Oito de Ouros. Ignore o fato de a figura da carta se parecer com Willie da série *Eight Is Enough*. Falando em número oito, os oitos do Tarô simbolizam esplendor, e o naipe de Ouros sempre indica que um pouco de dinheiro pode ser ganho. Os pentáculos sobem pela parede ou árvore como uma escada. O homem está trabalhando num pentáculo, cujas cinco pontas representam cinco elementos: Terra, Ar, Fogo, Água e Espírito. O avental que ele usa é simbólico da Maçonaria. Quando o Oito de Ouros aparece, significa que é hora de se dedicar ao trabalho. O Oito de Ouros também pode ser uma confirmação de que o trabalho ao qual você está se dedicando está perfeito. Você está maravilhosa no ato da criação.

Essa carta é prazer no trabalho. É compartilhar seu trabalho com orgulho. É estar imersa no momento da criação. O Oito de Ouros é também a carta do artesão e reflete talento e dedicação específicos. É a arte magnífica e os talentos que são unicamente seus. É você se dedicando ao trabalho que nasceu para fazer.

Significado: Habilidade. Dedicação. Trabalho duro. Prazer no trabalho manual. Diligência.

Significado Sombrio: Usar o trabalho como uma fuga de questões emocionais e responsabilidades externas.

Nove de Ouros

O suntuoso Nove de Ouros é a carta do luxo, da riqueza e da opulência. É o desejo de cercar-se de beleza, não como um símbolo de *status*, mas pelo prazer do refinamento e da apreciação do trabalho manual. O vinhedo europeu implica herança. Por tradição, vinhedos europeus, assim como castelos e grandes propriedades, são passados de geração em geração.

A mansão ao fundo da carta representa sua Casa dos Espíritos. A Casa dos Espíritos é seu legado ancestral. É a "casa" metafórica da qual você descende. "Espíritos" são todos aqueles que vieram antes de você: sua mãe, sua avó, e assim por diante. A compreensão do seu lugar na sua linhagem familiar oferece conforto. Podemos reexaminar nossa vida como parte do intricado tecido da existência humana, quer conheçamos nossa família ou não. Isso nos liga a um passado misterioso e a um futuro desconhecido.

Os pentáculos, assim como as células do nosso corpo, podem ser interpretados como receptáculos do nosso DNA herdado. A Casa dos Espíritos vem com dádivas e maldições. Estamos prontas para mudar o padrão? Seu comportamento é autêntico ou foi aprendido? Que talentos inatos você possui? Como você os usa? Que comportamentos e traços são fortes em sua família? O que você gostaria de manter ou descartar? A carta do Nove de Ouros oferece um lugar acolhedor e prazeroso para a contemplação dessas questões.

Significado: Prazer na própria companhia. Árvore genealógica. Luxo. Eloquência. Diminuir o ritmo. Coisas bonitas. Realização.

Significado Sombrio: Esconder-se dentro do mundo que você criou, por mais belo ou luxuoso que seja. Você não pode se esconder do que você realmente é.

Dez de Ouros

O Dez de Ouros é a culminação material e é também a mais densamente povoada do baralho. Uma criança, um casal e a figura de um avô, semelhante a um eremita, estão à beira de uma cidade medieval. A inocência da juventude, a maturidade da idade adulta e a sabedoria da velhice estão simbolizadas no Dez de Ouros. O avô e a criança pousam a mão nos animais de estimação da família. Essa ação remete ao ciclo da vida e às famílias reunidas. Trata-se do amor entre gerações, de herança e de companheirismo.

Sua situação chega a uma conclusão e os resultados desafiam sua imaginação. Você possui tudo o que alguém poderia desejar. Há uma referência à carta da Torre, pois ela aparece numa tapeçaria pendurada à esquerda da carta. Ela lembra o que foi preciso suportar para se chegar a esse momento satisfatório. A balança da Justiça pende sobre a cabeça do avô, indicando que os acontecimentos e as ações estão equilibrados. Você sabe quem é e encontrou seu grupo. Você se compreende no grande esquema das coisas. O que você construiu tem durabilidade.

Dez pentáculos decoram a carta na forma da Árvore da Vida. O décimo círculo da árvore representa o mundo físico. Toda a Árvore da Vida agora está ativada. Ela reflete riquezas, prazer e manifestação. Todas as possibilidades estão diante de você.

Significado: Riqueza. Legado, família e lar. Gerações. Conhecimento e posses transmitidos. Finais, mas também novos começos. Um portal se abre.

Significado Sombrio: Recusar-se a compartilhar com a sua família. Esforçar-se para manter as pessoas separadas. Relacionamentos interpessoais infelizes.

Cartas da Corte

Rei = Pai

Rainha = Mãe

Cavaleiro = Filho

Valete = Filha

As Cartas da Corte São

Aspectos de você

Amigos/família/pessoas

Papéis/comportamentos

Atitudes

Energia das Cartas da Corte

Rei = Homem maduro

Rainha = Mulher madura

Cavaleiro = Adolescente

Valete = Jovem

As Cartas da Corte

As Cartas da Corte são uma parte do Tarô cujo entendimento pode parecer problemático e desafiador. É fácil confundir um rei com o Imperador ou uma rainha com a Imperatriz. Tudo parecia uma sopa de cartas para mim, quando comecei a fazer leituras. Mas fique tranquila, as Cartas da Corte são fáceis de interpretar.

1. As Cartas da Corte representam aspectos de você e os diferentes papéis que desempenha no mundo.
2. As Cartas da Corte representam pessoas, os atores ao seu redor. São seus amigos, sua família e seus colegas de trabalho. Elas são as pessoas com quem você namora e se casa, são seus filhos, os estranhos com quem cruza na rua e as pessoas que vê no cinema e na TV.
3. As Cartas da Corte refletem conselhos, atitudes e maneiras de ser que ajudarão você a realizar qualquer tarefa em questão.

Observe os personagens da corte separando essas cartas do seu baralho. Você encontrará quatro Valetes, quatro Cavaleiros (retratados com frequência montados a cavalo), quatro Rainhas e quatro Reis. Coloque cada carta numa fileira, de acordo com seu naipe. Comece com o Valete e prossiga com o Cavaleiro, a Rainha e o Rei.

A primeira coisa que eu noto sobre as Cartas da Corte é...

Coloque os Valetes alguns centímetros para a esquerda e numa única fileira na vertical. O que os Valetes do seu baralho têm em comum? Que diferenças você nota entre cada um deles?

Os Valetes têm o seguinte em comum...

Os Valetes são os membros mais jovens da família das Cartas da Corte, e refletem a energia de uma criança antes da puberdade. Essa vitalidade infantil está cheia de assombro, curiosidade e aprendizado. Lembra-se de quando você brincava no seu quarto, na infância? Lembra-se das cores vibrantes e da textura dos seus brinquedos adorados? Os Valetes direcionam sua energia para o que cativa sua atenção; eles vivem o momento. O tempo se estende diante deles como um verão infinito.

Meu lugar favorito para brincar quando criança era...
Meus jogos favoritos da infância eram...
Meus livros e histórias favoritos da infância eram...
Quando criança, eu era fascinada por...

Coloque os Cavaleiros na direção dos Valetes e mantenha-os numa fileira vertical. Examine a postura e a roupa deles para verificar semelhanças e diferenças. O que os seus Cavaleiros têm em comum? Que diferenças você nota entre cada um deles?

Os Cavaleiros têm o seguinte em comum...

O Cavaleiro reflete a energia adolescente. Ele inclui a sobrecarga hormonal e o movimento dos anos da juventude. O Cavaleiro geralmente está montado num cavalo. A energia do cavalo está em sintonia com a energia adolescente e a liberdade desenfreada, a excitação e a paixão da idade. Você consegue se lembrar de como se sentia profundamente apaixonada quando era adolescente?

Quando adolescente, eu era...
Aprendi a dirigir quando...
Minha maior paixão adolescente foi...
Quando adolescente, tudo o que eu queria fazer era...
No ensino médio, eu me importava muito com...

Coloque as Rainhas a alguns centímetros dos Cavaleiros, na mesma direção que eles e numa fileira na vertical. Quais elementos suas Rainhas compartilham? O que as torna diferentes? Examine cuidadosamente o cenário em que estão, em busca de pistas sobre as semelhanças e diferenças da personalidade de cada uma delas.

As Rainhas têm o seguinte em comum...

As Rainhas representam a energia feminina na maturidade. Essa é a energia suave, mas firme, de uma figura materna, que possui qualidades de nutrição e empatia. Considere sua própria mãe e as outras mães que você conheceu ao longo da vida. Essa pessoa é alguém que cresceu e tornou-se capaz e totalmente realizada. Ela tem certeza de quem é. Ela exala as qualidades do seu naipe.

Minha mãe/cuidadora era...
As mulheres maduras são poderosas quando...
Eu presto serviço aos outros quando...

Agora, observe os Reis e alinhe-os com o restante das Cartas da Corte, numa fileira vertical. Verifique o visual dos Reis, suas semelhanças e diferenças. O que a expressão facial deles diz sobre sua personalidade?

Os Reis têm o seguinte em comum...

Os Reis refletem uma energia masculina madura. O Rei é um homem totalmente realizado, adulto e capaz. Considere seu pai ou outros pais que você conheceu ao longo da vida. O Rei é um homem que atingiu a maturidade completa.

Meu pai/cuidador era...
Os homens maduros são poderosos quando...
Eu exerço controle quando...

O gênero nos ajuda a utilizar as energias masculina e feminina nas Cartas da Corte, independentemente da nossa identificação pessoal. O Tarô faz uso de arquétipos, e a compreensão do arquétipo nos ajuda a nos aprofundar nos significados das cartas. Isso pode parecer sexista e estereotípico; no entanto, nos ajuda a compreender o significado das cartas, até que possamos explorá-las mais profundamente e descobrir sua complexidade.

Este livro não sugere que todos os homens sejam dominadores e todas as mulheres sejam delicadas e submissas. Use o arquétipo generalizado para entender que as cartas masculinas tendem para a força e a expansão, enquanto as femininas carregam uma energia de carinho e fertilidade.

Faça duas colunas separando os homens das mulheres.

- Valetes e Rainhas refletem qualidades femininas acolhedoras, intuitivas, perceptivas, pensativas e criativas.
- Cavaleiros e Reis refletem qualidades masculinas assertivas, seguras, orientadas para metas, externas e dominantes.

Um dia na vida é o modo como cada um de nós passa pelos aspectos das personalidades das Cartas da Corte ao longo do dia. Estou expressando qualidades da Rainha de Espadas (articulação) enquanto escrevo estas palavras. Você expressa a energia do Valete de Ouros (curiosa e amante dos livros) enquanto lê minhas palavras. Você e eu vamos incorporar a Rainha de Ouros quando fizermos o jantar esta noite. Passamos pelas personalidades e expressões de todas as Cartas da Corte ao longo do dia.

Por exemplo: Vamos imaginar que você seja uma dançarina que mora em Los Angeles.

10H. AUDIÇÃO PARA VÍDEO MUSICAL = ENERGIA DO REI

Você entra na audição e arrasa. Domina o ambiente e o palco. Reis refletem maestria absoluta. Você dança brilhantemente e sai correndo porque está indo para a sua aula favorita a seguir.

12H. AULA DE DANÇA = ENERGIA DO VALETE

Você mal pode esperar para entrar. Você se alinha com as outras dançarinas. No momento em que se torna aluna de qualquer coisa e de qualquer pessoa, você entra no território e na energia do Valete.

2H. BABÁ = ENERGIA DA RAINHA

Hora de trabalhar cuidando de duas adoráveis crianças. Você as busca na escola, leva para a mansão onde moram e prepara sanduíches de manteiga de amêndoa e morangos orgânicos enquanto pratica o alfabeto com elas. Assumir um papel de autoridade enquanto cuida e ensina é a energia da Rainha.

8H. CELEBRAÇÃO = ENERGIA DO CAVALEIRO

Você foi escalada como dançarina de apoio para a nova turnê de J.Lo! Hora de celebrar com seus amigos. Você pede uma rodada de champanhe, faz um brinde e termina a noite com uma diversão deliciosa que não pode ser descrita aqui. Quando você se solta, está invocando a energia indomável do Cavaleiro.

Descobrir as personalidades das Cartas da Corte através da perspectiva do ensino médio é útil porque todos nós já passamos por essa experiência única. Pensar nas Cartas da Corte como seu melhor amigo, seu primeiro namorado/namorada/*crush*, mãe ou pai é uma forma de personalizar as cartas. Entender as personalidades de cada Carta da Corte é como conhecer um novo grupo de amigos. Você vai assimilar os significados das cartas e nunca mais ficar confusa sobre o que elas representam. Conheça as Cartas da Corte num nível pessoal para conhecê-las a fundo.

Examine as cartas através da personalidade das pessoas que fazem parte da sua vida. À medida que você lê o significado de cada carta, faça uma lista de quem cada carta lembra você. Elas podem fazê-la se lembrar de amigos e familiares ou de personagens da literatura, do cinema ou da mídia. Separe cada Carta da Corte enquanto lê suas descrições. Se você tiver mais de um baralho, separe várias versões de cada Carta da Corte para comparar, contrastar e observar como os criadores dos baralhos conceberam cada arquétipo.

Valetes: Suas Amigas Mais Próximas e Queridas

Conheça os Valetes refletindo sobre suas amizades do sexo feminino mais próximas. Quem foi sua melhor amiga? Sua confidente? Como ela era e quais características possuía?

Cavaleiros: Vamos Ouvir os Garotos

Conheça os Cavaleiros como aqueles rapazes com quem você tinha amizade ou que namorou. O primeiro amor é profundo, cheio de emoção, e pode acabar tão rápido quanto começou. É tão caótico quanto a energia do Cavaleiro! Os garotos mais populares do ensino médio e da faculdade permanecerão para sempre na sua memória. Eles a ajudarão a entender o conceito da carta do Cavaleiro.

Rainhas: As Mães Que Conhecemos e Amamos

As mães e as avós que povoam nossa vida.

Os Reis: Os Pais do Baralho

Os pais e os avôs que povoam nossa vida.

Valete de Ouros

A Princesa/A Garota da Terra

Você conhece aquela amiga que é obcecada por colecionar coisas? O quarto dela está cheio de bichos de pelúcia, a bancada de maquiagem é um mar de produtos de beleza e de cabelo. Ela tem obsessão por bolsas e sapatos. Fazer compras com ela é ter um dia divertido e agradável, em que você acaba gastando muito mais do que pretendia.

O naipe de Ouros reflete posses terrenas, o corpo físico e o dinheiro, então essa figura da corte está sempre brincando com suas coisas. Ouros também adicionam uma certa solidez. Ela está mergulhada em livros, discos de vinil, até mesmo baralhos de Tarô. Não importa com que ela esteja obcecada, é isso que ela quer colecionar. Ela é provavelmente a amiga que vai surpreendê-la com presentes, sacolinhas cheias de *brownies* e coisas que você ama. Ela é delicada e sensual, e adora o visual, os aromas e o toque do mundo material.

O Valete de Ouros é uma amiga fabulosa porque seu conselho é prático e realista. Ela pode tirar você de qualquer saia justa. Ela lhe prepara um banho de espuma e um gim-tônica para acalmar seu coração e sua alma. Ela escolhe os presentes perfeitos para todos. E olha para você com carinho e diz: "Vamos às compras!".

A pessoa que mais me lembra o Valete de Ouros é...
Eu sou como o Valete de Ouros quando...
Olhando para o Valete de Ouros, eu noto que...

Valete de Copas

A Artista/A Garota da Água

Sabe aquela amiga profunda e expressiva, que está sempre criando alguma coisa? Ela é a escritora que está sempre debruçada sobre suas anotações, teclando furiosamente em seu *notebook*. Em seu estúdio, está coberta da cabeça aos pés com tinta brilhante, pincel na mão. Ela escreve poesias depois da meia-noite e recita trechos de Shakespeare durante longas caminhadas na floresta. Esse Valete de Copas é a garota artística. Ela está sempre atenta aos próprios sentimentos e se expressando.

O Valete de Copas quer sentir tudo o que a vida tem a oferecer. Sua personalidade é fluida e propensa a altos e baixos. Ela não reprime nada. Aconchega-se a você, enquanto assistem a comédias românticas, e se delicia com a ideia de levá-la a museus e instituições culturais.

O Valete de Copas dá ótimos conselhos, porque vê e fala com o coração. Ela é uma amiga profundamente compassiva e perspicaz. Os pernoites na casa dela geralmente terminam em acontecimentos de arrepiar os cabelos, pois ela é propensa a ter visões e inspirar atividades paranormais. Fantasmas e espíritos são atraídos pela sua natureza sonhadora e empática. Ela está profundamente conectada com sua mediunidade, pode explicar seus sonhos e é uma leitora de Tarô incrível. Ela muitas vezes fita você por baixo de seus longos e exuberantes cílios e a lembra de que "Você foi feita para algo melhor...".

A pessoa que mais me lembra o Valete de Copas é...
Eu sou como o Valete de Copas quando...
Olhando para o Valete de Copas, eu noto que...

Valete de Paus

A Divertida/A Garota do Fogo

Você a conhece: ela entra numa sala e todos levantam os olhos e prestam atenção nela. Ela chama a atenção sem fazer nada. Tem um brilho próprio e algo a mais. O Valete de Paus é um furacão, a mais risonha de todas as suas amigas. Cheia de energia, ela é líder de torcida, dançarina ou atleta. Sua paixão e entusiasmo são evidentes em seu trabalho comunitário e no cuidado que tem com os outros. Sua energia e entusiasmo sem limites são contagiosos.

Se você tem a impressão de que ela está sempre aprontando alguma coisa, é porque ela de fato está. Ela é a amiga com quem é mais provável que você se meta em confusão. Afinal, fogo atrai fogo. Ela a encoraja a viver perigosamente e experimentar coisas que você nunca imaginou fazer, porque Paus é o naipe do risco. Pode ser que você a encontre fugindo da polícia, num fim de semana qualquer. Ela não faz uma pausa para pensar; simplesmente se lança como um cometa flamejante no céu noturno.

O Valete de Paus é uma amiga fantástica porque sempre lembra você de quanto a vida pode ser divertida. A presença dela sempre a anima. Ela está sempre estendendo a mão e puxando-a para mais uma aventura. Está sempre sorrindo para você por trás do volante e dizendo: "Vamos nessa!".

A pessoa que mais me lembra o Valete de Paus é...
Eu sou como o Valete de Paus quando...
Olhando para o Valete de Paus, eu noto que...

Valete de Espadas

A Inteligente/ A Garota do Ar

Abra caminho para a oradora da turma porque o Valete de Espadas é a aluna nota 10 que todos gostaríamos de ser. Extremamente inteligente, porque adora pensar, ela se impõe altos padrões porque isso a satisfaz, não porque alguém a esteja pressionando. Ela leva suas responsabilidades a sério e pode ser encontrada liderando debates e editando os jornais da escola. Não há nada que ela aprecie mais do que um bom mistério.

O Valete de Espadas tem um foco tão preciso quanto um raio laser. Nada a distrai depois que ela põe os olhos em alguma coisa. Isso pode ser confuso para você quando tudo o que quer é se divertir um pouco. Essa mesma qualidade a torna uma amiga incrível, porque sua visão de raio X vai direto ao cerne da questão. Ela sempre tem as palavras certas que você precisa ouvir. Você pode não seguir seu conselho excelente e ponderado, mas sempre o respeita. Ela nunca a faz se sentir mal quando olha para você rindo e diz: "Eu avisei!".

A pessoa que mais me lembra o Valete de Espadas é...
Eu sou como o Valete de Espadas quando...
Olhando para o Valete de Espadas, eu noto que...

Cavaleiro de Ouros

O Garoto Rico/O Sujeito com os Pés no Chão

O Cavaleiro de Ouros personifica a beleza robusta dos sonhos adolescentes. Ele é o tipo de sonho dos anos 1980. É com frequência de uma família rica, porque o naipe de Ouros reflete dinheiro e muitas vezes grandes riquezas. Por tradição, ele segura o pentáculo na mão enquanto considera o que fazer com o dinheiro que ganhou ou herdou. Ele dirige um carro caro e chamativo, tem um guarda-roupa elegante, porque adora que suas coisas pareçam de boa qualidade, e exala um aroma incrível de cerejeira e conhaque.

O Cavaleiro de Ouros se preocupa com seu corpo sarado, porque o naipe de Ouros reflete o corpo. Ele adora passar o tempo malhando, correndo, levantando peso e praticando artes marciais. É encontrado em ringues de luta livre ou em campos de futebol e beisebol. Ele é o aluno da escola com mais probabilidade de se tornar o rei do baile. Todas as garotas secretamente esperam que ele as convide para ser seu par, mas como os pentáculos são sólidos e firmes, ele geralmente conserva seus relacionamentos em vez de sair em busca de várias parceiras. Essa exclusividade só faz com que todas as garotas enlouqueçam e queiram ainda mais a atenção dele.

O tipo Cavaleiro de Ouros é o primeiro relacionamento sério perfeito, o garoto ideal para a primeira vez em tudo (piscadinha), porque quando ele está na sua companhia, ele realmente se importa com você. Você não é apenas mais uma conquista para ele. Ele é ardente e sensual, com um olhar sempre voltado para todas as coisas boas da vida. Embalada em seus braços fortes, os lábios dele deixam um rastro de fogo no seu pescoço, enquanto ele sussurra: "Eu quero sentir você...".

A pessoa que mais me lembra o Cavaleiro de Ouros é...
Eu sou como o Cavaleiro de Ouros quando...
Olhando para o Cavaleiro de Ouros, eu noto que...

Cavaleiro de Copas

O Poeta/O Garoto Sonhador

O Cavaleiro de Copas é o artista, o músico acústico e o garoto sensível. Ele é profundo, reflexivo e criativo. Esse cavaleiro expressa qualquer emoção que esteja sentindo e não tem medo de demonstrá-la. Quando seus olhos estão presos nos dele, parece que ele vai até o fundo da sua alma, gira ao redor do planeta e volta outra vez. Ele se interessa pelos seus pensamentos e sentimentos e quer conhecer o seu verdadeiro eu, aquele que você esconde de todos. É uma sensação de luxuosa segurança estar perto dele, relaxar e rir até não aguentar mais.

O naipe de Copas carrega a expressividade e a fluidez da água. É uma emocionalidade que se revela aos poucos e convida você a se aproximar. Você se aconchega com segurança nesse espaço onírico e reconfortante. O Cavaleiro de Copas é escravo das próprias reações, por isso ele tende a se apaixonar por mais de uma pessoa ao mesmo tempo. Ele não faz isso porque é leviano; é simplesmente da natureza dele, e se você entender isso em vez de levar para o lado pessoal, estará livre para desfrutar de suas dádivas e deleites.

O Cavaleiro de Copas chora sem pudor em seus braços e ri como louco enquanto faz cócegas em você. Enquanto segura seu rosto entre as mãos quentes, ele conclui que a beleza universal reside em suas faces. Diz que a salvação está nos seus olhos e que o momento é de pura perfeição quando ele acaricia seus lábios com a ponta do dedo. Seus olhos se arregalam e seu coração se derrete enquanto ele se inclina para sussurrar: "Eu entendo você...".

A pessoa que mais me lembra o Cavaleiro de Copas é...
Sou como o Cavaleiro de Copas quando...
Olhando para o Cavaleiro de Copas, eu noto que...

Cavaleiro de Paus

O Garoto Sedutor/O Amante Ardente

Cuidado com esse ardor. O Cavaleiro de Paus é a estrela em tudo o que faz. Ele é o herói do time, o protagonista da peça de teatro da escola, o orador da turma e o carinha que cativa o coração de todos. Ele joga tanto no campo dos esportes quanto no dos relacionamentos, sabendo o quanto é fogoso. Ele adora ver você pegar fogo quando se aproxima das suas brasas ardentes.

Ele sai com várias pessoas, mas não se prende a nenhuma. Instável e de humor inconstante, ele convida outra pessoa para ir ao baile, mas puxa você para perto, sob a bola de espelhos da balada, para que sinta cada músculo sob seu terno barato de poliéster. Vocês dois brincam de brigar em milharais. Ele invade suas festas do pijama e retribui seu amor e devoção seduzindo sistematicamente cada uma das suas amigas.

Você sabe que deveria resistir, mas ele a atrai como uma fatia proibida de bolo Red Velvet. É impossível não ceder ao seu ardente *sex appeal*; você derrete quando ele sussurra no seu ouvido: "Você é tão gostosa...".

A pessoa que mais me lembra o Cavaleiro de Paus é...
Sou como o Cavaleiro de Paus quando...
Olhando para o Cavaleiro de Paus, eu noto que...

Cavaleiro de Espadas

O Bad Boy/Levado Pelo Vento

O Cavaleiro de Espadas é devastador em todos os sentidos, porque ele é intenso demais. Está sempre pensando e calculando, e quando os pensamentos dele se voltam para você, é difícil escapar com as roupas intactas. O naipe de Espadas contém a determinação e a astúcia do elemento Ar. Ficar diante do Cavaleiro de Espadas é como ficar próximo a uma tempestade: você sente o clima mudar, o vento ficar mais forte e momentaneamente perde o equilíbrio, mas está tudo bem. Não seria amor se você não perdesse o equilíbrio.

As espadas são naturalmente afiadas, cortantes e perigosas. O Cavaleiro de Espadas é rebelde. Ele se opõe a tudo. Muitas vezes é da periferia e anda de motocicleta, o veículo perfeito e veloz. O Cavaleiro de Espadas é quem tem a energia mais ligeira do baralho. Quando ele aparece, isso é sinal de que uma mensagem está chegando a galope.

O Cavaleiro de Espadas é o garoto vampiro ideal: rápido e perigoso, com a imortalidade a seu favor. Ele é sedutor, perverso e avassalador. Ele a prende debaixo da escada após a aula, enrubescendo suas bochechas de menina comportada com seus beijos quentes. Ele a leva para salas de aula vazias e desliza a mão por debaixo do seu uniforme, enquanto você reza para que uma freira não apareça e pegue vocês no flagra.

Se ele lhe der uma carona, saiba que você está prestes a embarcar na maior aventura da sua vida, então, segure firme. Você vai sentir as mãos frias desse sedutor deslizando pela sua pele macia, os olhos escuros como a meia-noite brilhando intensamente enquanto ele sussurra: "Quero surpreender você...".

A pessoa que mais me lembra o Cavaleiro de Espadas é...
Sou como o Cavaleiro de Espadas quando...
Olhando para o Cavaleiro de Espadas, eu noto que...

Rainha de Ouros

A Dona de Casa

A Rainha de Ouros é aquela mãe que faz todos se sentirem em casa. Sim, é a dona da casa onde você gostaria de ter crescido, aquela cuja porta está sempre aberta para você. Essa rainha faz com que tudo seja macio e tenha um sabor delicioso. Biscoitos quentinhos estão esperando na mesa quando você volta da escola, e ela sempre tem uma delícia pronta para ser servida.

A Rainha de Ouros e sua conexão com a terra a tornam um ser humano carinhoso e cheio de afeto. Ela dá abraços apertados, cobre você de beijos, e ninguém sabe confortar uma pessoa como ela; quando você está febril e encharcada de suor, ela está segurando a sua mão. Sua conexão com o mundo natural a torna uma ávida jardineira. Flores e hortaliças saltam em direção às suas mãos habilidosas. Ela é como uma mestra escultora, deixando sua marca em tudo o que toca. Você se sente segura e amada quando ela chega mais perto e sussurra: "Cuide-se bem e ame seu corpo".

A pessoa que mais me lembra a Rainha de Ouros é...
Sou como a Rainha de Ouros quando...
Olhando para a Rainha de Ouros, eu noto que...

Rainha de Copas

A Terapeuta

A Rainha de Copas é a mãe para quem todos correm em busca de conselhos. Ela tem um talento especial para ouvir sem julgar. Você acorda apavorada de um pesadelo e a Rainha de Copas está ali para acalmar seus nervos e cantar até que adormeça novamente. Ela adivinha suas necessidades antes mesmo de você expressá-las. E sempre tem um remédio homeopático e um óleo essencial à mão, seja qual for o humor ou emoção que você possa sentir. Seus olhos cristalinos se voltam para você e, nesse momento, você sabe que seria inútil mentir para ela. Não adianta. Ela já conhece todos os segredos guardados dentro de você. Ela é uma criatura que vai além da soma de suas partes e anda por aí com um pé em cada mundo.

A Rainha de Copas é a mãe sonhadora e tranquila, que adora participar de aulas e retiros de yoga. Sua casa é acolhedora, e ela costuma fazer uma limpeza energética com sálvia diariamente. Você ouve um leve tilintar de sinos sempre que ela se aproxima. Ela pinta, escreve e tem paixão pelo teatro e pelas artes, o que a leva a sempre contribuir com seu talento e criatividade quase sobrenaturais. Você se sente valorizada e importante, porque ela larga tudo quando você precisa e foca totalmente em você. Ela a abraça e sussurra: "Siga sempre o seu coração...".

A pessoa que mais me lembra a Rainha de Copas é...
Sou como a Rainha de Copas quando...
Olhando para a Rainha de Copas, eu noto que...

Rainha de Paus

A Diva do Amor

A Rainha de Paus é a mãe *sexy* e hipnótica, que usa roupas chamativas, está sempre com uma maquiagem impecável e tem uma sexualidade inata. Ela gosta de emoção e drama, e se sente tão feliz organizando uma festa quanto participando de uma. Sua vida amorosa é desconcertante porque ela flerta com tudo e todos. Ela é genuinamente apaixonada pela vida.

Ela é a mãe para quem as meninas correm quando se metem em problemas e a mãe pela qual todos os meninos ficam fascinados. Sempre direta e nunca evitando nenhum assunto ou conversa, ela incentiva você a usar anticoncepcionais, priorizando acima de tudo o sexo seguro. Ela lhe manda beijos enquanto você sai pela porta e a lembra: "Siga sua paixão e divirta-se!".

A pessoa que mais me lembra a Rainha de Paus é...
Sou como a Rainha de Paus quando...
Olhando para a Rainha de Paus, eu noto...

Rainha de Espadas

A Mulher de Negócios

A Rainha de Espadas é a mãe extremamente bem-sucedida e poderosa. Ela é inteligente, bem-articulada e a desafia a dar o melhor de si na escola e na vida. Ela está sempre disposta a ajudar você com a lição de casa e a ajudará a resolver qualquer problema com lógica e objetividade. Ela arranja tempo em sua agenda lotada quando você precisa dela, e, sob sua tutela, todas as responsabilidades da vida desaparecem enquanto vocês sintonizam suas energias.

Ela é a mãe que provavelmente encherá sua agenda com atividades e cursos, sempre de olho nas vantagens profissionais que isso vai lhe proporcionar um dia. Se você se meter em encrenca, ela aparece num piscar de olhos, defendendo-a e argumentando com desenvoltura até que você seja liberada das acusações. A imagem dela e a inspiração que representa em sua vida surgem na sua mente quando você defende seu ponto de vista, explica sua posição ou debate sobre as qualidades dos temas em que acredita. Ela é aquela que chega mais perto e sussurra, confiante: “Nunca se esqueça do quanto você é inteligente”.

A pessoa que mais me lembra a Rainha de Espadas é...
Sou como a Rainha de Espadas quando...
Olhando para a Rainha de Espadas, eu noto que...

Rei de Ouros

O Diretor-Executivo

O Rei de Ouros é o provedor por excelência. Ele é mais feliz quando está ganhando dinheiro, porque o naipe de Ouros está associado à segurança e à estabilidade terrena. Seu ego está ligado ao seu *status* financeiro, pois ele acredita que o dinheiro proporciona liberdade às pessoas. Ele é o pai que já guardava dinheiro para a sua faculdade desde o momento em que você foi concebida. Ele a ensina como fazer investimentos, assim como a importância de fazer um planejamento financeiro, economizar e doar. Ele adora mimar você enchendo-a de presentes.

O Rei de Ouros fica irresistivelmente atraente em seus ternos de *tweed* feitos sob medida. Ele a convida para almoçar quando você o visita no escritório. Nas férias, adora levá-la para lugares selvagens e cênicos, como montanhas, porque acha o mundo encantador. Afinal, ele é um homem da terra e, como tal, tem um enorme respeito pelo mundo natural. Isso também alimenta sua intensa paixão por gestão e investimento imobiliário. Não é suficiente para o Rei de Ouros ver os números piscando na tela de um computador. Ele quer ver, sentir e tocar seu império. Nada é mais prazeroso para ele do que caminhar por seus vinhedos, apertando suas uvas para ver se estão maduras, dar uma volta em seus carros esportivos exóticos ou avaliar sua mais recente aquisição imobiliária. Seu coração derrete quando ele chega mais perto e sussurra: "Sempre se proteja...".

A pessoa que mais me lembra o Rei de Ouros é...
Sou como o Rei de Ouros quando...
Olhando para o Rei de Ouros, eu noto que...

Rei de Copas

O Compositor

O Rei de Copas é o visionário, e o pai sonhador e artístico. Ele abre o coração e o mundo para você, porque constantemente a surpreende com novas maneiras de olhar para a realidade onírica que se desenrola ao seu redor. Ele a presenteia com livros, leva-a ao cinema para ver filmes a que você nunca pensaria em assistir e tem um grupo indômito de personagens excêntricos que ele chama de amigos. Ele caminha com você na praia e lhe ensina a ouvir a conversa entre as ondas e a espuma do mar.

Esse consumado filósofo a mantém acordada até tarde da noite, explorando ideias sobre as maravilhas e complexidades do universo. Ele lhe servirá de guia em qualquer museu do mundo. Alimenta sua curiosidade e mata todas as que você já tem. Ele é seu acompanhante no balé, na ópera e na orquestra sinfônica. Ele coloca uma poesia no seu bolso quando você não está olhando.

Você é a pupila dos olhos desse homem emotivo, seu próprio sonho realizado. Ele a incentiva a ser verdadeira consigo mesma, apoia sua originalidade e sustenta qualquer paixão que você tenha. Ele chega mais perto com um sorriso gentil e sussurra: "Faça algo bonito".

A pessoa que mais me lembra o Rei de Copas é...
Sou como o Rei de Copas quando...
Olhando para o Rei de Copas, eu noto que...

Rei de Paus

A Estrela do Rock

O Rei de Paus é o pai mais intenso de todos. Ele é cheio de aventura e impulsividade, e seu objetivo de vida é compartilhar suas paixões e acender a faísca da transformação pelo mundo. Ele agita as coisas, segue suas próprias regras e nunca se submete à vontade do outro. Isso significa que ele é também o pai mais propenso a constrangê-la quando se torna o centro das atenções. Ele se levanta, aplaude e grita durante sua apresentação na escola, enquanto todos os outros se mantêm educadamente sentados. A empolgação sempre toma conta dele, mas você sempre o perdoa, mesmo quando ele a deixa morta de vergonha.

Ele é uma companhia divertida porque está sempre à procura de aventura e tramando alguma travessura. O elemento Fogo confere a ele um carisma sem freios. Ele é espiritualizado e cheio de princípios, por isso é tão provável que seja um guru ou defensor dos direitos humanos quanto uma estrela do rock ou um artista. Ele chega mais perto e a incentiva quando sussurra: "Vai lá e arrasa!".

A pessoa que mais me lembra o Rei de Paus é...
Sou como o Rei de Paus quando...
Olhando para o Rei de Paus, eu noto que...

Rei de Espadas

O Intelectual

O Rei de Espadas é o pai superinteligente, dominador e brilhante. Ele lhe ensinou a aguçar o seu intelecto divino desde que você era criança. Está sempre encorajando-a a expressar sua opinião e a empodera ao desafiá-la a dar o melhor de si. Esse pai pode se preocupar demais em manter tudo em sintonia com sua personalidade organizada e exigente. As palavras dele parecem ríspidas e perigosas quando ele as profere com sua língua afiada. Ele tende a ser rigoroso, mas é bondade o que ele expressa através de suas palavras. Ele espera que você dê o seu melhor na escola e nas lições de casa.

O Rei de Espadas valoriza a conversa acima de tudo. Ele incentiva a família a se reunir em torno da mesa no jantar, sem celulares, e quer ouvir a todos. Ele adora debates e duelos intelectuais. Pode ser que esse pai prolixo seja um advogado, caso se destaque no campo da ciência. Ele adora fazer preleções, tanto no trabalho quanto em sua vida particular, e é com frequência autor de livros do seu campo de especialização. Os olhos dele brilham quando um mistério se apresenta, e ele se aproxima de você para sussurrar: "Descubra...".

A pessoa que mais me lembra o Rei de Espadas é...
Sou como o Rei de Espadas quando...
Olhando para o Rei de Espadas, eu noto que...

Um Desejo de Despedida

Veja o quanto você já avançou! Assustadora. Gótica. *Sexy*. Sobrenatural. Não exatamente humana. Estou colocando minhas botas de couro, delineador preto, cílios postiços e saindo à caça com você. Vamos continuar tirando as cartas — para a escuridão, para você, para o seu eu sobrenatural. Não espere que alguém diga qual é o seu destino; crie-o você mesma.

Vamos ler Tarô num museu. Falar com Van Gogh à luz das estrelas. Dialogar na escuridão com Rembrandt. Ativar a abstração com Pollock.

Vamos pegar nossa vassoura e voar até uma catedral. O que os bancos dizem? O que o contraforte sussurra? Os vitrais brilham só para você: o que eles querem que você veja? Tire uma carta. Acenda uma vela. Incorpore um santo. Reze como se a sua vida dependesse disso.

Vamos levar nosso Tarô a um cemitério. Falar com os mortos. Trocar segredos com uma gárgula. Criar um baralho de cartas a partir dos epitáfios dos túmulos. Enterrarmo-nos na terra. Assombrar todas as casas.

Tire suas cartas, mas leia-as invertidas. Reorganize seu passado. Leia o Tarô nua. Movimente-se sob luzes estroboscópicas pulsantes. Invoque a deusa com seus quadris. Torne-se o tom grave do contrabaixo.

O mundo está sussurrando. Não pare de divinar as cartas — peça ao vento uma resposta. Deixe que os pássaros sejam seus guias. Invoque um espaço sagrado em todos os lugares. Abrace seu destino. Seja sua melhor vidente. A tecelã da sua própria fortuna.

Meu desejo de despedida para você é simples: não importa como você incorpora as cartas e como elas incorporam você, seja a magia que você é!

Anotações

Folha de Dicas dos Fundamentos do Tarô

Elementos: Os quatro naipes elementares conectados a todos os aspectos da vida e do universo.

Fogo/Paus = Ação/Paixão: Paixão, impulso e empolgação. Sexualidade erótica. Vocações pessoais e carreiras escolhidas. Espiritualidade, impulso e nosso destino final. O fogo que impulsiona a energia da vida.

Ar/Espadas = Pensamentos/Comunicação: Pensamentos, ideias e atividade mental. As histórias que contamos a nós mesmas, as narrativas que criamos e todas as formas de comunicação: escrita, verbal e inferida.

Água/Copas = Sentimentos/Emoções: Arte, ideias e emoções. O reino da água rege nossos sentimentos. Emoções se movem e mudam tão rapidamente quanto a água. É o mundo transformador da dor, da alegria, da tristeza, do amor e de todas as emoções intermediárias.

Terra/Ouros = Materiais/Coisas: A paisagem do elemento Terra. Imagine a sensação da terra na ponta dos dedos: a terra esfarelada, a rocha lisa, os campos recém-arados e as montanhas vibrantes, as árvores, os animais e as pessoas. O naipe de Ouros engloba todos os itens do mundo material, tudo o que podemos ver, tocar, cheirar e provar. Esse mundo reflete todas as coisas (pessoas, lugares, coisas), inclusive dinheiro, bens e recursos.

O Significado Simbólico dos Números

Um = Início
Dois = Parceria
Três = Criatividade
Quatro = Estrutura
Cinco = Desafio
Seis = Expansão do coração
Sete = Mistério
Oito = Perfeição infinita
Nove = Realização de desejos
Dez = Final

A Estrutura do Tarô

Arcanos Maiores

- Do 0 ao 21 (da carta do Louco à carta do Mundo)
- Grandes momentos, acontecimentos importantes da vida e conceitos transculturais: Inocente, Trapaceiro, Sábio, Amantes, Morte, Transformação, Mistério etc.

0. **O Louco:** Novos ciclos, começos, risco, aventura
1. **O Mago:** Ação, percepção, poder, carisma
2. **A Sacerdotisa:** Intuição, conhecimento interior, potencial, autenticidade
3. **A Imperatriz:** Maternidade, cuidado, criatividade, abundância
4. **O Imperador:** Estrutura, regras, forma, limites
5. **O Hierofante:** Professor/mentor, dogma, crença, espaço sagrado
6. **Os Enamorados:** Amor, paixão, Eros, sexualidade, escolha
7. **O Carro:** Vitória, progresso, vontade, maestria, movimento
8. **A Força:** Compaixão, coragem, autocontrole, fortaleza
9. **O Eremita:** Introspecção, espiritualidade, retiro, solidão
10. **A Roda da Fortuna:** Destino, sorte, fortuna, ponto de virada

11. A Justiça: Trabalho, lei, karma, decisões, responsabilidade
12. O Pendurado: Estagnação, filosofia, rendição, experiência mística
13. A Morte: Fins, ressurreição, transição, evolução
14. A Temperança: Equilíbrio, dualidade, complexidade, alquimia
15. O Diabo: Vício, questões de controle, desvio, ganância, gula, escravidão
16. A Torre: Destruição, liberação, catarse, momento de revelação
17. A Estrela: Inspiração, esperança, encantamento, desobstrução, artista/musa
18. A Lua: Mistério, sonhos, paranormal, estranheza, subconsciente
19. O Sol: Expansão, crescimento, clareza, vitalidade
20. O Julgamento: Sem volta, evolução, renascimento, despertar, chamados divinos
21. O Mundo: Viagem, conclusão, integração, Eu Superior

Arcanos Menores

- Lições cotidianas, experiências e acontecimentos
- Mundos dos quatro elementos

Cartas da Corte

- Aspectos da sua personalidade, atitudes a adotar e as outras pessoas da sua vida

Valete = Consciência e curiosidade infantis
Cavaleiro = Energia expansiva adolescente
Rainha = Compaixão feminina, e cuidado e carinho com maturidade
Rei = Controle masculino e estrutura com maturidade

Como Ler o Tarô

- O que chama sua atenção?
- Conte a história do que você vê na carta.
- Escolha um único símbolo e interprete-o como uma resposta.
- O que um símbolo em particular significa para você?
- Leia como se estivesse contando uma história para uma criança.
- Siga o seu primeiro instinto.

Tiragens de Tarô

1. Pense em uma pergunta.
2. Embaralhe as cartas da maneira que preferir.
3. Coloque o baralho voltado para baixo.
4. Selecione as cartas do topo do baralho.

Tiragem de Uma Carta (Tiragem Perfeita para o Dia a Dia)

1. O que eu preciso saber?

Tiragem de Três Cartas

1. Passado **2.** Presente **3.** Futuro

Tiragem do Que Deve ou Não Deve Ser Feito (No Formato de Um Triângulo)

1. Minha Situação

2. O Que Não Fazer **3.** O Que Fazer

Lembre-se de...

- Centrar-se
- Pedir orientação espiritual ou evocar seu Eu Superior
- Pedir as informações de que você precisa

Características das Perguntas Poderosas

- Assumir a responsabilidade pessoal
- Declarar o resultado desejado
- Começar com "como" ou "o que"

Anotações

Lista de Perguntas

Eu criei uma lista de perguntas quando escrevi o livro *365 Tarot Spreads*. Queria ter certeza de que incluí todas as perguntas concebíveis que uma pessoa poderia fazer. Apresento a você essas perguntas para que nunca, jamais, você fique sem ter o que perguntar, questionar sobre si mesma ou registrar num diário.

Use essas perguntas como recursos e opções em suas leituras ou como sugestões de escrita pessoal. Mais importante, nunca pare de perguntar.

Gerais

Como posso chegar onde quero estar?
Quais são minhas opções?
O que estou disposta a mudar?
O que eu realizei?
O que eu poderia ter feito melhor?
O que penso sobre isso?
Como me sentirei se não fizer isso?
Que suposições estou fazendo?
O que preciso fazer para superar esse obstáculo?
O que preciso aceitar?
O que eu poderia acatar?
O que eu quero experimentar?
Como quero crescer?
Como eu quero contribuir para o planeta?
O que dá significado à minha experiência?
Como posso usar/investir/aproveitar melhor meu tempo?
Como posso melhorar a experiência de alguém hoje?
O que posso optar por fazer diferente?
Em que estou errada?
O que posso oferecer hoje?
Por que estou aqui?
Qual é a minha missão na vida?
O que eu poderia ter feito melhor hoje?
O que posso fazer melhor amanhã?

Qual é a coisa mais importante que posso realizar amanhã?
Que novidade posso tentar fazer amanhã?
Quem são as pessoas mais importantes da minha vida e o que estou fazendo por elas?
O que eu represento? O que quero representar?
Como posso me amar?
Qual é o meu estado ideal?
O que significaria ser meu eu mais elevado?
Como seria a melhor versão da minha vida?
Que oportunidades devo procurar?
O que me impede de buscar meus objetivos/sonhos?
Como posso criar novas oportunidades para mim?
Estou adiando alguma coisa na minha vida?
Qual é a minha maior prioridade agora?
O que preciso fazer para ter a carreira ideal?
O que preciso fazer para ter a alimentação ideal?
O que preciso fazer para ter a vida doméstica ideal?
O que preciso fazer para ter o condicionamento físico ideal?
Do que mais tenho medo?
O que me ajuda a conviver bem com meus medos?
Por que posso estar me contentando com menos do que mereço?
Qual crença limitante estou mantendo?
Como posso cultivar hábitos melhores?
Que crença fortalecedora preciso incorporar?
O que posso fazer hoje para tornar minha vida mais significativa?
Eu me valorizo?
Eu sei a importância que tenho?
Quando me olho, vejo a divindade em mim?
Que perguntas devo fazer a mim mesma?
O que me preocupa?
Quando devo violar as regras?
Isso é realmente o que eu quero fazer?
Qual é a maior lição que devo aprender com o meu pior problema?
A que estou apegada de que deveria abrir mão?

Na pressa da vida diária, o que não estou vendo?
Por que sou importante?
Que medo me impede de ir em frente?
Qual foi a lição quando fiz algo de que não me orgulho?
Qual é a principal mudança que preciso fazer na minha vida nos próximos doze meses?
Estou procrastinando algo agora? Se estou, o que é?
Em que sentido sou minha pior inimiga?
O que eu preferia não saber?
Do que eu desisti?
Que grande lição as outras pessoas poderiam aprender com a minha vida?
Qual erro eu vivo repetindo sem aprender com ele?
O que pretendo realizar antes de morrer?
O que faço quando acho que alguém não gosta de mim?

Emoções e Sentimentos

Como posso sentir mais tranquilidade?
Como posso responder melhor aos desejos da minha alma?
Como posso me lembrar de que sou abençoada?
Como posso me libertar do medo?
Como posso ter mais conexão com o mundo ao meu redor?
O que está tirando a minha felicidade?
Qual é a minha maior distração?
Em que devo prestar atenção?

Carreira/Trabalho

Como posso trabalhar menos e conquistar mais?
O que eu adoro praticar?
Além de dinheiro, o que eu tenho ganhado no meu trabalho atual?
Qual é o meu propósito?
Do que vou me arrepender de não ter feito?
Quais serão os resultados a curto prazo?
Quais serão os resultados a longo prazo?

Dinheiro

O que faço com a maior parte do meu dinheiro?

Como posso aumentar a minha renda?

Como posso usar o meu dinheiro para ajudar os outros?

Qual é a melhor maneira de eu trabalhar com a energia do dinheiro?

Amor

Como posso atrair o meu parceiro ideal?

Onde posso encontrar meu parceiro ideal?

Como posso conhecer meu parceiro ideal?

Que tipo de pessoa eu gosto de ter como companhia?

Qual é a maior importância de um relacionamento romântico?

Qual é o maior obstáculo para mim num relacionamento?

Como posso me apaixonar pelo meu trabalho tão intensamente quanto me apaixonaria por uma pessoa?

O que devo fazer quando amo alguém, mas não sou correspondida?

Físicas

O que meu corpo está me dizendo?

O que é pior do que a morte?

Como posso melhorar a minha saúde?

Minha Verdade Pessoal (*é importante saber por que esses comportamentos negativos estão consolidados*)

O que eu realmente não quero saber é...

O que eu ignoro é...

O que eu digo a mim mesma que não é verdade é...

Filosofia de Vida

É possível ignorar o tempo?

Qual é a essência do meu trabalho?

Como posso me sentir como o oceano?

Como posso ter um olhar mais profundo?

Por que a profundidade é importante?

Como posso ser uma pessoa mais sensível?
Quais qualidades tem uma boa obra de arte?
O que estou tentando comunicar?
Que estados de ser são interessantes?
O que me motiva?
Eu me sinto amada?
O que é o amor?
O que provoca a distância entre as pessoas?
Qual é o meu arquétipo pessoal?
Por que as características pessoais são importantes?
O que eu entendo sobre a vida?
Como continuar sendo eu mesma?
O que eu penso sobre o desejo?
O que eu entendo sobre mim mesma?
O que é uma mente original?
Como posso expandir minhas barreiras pessoais?
Na minha opinião, o que define uma vida pobre?
A natureza possui algo que transcende a beleza?
Por que a opinião dos outros é importante para mim?
Por que as pessoas valorizam o poder e a influência?
Por que me sinto inferior?
Para mim, o que define um bom trabalho?
Qual é a essência de tudo?
Por que eu deveria questionar a minha vida?
Qual é a coisa mais importante da vida?
Como eu posso libertar a minha mente?
Qual é a raiz da inveja?

Espiritual

Por que existe pobreza e sofrimento no mundo?
Qual é a relação entre ciência e religião?
Como se alcança a verdadeira paz?
O que é sabedoria?

Glossário

Adivinhação: Prática para obter conhecimento e *insights* por meio de métodos esotéricos, incluindo a cartomancia, a Astrologia, o ritual, a vidência etc.

Afirmação: Declaração de um pensamento ou de uma intenção, projetada para ser repetida com o intuito de estimular a positividade e/ou o poder pessoal, como "Todos os dias, de todas as maneiras, eu estou cada vez melhor". Quando aplicada ao Tarô, pode incluir uma referência a uma carta: "A carta da Estrela nos guia em direção à inspiração".

Alquimia: Filosofia antiga e tradição histórica que utiliza a transmutação dos elementos e é em parte a base da química e da medicina modernas. Muitos baralhos de Tarô incorporam conceitos e simbolismos alquímicos.

Arcano: Palavra latina que significa segredo ou mistério.

Arcanos Menores: As cartas do Ás ao Dez de cada um dos quatro naipes.

Arcanos Menores Ilustrados: Baralho em que os Arcanos Menores são totalmente ilustrados com cenas que representam o significado da carta, em contraposição aos baralhos em que somente os Arcanos Maiores são ilustrados e os Menores são representados com o símbolo dos seus naipes.

Arcanos/Trunfos Maiores: As 22 cartas dos Arcanos Maiores que retratam 22 arquétipos: do Louco (0) ao Mundo (21). Os Arcanos Maiores são essenciais para que o baralho seja definido como um baralho de Tarô.

Arquétipo: Padrão básico de pensamento ou conceito universal transcultural, como Mãe, Busca, Herói, o Bem contra o Mal etc. Esses arquétipos são todos ilustrados no Tarô, particularmente nos Arcanos Maiores.

Artes Esotéricas: Cabala, Tarô, Astrologia, magia, Numerologia, *Pathworking*, jornada xamânica etc.

Árvore da Vida: Ilustração central da Cabala, geralmente expressa como dez círculos concêntricos ou uma matriz de dez círculos conectados por 22 caminhos, que simbolizam as letras hebraicas.

Ás: A primeira carta de um naipe, a qual se atribui o número 1.

Ásana: Forma ou postura física do Yoga.

Associação Livre: Prática em que as imagens do Tarô são usadas como um ponto de partida para uma associação livre com novas ideias e significados.

Aurora Dourada: Sociedade secreta mágica, fundada em Londres em 1888. A Ordem Hermética da Aurora Dourada desenvolveu um sistema iniciático mágico, no qual usavam o Tarô como um instrumento e conceito unificador básico, que incluía a Astrologia, a adivinhação, a projeção astral, a Cabala e a alquimia.

Baralhos Artísticos: Conjuntos de cartas que têm o *design* e estilo visual de um artista em particular. Por meio da expressão visual, os baralhos artísticos oferecem novos *insights* emocionais e intuitivos.

Baralhos Históricos: Reproduções, reconstruções ou reinterpretações dos grandes baralhos de Tarô do passado.

Carta do Dia: Prática em que uma carta aleatória é tirada do baralho diariamente e interpretada. Com frequência, ela é revisitada no final do dia.

Carta Que Cai: Carta que cai do baralho enquanto ele está sendo embaralhado e que pode ser interpretada com um significado específico, independentemente da tiragem das cartas. Também chamada de "carta que salta".

Cartas da Corte: As dezesseis cartas do Tarô atribuídas às figuras da corte de cada naipe, geralmente Rei, Rainha, Cavaleiro e Valete.

Cartomancia: Prática de fazer adivinhações por meio de qualquer tipo de carta, inclusive as do Tarô.

Cartomante: Pessoa que realiza leituras e adivinhações com as cartas do Tarô, com cartas comuns ou oraculares.

Cliente: Em geral, termo usado em referência ao consulente pagante que está recebendo uma leitura profissional.

Codificado: Organizado em um código, plano ou fórmula sistemática.

Coleção De Baralhos: Conjunto de baralhos de Tarô para uso pessoal ou por interesse.

Consagração: Ação, ritual ou bênção realizada para estabelecer uma relação e vínculo entre o leitor e um novo baralho de Tarô.

Consistência: Numa leitura, consistência significa escolher um sistema com antecedência e segui-lo durante toda a leitura. Isso inclui a tiragem das cartas, a interpretação das inversões e a adesão a um determinado ritual (caso o leitor tenha optado por realizar algum).

Consulente: Termo tradicional usado para o indivíduo que recebe uma leitura. Ele também pode ser chamado de buscador, inquiridor ou cliente.

Corpo da Bem-Aventurança: O núcleo mais profundo do nosso ser, o eu que transcende as expressões e comportamentos mentais, físicos e emocionais.

Correspondência: Associação entre as semelhanças de objetos ou conceitos, com base em seus atributos ou qualidades. No Tarô, isso em geral é feito entre sistemas, como a Astrologia.

Desenvolvimento da Intuição: Atividades e exercícios realizados para fortalecer a intuição, assim como se fortaleceria qualquer músculo do corpo.

Diário: Registro de leituras, palavras-chave, tiragens, anotações etc., feito por um leitor de Tarô.

Disposição: Maneira como as cartas estão distribuídas numa tiragem. Veja *tiragem*.

Dispositivos Heráldicos: Brasões e emblemas que transmitem genealogia, posição e poder, usados muitas vezes nos primeiros baralhos de Tarô, encomendados por famílias poderosas, como objetos de arte.

Dogma: Conjunto de princípios estabelecidos como verdade absoluta por uma suposta autoridade. O dogma geralmente se aplica a sistemas religiosos e relacionados à espiritualidade.

Efêmero: Algo que dura por um breve período de tempo. Os primeiros Tarôs, criados para as massas, eram impressos em blocos, em tiras finas de papel e, como tinham pouca durabilidade, eram considerados efêmeros.

Ego: Ideia ou imagem de si mesma que lhe fornece um senso de identidade com base no que você imagina ser verdade e no que outras pessoas disseram sobre você.

Elementos: Os quatro elementos clássicos (Terra, Ar, Fogo e Água, que correspondem aos naipes de Ouros (Terra), Espadas (Ar), Paus (Fogo) e Copas (Água).

Embaralhamento: Qualquer técnica para misturar as cartas antes de uma leitura.

Esoterismo: Ensinamentos ocultos ou secretos, geralmente associados à relação entre os seres humanos e o universo.

Esoterista: Indivíduo que trabalha especificamente com conhecimento oculto, ensinamentos secretos ou filosofias místicas.

Estilo: Maneira como uma leitura e a interpretação das cartas são apresentadas. Cada leitor desenvolve seu próprio estilo particular. Os estilos são ilimitados e incluem previsões e aconselhamento psicológico, junguiano, espiritual, intuitivo, entre outros.

Feitiço: Conjunto de palavras e ações para produzir resultados mágicos.

Grimório: Livro manuscrito usado em geral na Bruxaria, com registros pessoais de feitiços e trabalhos de magia, que incluem o uso ou a criação de feitiços, talismãs, amuletos, adivinhações etc. O grimório de Tarô é um caderno pessoal de magia em que são registradas informações sobre as leituras de Tarô.

Interpretação: Processo em que se explica o significado das cartas dispostas numa tiragem.

Intuição: Forma de adquirir conhecimento sem raciocínio direto e consciente.

Inversões: A interpretação de qualquer carta que apareça de cabeça para baixo numa tiragem ou leitura.

Leitor: Pessoa que lê e interpreta as cartas.

Limpeza da Lua Cheia: Limpeza energética das cartas de Tarô, realizada sob a luz da Lua ao longo de uma noite.

Livreto de Instruções: Livreto que costuma acompanhar o baralho de Tarô e fornece sugestões de interpretação de cada carta, a explicação dos simbolismos apresentados e exemplos de tiragens.

Médium/Sensitivo/Paranormal: Pessoa que recebe informações por meios que não podem ser explicados pelo raciocínio lógico e racional. O médium/sensitivo/paranormal pode realizar adivinhações usando as cartas de Tarô, mas nem todos os leitores de Tarô têm mediunidade ou poderes paranormais.

Metáfora: Representação simbólica de algo para transmitir uma ideia ou significado complexo. O Tarô é usado como um dispositivo metafórico e não literal. Por exemplo, se o Dois de Copas aparece numa tiragem, isso não significa que você vá realmente fazer malabarismos com duas bolas, mas, sim, considerar duas escolhas opostas.

Místico: Indivíduo que busca transcender o conhecimento humano comum por meio da comunicação direta com o divino, a intuição, o êxtase espiritual ou a natureza.

Naipe: O baralho de Tarô é organizado em quatro naipes: Ouros, Espadas, Copas e Paus.

Numerologia: O estudo e a associação do significado oculto dos números.

Padrão: Elementos numéricos ou simbólicos de uma leitura que revelam um significado especial. Por exemplo, se várias cartas de número dez aparecem numa tiragem, isso sugere finais; ou, se os símbolos de nuvens tempestuosas aparecem várias vezes, isso sugere perturbação.

Palavra-Chave: Termo associado a uma carta, que auxilia na interpretação durante uma leitura.

Ritual de Iniciação: Rito de passagem para um grupo ou sociedade. Geralmente implica um renascimento e é realizado, em religiões organizadas, por meio de batismos, confirmações ou *bat mitzvahs* e, no mundo profano, por meio de cerimônias de formatura ou ritos de sociedades secretas e organizações fraternas, quando um membro é aceito no grupo.

Ritual: Qualquer forma de atividade realizada sistematicamente antes ou após uma leitura. O ritual pode incluir práticas como acender uma vela, dizer algumas palavras ou simplesmente bater o baralho na mesa. Rituais mais elaborados podem ser realizados quando se usam as cartas em trabalhos de magia.

RWS: Abreviatura do baralho de *Tarô Rider-Waite-Smith*, publicado pela Rider Company, criado por Arthur Waite e ilustrado por Pamela Colman Smith. Também chamado de Rider-Waite. Esse Tarô passou a ser chamado de Waite-Smith em reconhecimento à artista Pamela Colman Smith, cujo nome foi a princípio omitido.

Símbolo/Simbolismo: Objeto ou acontecimento usado para representar algo diferente do que é literalmente. Por exemplo: uma coroa de metal simboliza realeza e poder, a torre em ruínas simboliza uma mudança institucional súbita.

Sincronicidade: Termo criado por Carl Jung para designar coincidências significativas que aparecem no caminho de vida de uma pessoa.

Somático: Que diz respeito ao corpo e está separado da mente.

Sombra, Trabalho com a: Exercícios para trazer do inconsciente memórias e aspectos reprimidos da personalidade.

Tiragem: Qualquer método de disposição das cartas para uma leitura. Na tiragem, as cartas geralmente têm posições definidas com significados individuais, como "futuro," "desafios," "família", que fornecem um contexto adicional para a interpretação das cartas. Veja também *disposição*.

Visualização/Meditação Guiada: Sequência de instruções em que se usa a imaginação sagrada para, no caso do Tarô, explorar o arquétipo de uma carta.

Visualização: Prática em que se usa a imaginação para experienciar uma carta ou entrar na cena de uma carta e explorá-la de forma interativa.